Jutta Rebmann

Fanny Mendelssohn

Biographischer Roman

Deutscher Taschenbuch Verlag

Ungekürzte Ausgabe
Dezember 1997
2. Auflage März 1998
Deutscher Taschenbuch Verlag GmbH & Co. KG,
München
© 1991 Stieglitz Verlag, E. Händle
D-75415 Mühlacker
A-8952 Irdning/Steiermark
ISBN 3-7987-0304-3
Umschlagkonzept: Balk & Brumshagen
Umschlagbild: Zeichnung (1829) von Wilhelm Hensel
(Staatsbibliothek Preußischer Kulturbesitz, Berlin)
Gesetzt aus der Bembo 10/11.75˚ (QuarkXPress 3.31)
Satz: KCS GmbH, Buchholz/Hamburg
Druck und Bindung: C. H. Beck'sche Buchdruckerei,
Nördlingen
Gedruckt auf säurefreiem, chlorfrei gebleichtem Papier
Printed in Germany · ISBN 3-423-20081-2

Inhalt

Kapitel 1

»*Ich sehe etwas, was du nicht siehst* …«
Kindheit und frühe Jugend

»Ich sehe etwas, was du nicht siehst … und das ist weiß!« Die elfjährige Fanny Mendelssohn ließ sich in die Polster der Postkutsche zurückfallen, so daß der Wagen einen kleinen Hopser machte, und blickte aufmerksam und gespannt ihrem siebenjährigen Bruder Felix ins Gesicht. Der stand in der Kutsche, festgehalten von der Hand des Vaters, und haspelte in atemberaubender Schnelligkeit jedes noch so kleine Fetzelchen Weiß, das ihm vor die Augen kam, herunter. Aber das Weiß, das die Schwester meinte, fand er nicht. Immer murmelte Fanny: »Kalt, ganz kalt …«

Gleichmäßig rollten die beiden Mietkutschen, in denen die Familie des Bankiers Abraham Mendelssohn von ihrem Sommeraufenthalt in Paris ins heimatliche Berlin zurückkehrte, der alten Reichsstadt Straßburg entgegen. In Lunéville hatte man vor kurzer Zeit die Pferde gewechselt. Der Oktobertag war warm und sonnig, die Kutscher hatten die Verdecke der Kaleschen heruntergerollt, damit die Reisenden die schöne Aussicht ins weite Land hinein genießen konnten. »Von Straßburg aus müßt ihr an Tante Henriette schreiben und euch für die schönen Abschiedsgeschenke bedanken!« wandte sich Lea Mendelssohn an ihre beiden Großen. Sie hielt ihre jüngste Tochter Rebecka eng an sich gedrückt. Immer wieder versuchte die Fünfjährige, sich aus den Armen der Mutter zu befreien, die Spiele der großen Geschwister waren so viel besser zu verfolgen. Aber auch der Papa war dagegen, Abraham Mendelssohn setzte seine ganze väterliche Autorität ein. »Wenn alle drei so im Wagen

7

herumkaspern«, meinte er, »landen wir noch im Straßengraben, es geht hier sowieso schon zu wie bei Rumpelstilzchen!«

Inzwischen hatte Felix die Lust an dem für ihn so erfolglosen Spiel verloren, er setzte sich neben die Schwester und forderte: »Also los, Fenchel, ich geb' auf, sag' mir dein Weiß!« Fanny strahlte, sie hatte gewonnen – tief lehnte sie sich in die Polster zurück und wies mit der Hand zum Himmel: »Die weißen Wolken sind es, die weißen …!« Mitten im Satz brach sie ab, denn dort, wo noch kurze Zeit vorher die winzigen weißen Lämmerwölkchen, getrieben vom leichten Wind, am Himmel entlanggezogen waren, schob sich jetzt eine dunkle Wolkenwand zusammen. Unsicher blickte Fanny erst zum Vater, dann zur Mutter, aber Felix hatte schon zu lachen begonnen, daß es ihn förmlich schüttelte. Seine langen, dunklen Locken, die ihm das Aussehen eines »altdeutschen Engels« gaben, wippten im Takt. Vater und Mutter stimmten in das Gelächter mit ein, und sogar das kleine Beckchen kicherte, angesteckt von der allgemeinen Heiterkeit. Mit einem Ruck hatte Fanny sich aufgesetzt: »Pfui, das ist gemein, eben waren sie noch ganz weiß!«

Besorgt blickte Lea zum Himmel: »Bald wird es regnen!« Und zum Kutscher auf dem Bock gewandt: »Vielleicht sollte man die Verdecke schließen, bevor es anfängt!« Die Kutsche hielt, und das Verdeck wurde hochgeklappt. Mit Feuereifer beteiligte sich Felix am Schließen der Schnallen und am Festzurren der Lederschlaufen. Jetzt war auch die zweite Kutsche herangekommen, auch hier wurde das Verdeck geschlossen. Lea verteilte warme Jacken an die Kinder und schickte Felix zur anderen Kutsche, dem jüngsten der Familie, dem vierjährigen Paul, seine Jacke zu bringen. Paul reiste gern mit den Bediensteten, er liebte die geheimnisvollen Geschichten, die der Diener erzählte, und hoffte auch auf manchen guten Bissen, den ihm das Hausmädchen aus den Lebensmittelvorräten der Reisegesellschaft zusteckte. Im übrigen bewachte er das Gepäck, wer hätte das auch besser gekonnt als er, der Praktiker unter den Geschwistern.

Felix rannte los, schon fielen die ersten dicken Tropfen, übermütig riß er die Tür der Kutsche auf und rief hinein: »Hier, Herr Paul, haben Sie Ihr Regenkleid!« Aber kein Paul antwortete ihm, und Hausmädchen und Diener starrten ihn nur an: Der Bruder war nicht in der Kutsche, sie hatten fest angenommen, der Kleine führe mit der Familie. Ein bißchen traurig seien sie darüber gewesen, denn der putzige kleine Kerl habe ihnen die Reisezeit ziemlich verkürzen helfen. Aber nach dem Pferdewechsel in Lunéville sei er bei ihnen nicht mehr aufgetaucht. Bestürzt trottete Felix zu den Eltern zurück. Er traute sich kaum zu sagen, was er erfahren hatte: Paul war verschwunden. Als der Vater das begriff, begann er aufgeregt seine Anweisungen zu geben. Die zweite Kutsche sollte ihren Weg nach Straßburg fortsetzen und dort Quartier machen. Er selber würde mit der ersten nach Lunéville zurückfahren und das Kind suchen. Der Kutscher fluchte zum Gotterbarmen und jammerte wegen der Pferde, bei dem Hundewetter den Weg noch einmal zu machen. Ein Trinkgeld des Vaters ließ ihn verstummen. Hingerissen hatten Fanny und Felix dem mit saftigen Flüchen gespickten französischen Wortschwall gelauscht und sich gewundert, daß die Mutter nicht eingeschritten war. Doch Mutter Lea war jetzt zu aufgeregt, um an die gute Erziehung ihrer Kinder zu denken. Sie hatte genug damit zu tun, die weinende Rebecka zu beruhigen. Wie anders war diese Rückfahrt als die vergnügte Hinreise! Felix und Fanny saßen eng aneinandergedrückt, der Vater starrte in den Regen hinaus und versuchte, hinter dem dichten Regenschleier etwas zu entdecken, was im entferntesten dem kleinen Paul ähnelte.

Nach fast zwei Stunden näherte sich die Kutsche der Poststation. Plötzlich schlug Abraham an die Glasscheibe: »Dort drüben, auf der Landstraße, dort läuft er, unser Paul!« Der Kutscher ließ die Pferde halten, und mit einem gewaltigen Satz sprang Abraham Mendelssohn aus der Kutsche, rutschte im Straßenmatsch aus und war über und über mit Kot bespritzt. Aber im Arm hielt er Paul, seinen patschnassen Jüngsten, der unbeirrt mit seinen kurzen Beinen der entschwundenen Familie nachgelaufen war und sich nun freute, Eltern und Geschwister wiederzusehen. Die gedrückte Stille wich einem fröhlichen Durcheinander, jedes Familienmitglied wollte Paul zeigen, wie froh es über seine Rückkehr in den Schoß der Familie war. Nachdem Lea ihren Sohn notdürftig trockengerieben und in ein Reiseplaid gewickelt hatte, schlief der kleine Abenteurer auf der Stelle ein.

Langsam wurde es wieder still in der Postkutsche, die abermals gewendet hatte und jetzt endgültig Straßburg entgegenfuhr. Die hartnäckige Fanny aber, die ihre Niederlage mit den weißen Wolken, die so plötzlich einer dunklen Wolkenwand gewichen waren, immer noch nicht vergessen hatte, versuchte daraus das Beste zu machen. Im Einschlafen murmelte sie: »Wenn es nicht geregnet hätte, hätten wir unseren Paul nicht mehr!« Felix kicherte leise. Kurz danach waren beide Kinder eingeschlafen. Behutsam räumte die Mutter die Notenbücher, die Fanny zum Abschied von ihrer Pariser Klavierlehrerin, der berühmten Beethoven-Interpretin Marie Kiené Bigot de Moroques, erhalten hatte, beiseite. Eigentlich waren sie für beide Kinder gedacht gewesen, aber Felix hatte entschieden, daß sie Fanny alleine gehören sollten, »weil sie doch soviel besser auf dem Klavier sei als er selber«.

Abraham Mendelssohn schloß die Augen. Wieviel war in diesem Pariser Sommer nicht auf ihn eingestürmt! Nach langer Zeit hatte er seine Schwester Henriette wiedergesehen, die hier als die Erzieherin der kleinen Tochter Fanny des reichen Generals Sebastiani lebte. Ihr eigenes Erziehungsinstitut für junge Mädchen hatte sie Fannys wegen aufgegeben. Hier in Paris hatte der junge Abraham längere Zeit gelebt, als Mitarbeiter des Handelshauses Fould, und es hatte ihm hier so gut gefallen, daß er am liebsten sein ferneres Leben in Paris verbracht hätte. Wenn da nicht in Berlin ein dunkeläugiges Mädchen namens Lea Salomon auf ihn gewartet hätte. Und Leas Mutter Bella hatte gegen Abraham Mendelssohn als Schwiegersohn nichts einzuwenden gehabt.

Aber Bella Salomon, Tochter des reichen Hofjuden Daniel Itzig, wollte für ihre Lea keinen Bankangestellten in Paris, sondern einen selbständigen Bankier in Berlin oder Hamburg. Hatte sich Abraham zuerst gewehrt und trotzig verkündet, lieber in Paris trocken Brot essen zu wollen als Kuchen in Berlin, so war sein Widerstand an den Vorhaltungen seiner Schwester Henriette zerstoben, die meinte, solche Worte sagten sich leicht im Überschwang der Jugend, aber mit zunehmendem Alter würden sie einem bitter weh tun. Leas Schönheit, die Vernunft und ein klein bißchen wohl auch die Höhe ihrer Mitgift hatten den Ausschlag gegeben. Abraham hatte seinen Traum vom Leben in Paris begraben und war statt dessen nach Berlin zurückgekehrt, Leas Mitgift wurde im Bankhaus von Abrahams Bruder Joseph gut und sicher angelegt. Nach der Hochzeit siedelte das junge Paar nach Hamburg über, wo das Bankhaus Joseph Mendelssohn eine Niederlassung unterhielt. Hier lebte Abrahams Mutter, die Witwe Moses Mendelssohns. Von Hamburg aus konnte Abraham in den Jahren vor der durch Napoleon verhängten Kontinentalsperre seine in Paris gemachten Erfahrungen einsetzen und den Handel mit England intensivieren. Das Bankhaus »Brüder Mendelssohn« florierte auf das beste, und auch das Familienleben der Mendelssohns in der Großen Michaelis Straße Nr. 14 entwickelte sich auf das glücklichste.

Lea Mendelssohn, belesen, gebildet und von praktischem Sinn, schildert die ersten Tage ihres Ehelebens in Hamburg in einem Brief an die Schwester: »*Du willst wissen, beste Schwester, wie es in meiner Wohnung und mit meinen häuslichen Einrichtungen aussieht. Rasend liederlich à dire le vrai, wie bei den tollsten Studenten; denn an kein Kämmerlein, an keine Wirtschaft und Berliner Bequemlichkeit ist hier zu denken, wenn ich mein remueménage betrachte, habe ich Mühe zu glauben, daß ich wirklich verheiratet bin, welche Standesänderung einen gewöhnlich in Besitz einer Welt von Töpfen, Schüsseln, Lustres, Spiegeln und Mahagonis zaubert, deren reizenden Anblick ich in meinem chez moi bis jetzt entbehren muß. Doch lasse ich mir, wenn Mamas und Deine Ordnungsliebe es verzeihen kann, kein graues Haar darum wachsen und beruhige mich mit der Aussicht, daß der geschäftigen Martha das melodische Schlüsselklappern mit der Zeit nicht entgehen soll. Morgen wird der erste große Versuch angestellt, in unseren vier Mäuerchen zu dinieren, und zwar vom französischen Restaurateur. Weder Möbel noch Wirtschaftssachen kann ich bis jetzt anschaffen, weil mir nicht der geringste Raum bleibt, auch wird das Chaos erst geordnet, wenn wir das Land beziehen, wozu uns schon ein hübsches, an der Elbe dicht bei Neumühlen gelegenes und mit einem Balkon!!! verziertes Landhaus vorgeschlagen worden, das wir nächstens sehen wollen.«*

Abraham lächelte, wenn er an die Sommer in »Martens Mühle« dachte. Hoch über dem kleinen Fischerdorf Oevelgönne an der Fahrstaße nach Blankenese gelegen, war der Besitz des Müllers Daniel Martens zum geliebten Sommersitz der Familie geworden. Hier draußen konnte man der ungesunden, stickigen Stadtluft während der heißen Monate entfliehen, hier traf man sich mit Joseph und seiner Familie, die den berühmten Sievekingschen Garten gepachtet hatten. Allerdings hatte Joseph darauf gedrungen, den Nutzgarten weiterzuvermieten, denn weder er noch seine Frau Hinni hatten Zeit und Lust, Gemüse anzubauen. Die Fläche brachliegen zu lassen entsprach aber nicht ihren Vorstellungen von Ökonomie. Schnell hatte sich Lea in dem Kreis der angesehenen Hamburger Familien eingelebt, sie hatte eine angenehme Singstimme, liebte Konzerte und Theater und ging gerne in Ausstellungen. Hier trafen sich Abrahams Neigungen mit denen seiner Frau. In Paris hatte er keine Kunstaus-

Abraham Mendelssohn, Vater von Fanny und Felix Mendelssohn Bartholdy

stellung und kein Museum ausgelassen. Daneben florierte das Bankgeschäft »J. & A. Mendelssohn« außerordentlich gut und entwickelte sich zu einem bedeutenden Haus. In Abrahams Haushalt lebte auch der fünfzehnjährige Johannes Veit, der ältere Sohn aus der geschiedenen Ehe seiner Schwester Dorothea mit dem Bankier Simon Veit; Johannes war als Lehrling in die Handlung seiner Onkel eingetreten. Viel lieber allerdings wäre er Maler geworden.

Wie stolz und glücklich und auch erleichtert war Abraham gewesen, als er seiner Schwiegermutter Bella Salomon in Berlin die Geburt seines erstes Kindes ankündigte. »Lea sagt, das Kind habe Bach'sche Fugenfinger«, hatte er einen Ausspruch seiner Frau unter die knappe Mitteilung gesetzt. »Fanny Caecilia« war das Mädchen genannt worden. Abraham schien dies fast ein wenig überspannt, doch waren diese Namen wie ein Programm, in dem die aristokratischen Wunschträume seiner Frau sichtbaren Ausdruck fanden. Fanny, so hieß die Schwester seiner Schwiegermutter, die als vielbewunderte Baronin von Arnstein in Wien hofhielt. Fürst Carl von und zu Liechtenstein hatte sich einstmals ihretwegen duelliert. Klug, schön und unermeßlich reich hatte Fanny Arnstein sich für die Emanzipation der Frauen, vor allem der jüdischen Frauen, eingesetzt und sie für sich selbst auch erreicht, soweit dies damals möglich war. Das Duell hatte sie weithin bekanntgemacht, hatte ihren Ruf aber nicht im mindesten schädigen können. Für ihre Nichte Lea war die Baronin, in deren Haus die geistige Elite der Kaiserstadt Wien verkehrte, eine der interessantesten Frauen des Jahrhunderts. Ihren zweiten Namen Caecilia erhielt die kleine Fanny nach der Baronin Eskeles, einer zweiten Schwester ihrer Großmutter, der es gelungen war, durch ihre Heirat in Adelskreise aufzusteigen.

So sehr Abraham Frankreich und das französische Wesen liebte – seine Briefe strotzten von französischen Ausdrücken –, so sehr mußte ihm, der einmal geschrieben hatte: »Jedesmal wenn man Paris betritt, beginnt man einen wichtigen Abschnitt in seinem Leben«, die von Napoleon gegen England erlassene Wirtschaftsblockade ein Dorn im Auge sein. Hamburg als Freie Hansestadt lebte von der Freiheit der Wirtschaft, und das Verbot jeglichen Handels mit dem traditionellen englischen Partner traf Handel und Wandel in der Hafenstadt hart.

In dem aufkommenden deutschen Nationalismus begannen sich die Kaufleute und Handelsherren auf ihre nationalen Pflichten zu besinnen, der Schmuggel blühte, und alle Welt wetteiferte in der Umgehung der Vorschriften und Erlasse der Franzosen. Die Brüder Mendelssohn bildeten keine Ausnahme und wußten sich einig mit anderen bedeutenden Hamburger Häusern, den Sievekings, den Voghts und der Handlung Salomon Heines. Alle umgingen die Kontinentalsperre mit List und allen ihnen zur Verfügung stehenden Mitteln.

Trotz der wirtschaftlichen und politischen Turbulenzen verbrachten Lea und Abraham in Hamburg ein ruhiges Dasein. Fanny war etwas mehr als drei Jahre alt, als ihr Bruder Felix Jacob Ludwig geboren wurde. Auch seine Namen sind Familienprogramm, Leas Bruder Jacob Ludwig hatte nach seiner evangelischen Taufe den Namen Bartholdy angenommen, um den jüdischen Namen abzustreifen. Diese Handlungsweise hatte Bella Salomon in einen tiefen Zwiespalt gestürzt, sie enterbte und verfluchte den Sohn, seine Schwester Lea hielt dennoch zu ihm, der gebildet und belesen sehr unter der durch seine Herkunft bedingten Isolierung litt – daran konnte auch das große ererbte Vermögen und das sorgenfreie Leben, das er führte, nichts ändern. Der unverheiratete Bruder hatte die Schwester zu seiner Universalerbin eingesetzt, leitete daraus aber auch das Recht ab, sich in die Familienangelegenheiten der wachsenden Familie einzumischen und ungebetene Ratschläge zu erteilen.

Jacob Ludwig Salomon hatte von seinem Großvater Daniel Itzig einen riesengroßen, herrlich angelegten Garten, der bis an das Ufer der Spree hinunterreichte, vererbt bekommen. Er hatte das Grundstück weiter verschönt und reich ausgestattet und es so zu seinem Lieblingsaufenthalt gemacht. Der Garten, der im Volksmund abwechselnd »Klein Sanssouci« oder auch der »große Judengarten« genannt wurde, hatte um 1680 einem Bürgermeister von Neukölln namens Bartholdy gehört, ein Name, der dem neuen Besitzer so gut gefiel, daß er seinen eigenen dagegen tauschte.

Die ersten Sommer seines Lebens verbrachte der Neffe des neuen Bartholdy in der vielgepriesenen guten Luft von »Martens Mühle«, ein Vergnügen, das seine zwei Jahre später geborene Schwester Rebecka nicht mehr kennenlernen durfte. Denn schon wenige Wochen nach ihrer Geburt war die Stellung des Bankhauses »J. & A. Mendelssohn« in Hamburg bei der französischen Besatzungsmacht so schwierig geworden, daß der Familie nichts anderes übrigblieb, als die Stadt zu verlassen und nach Berlin zurückzukehren. Ihre Abreise kam einer Flucht gleich, allerdings einer wohlorganisierten. Die Mendelssohns führten fast ihr gesamtes Kapital mit sich, genug, um damit die Berliner Filiale ihres Bankhauses, die bisher weit hinter der Bedeutung des Hamburger Hauses zurückgeblieben war, aus ihrem Dornröschenschlaf zu erwecken.

Paul Hermann, jüngstes Kind von Abraham und Lea, kam bereits in Berlin zur Welt, in der elterlichen Wohnung Neue Promenade 7. Sein Vater, der es sich früher nicht hatte vorstellen können, Paris zu verlassen, hatte sich inzwischen in Berlin eingerichtet und war zum preußischen Patrioten geworden. Nur ein knappes Jahr nach Pauls Geburt richtete der Vater aus eigener Tasche die Ausrüstung von Freiwilligen für den Befreiungskrieg gegen Napoleon aus. Karl August von Hardenberg hatte im Rahmen seiner Reformen des preußischen Staates das Emanzipationsedikt erlassen und damit die Juden zu »Einländern und preußischen Staatsbürgern« erklärt. Damit war eine Bewegung abgeschlossen, die von David Friedländer und den preußischen Ministern Wilhelm von Humboldt und Karl August Fürst von Hardenberg seit Jahren gefordert worden war. Die jüdischen Einwohner Preußens hatten jetzt – wenn auch vorerst nur auf dem Papier – die gleichen Rechte, aber auch die gleichen Pflichten. So wurde es möglich, Abraham zum Dank für seinen finanziellen Einsatz für das Vaterland zum ersten jüdischen Stadtrat von Berlin zu wählen. Aber schon mit der nach den Freiheitskriegen einsetzenden Reaktion wurde diese Entwicklung wieder in Frage gestellt. Schritt für Schritt wurden die Rechte zurückgenommen und außer Kraft gesetzt. Abraham, Vater von vier außerordentlich begabten Kindern, finanziell unabhängig, begann sich um die Zukunft dieser Kinder zu sorgen.

Während des Rußlandfeldzugs Napoleons hatte das Bankhaus Mendelssohn mehrmals Zwangsanleihen zu zeichnen gehabt, deren Höhe es eindeutig als größere Handlung auswies. Das Geschäft befand sich jetzt in der Jägerstraße, in der unmittelbaren Nähe der Königlichen Bank und der Seehandlung. Diese zentrale Lage war dringend erforderlich, denn mit dem endgültigen Sieg über Napoleon stieg die Mendelssohnsche Handlung in die Reihe des Bankenkonsortiums auf, das die Zahlung des preußischen Teils der französischen Kriegskontributionen abzuwickeln hatte. Zu diesem Zweck richtete Abraham in Paris Abwicklungsbüros ein, beide Brüder hatten öfter dort zu tun. Von einer dieser Reisen kehrte die Familie jetzt eben wieder zurück. Für die Kinder hatte es eine erste Bildungsreise sein sollen. Außerdem hatten Abraham und Lea ihre Kinder seiner Schwester Henriette zeigen wollen. Sie als Erzieherin konnte die erstaunlichen Fortschritte der beiden Ältesten am besten beurteilen. Jetzt fuhren sie über Straßburg und Frankfurt Berlin entgegen.

Abraham zuckte zusammen, Lea hatte ihm die Hand auf den Arm gelegt und leise auf ihn eingesprochen, er mußte wohl eingenickt sein. Felix gähnte in der Kutschenecke, und Fanny hielt den kleinen Bruder, der immer noch in seine Decke gewickelt schlief, im Arm. Leise sang sie ihm ins Ohr: »Faul Hermann, Faul Hermann«, ein Spitzname, den der Kleine wegen seiner in der Familie ansonsten unbekannten Bedächtigkeit erhalten hatte. Die Kutsche hatte vor dem Wirtshaus gehalten, dort standen auch die Bediensteten, der Diener trug eine Laterne und hielt sie Abraham hin, während dieser steifbeinig aus der Kutsche kletterte. Lea reichte ihm Paul, und sofort lief das Dienstmädchen herbei, den kleinen Kerl in sein schon vorbereitetes Bett zu bringen. Rebecka erwachte beim Herausheben aus der Kutsche, weigerte sich aber, die Augen aufzumachen, sie ließ sich mit geschlossenen Augen in die Unterkunft führen. Doch die beiden Großen bestanden darauf, mit den Eltern noch zur Nacht zu essen, wohl wissend, daß die strenge Mutter daheim in Berlin solche Eskapaden nicht mehr zulassen würde. Während sie auf das Essen warteten und Lea sich die Zimmer ansah, holte Felix einen Bogen Papier und seine Feder herbei, vorsichtig stellte Abraham das Reiseschreibzeug auf den Tisch. Bald kratzte die Feder über das Papier, und der Brief an Tante Henriette in Paris nahm Gestalt an. »Wenn es nicht geregnet hätte, hätten wir unseren Paul nicht mehr«, stand da, und dieser Anfang reizte die Geschwister zu immer neuen Lachanfällen, bis Abrahams energisches Einschreiten Felix zum ernsthaften Schreiben brachte.

Voller Übermut beschrieb Felix der Tante das herausragende Ereignis der Reise, den Verlust und das glückliche Wiederfinden des kleinen Paul Hermann. Ein Ereignis, das die liebende Tante in Paris fast erstarren ließ: »*Ein kalter Schauder überlief mich, und wie ich es Fanny (Sebastiani) vorlas, sagte das liebe Kind: Wir wollen Gott danken, daß das nicht passiert ist!*« Bei allem Schrecken findet Henriette Mendelssohn aber auch Grund, die leichtfertige Art, mit der Neffe Felix das doch ziemlich peinliche Ereignis beschreibt, zu tadeln: »*Euer Aben-*

teuer hätte zu fürchterliche Folgen haben können, als daß mich selbst Deine sehr lustige Beschreibung zum Lachen hätte bringen können. Daß der gütige Gott unseren Paul so sichtbar beschützt, dafür können wir ihm nicht genug danken. Daß Dein armer Vater im Kot gefallen ist, war auch so übel nicht, da hat er sich etwas abgekühlt, sonst würde er vielleicht üble Händel mit dem Postillion bekommen haben!« Daneben vergaß Henriette aber nicht, den wohltuenden Einfluß, den die braven, wohlerzogenen Mendelssohnkinder auf ihre etwas verzogene, nicht so sehr aufs Lernen versessene Fanny Sebastiani gehabt hatten, gebührend herauszustellen.

Im Gegensatz zu der kleinen Namensvetterin in Paris hatten Fanny Mendelssohn und ihre Geschwister einen fest eingeteilten Tag, der besonders den beiden Ältesten kaum eine freie Minute ließ. Hatten sie ihr Butterbrot zum Frühstück, das sie im Zimmer der Mutter essen durften, verzehrt, dann war damit auch das Recht verwirkt, müßig herumzusitzen. »Habt ihr nichts zu tun?« fragte Lea, mit einer Handarbeit beschäftigt, ebenso liebevoll wie unnachgiebig. Der Tag begann morgens um fünf Uhr, kurz danach begannen die einzelnen Lektionen, stöhnend sehnten die Kinder den Sonntag herbei, denn sonntags durften sie ausschlafen. Kurz vor der Pariser Reise hatte Abraham seine Kinder in der Berliner Neuen Kirche evangelisch taufen lassen. Pfarrer Staegemann hatte die Taufe in aller Stille vollzogen, die Eltern wollten nicht, daß Bella Salomon davon erführe. Die zehnjährige Fanny nahm sensibel die Spannungen zwischen den Erwachsenen wahr und versuchte auszugleichen und zu vermitteln. Sie war die bevorzugte Briefpartnerin ihres Onkels Bartholdy, der nun schon einige Zeit in Rom lebte, manchmal kaufte sie Lotterielose für ihn und berichtete ihm viele kleine Geschichten aus Berlin, die ihn an die Heimat erinnerten. Seit seiner Taufe hatte seine Mutter jeden Verkehr mit ihm abgebrochen, darunter litt er sehr. Fanny spielte der sehr musikalischen Großmutter oft auf dem Klavier vor, und als sie die Großmutter einmal mit einem besonders schweren Stück erfreut hatte, durfte sie sich etwas wünschen. Bella Salomon war darauf gefaßt, der Enkelin einen Hut oder ein anderes Kleidungsstück spendieren zu können. Aber Fanny verblüffte sie mit ihrem Wunsch: »Vergib dem Onkel Bartholdy!« Es dauerte eine Weile, bis es Bella Salomon über sich brachte, dem Sohn zu schreiben, und sie vergaß nicht, ihrem Brief hinzuzufügen: »Das geschieht um des Kindes willen!«

Der strenge Vater, die liebevolle, aber in ihren Forderungen unerbittliche Mutter lassen die beiden schon unzertrennlichen Geschwister Fanny und Felix noch näher zusammenrücken. Zwischen ihnen bedurfte es nur weniger Worte, und in der musikalischen Entwicklung waren sie sich ohnehin so nahe, daß diese Nähe außerhalb ihrer Gemeinsamkeit von niemandem begriffen wurde. Fanny und Felix, das war meistens nur einer. Fanny begriff früh, daß Felix mit seinen wehenden Locken, seinem Charme und seiner Liebenswürdigkeit im Mittelpunkt des Interesses stand. Selbst dann, wenn die musikalische Leistung, die sie vollbrachte, seiner wenigstens ebenbürtig war.

Wenn sie sich vor dem Spiegel betrachtete, dann sah sie immer auch die etwas höhere Schulter. »Ein Erbteil ihres Großvaters Moses Mendelssohn«, murmelten wohlmeinende Verwandte leise, aber, nicht leise genug für die Ohren eines empfindsamen Kindes. Rebecka, die kleine Schwester, war der Clown der Familie, ihr nahm keiner etwas übel, mit ihrem ebenmäßigen Gesicht und den großen, dunklen Augen konnte sie sich fast alles erlauben. Und Paul? Paul genoß die Freiheiten des Jüngsten, der fast unmerklich ohne größeres elterliches Zutun heranwuchs. Mit sechs fragte er seinen Vater um die Erlaubnis, Mieke, die kleine Tochter des Gärtners, heiraten zu dürfen. Die hinhaltende Antwort des Vaters nahm er nicht krumm. »Faul« nannte man ihn in der Familie liebevoll, sein Ehrgeiz hielt sich in Grenzen und war eigentlich immer auf eine Position in der Bank gerichtet. Bankier, das war sein Traumberuf, und solange Fanny zurückdenken konnte, hatte er ungeachtet mancher Spannungen zwischen dem Vater und Onkel Joseph nichts anderes im Kopf »als zum Onkel zu gehen«. Fanny bewunderte diese geradlinige Sturheit des kleinen Bruders.

Sie konnte sich noch gut an ihre Großmutter Mendelssohn erinnern und an die Geschichte ihrer Verlobung. Erschrocken hatte die Hamburger Kaufmannstochter Fromet Gugenheim den Buckel Moses Mendelssohns betrachtet. Sie konnte sich nicht vorstellen, einen so verwachsenen Mann, und sei er noch so berühmt, zu heiraten. Traurig verabschiedete sich Mendelssohn, als ihn Fromet fragte, ob er glaube, daß die Ehen im Himmel geschlossen würden. Moses dachte eine Weile nach, bevor er antwortete: »Ja, das glaube ich, und mir ist noch etwas ganz Besonderes widerfahren. Bei der Geburt eines Kindes wird im Himmel ausgerufen, wer wen zur Frau bekommt. Wie ich nun geboren wurde, da wird mir auch meine Frau bestimmt, aber dabei heißt es, sie wird leider, leider einen Buckel haben, einen ganz schrecklichen Buckel. Lieber Gott, habe ich da gesagt, ein Mädchen, das verwachsen ist, wird leicht bitter und hart, ein Mädchen soll schön sein, lieber Gott, gib mir den Buckel, und laß das Mädchen schlank gewachsen und wohlgefällig sein!« Daraufhin war Fromet Gugenheim Moses Mendelssohn um den Hals gefallen, und die beiden waren verlobt. Einfach so, ohne den Vater des Mädchens zu fragen, und Brautbriefe hatten sie sich geschrieben, auch das war eigentlich nicht üblich. Fanny konnte sich nicht genug wundern über das, was sie da von ihrer Großmutter erfuhr. Sie glaubte nicht, daß ihre eigene Mutter so etwas dulden würde. Fanny warf noch einen prüfenden Blick in den Spiegel, sie hatte die dunklen Augen dieser Großmutter geerbt, aber leider auch ein ganz klein wenig vom Buckel des Großvaters. Allerdings konnte man mit vorteilhafter Kleidung diese leichte Erhebung gut kaschieren.

Kapitel 2

Musik – für Mädchen stets nur eine Zierde ...

Die Kinder Abrahams und Leas waren das Entzücken ihrer Umwelt und der Familie. Eine so weitverzweigte, geradezu schreibwütige Familie mußte die Nachricht von dem überdurchschnittlich begabten Nachwuchs in alle Welt verbreiten. Rebecka Meyer, eine Kusine von Abraham, schreibt über die fünfzehnjährige Fanny und ihre Geschwister: *»Abraham aber ist hier und hat himmlische Kinder, besonders die drei jüngsten. Fanny, die einzige, wie mich dünkt, die du kennst, ist die wenigst hübsche und für diesen Augenblick etwas stark altklug, kann aber, wenn sie in ihr Wesen hineinwächst, recht liebenswürdig werden, denn sie hat sehr viel Verstand. Felix ist engelschön und ein wahrhaftes Genie in der Musik; Beckchen sieht aus wie Marianne Saaling und spricht wunderniedlich und Paul, der Jüngste, ist das Schönste, Schelmischste und Durchtriebenste, was ich mir denken kann. Wenn nur die große Stadt einen Bissen an ihnen läßt, das ist alles, was ich wünsche. Jetzt sind sie allerliebst.«*

Die große Stadt Berlin zählte nach Beendigung der langen, schweren Kriegszeit fast 200 000 Einwohner und war Europas sechstgrößte Stadt. Innerhalb von sechs Jahren war die Stadt um 50 000 Einwohner gewachsen, dieser sprunghafte Anstieg veränderte ihren Charakter. Tore und Festungswerke verloren ihre Bedeutung, sie wurden beseitigt oder mit neuen Durchbrüchen ausgestattet. Berlin weitete sich aus, seine Vorstädte wuchsen, die Stadt war weitläufig geworden. Kam man durch das neue, von Karl Gotthard Langhans errichtete Brandenburger Tor in die Stadt, dann hatte der Besucher die Berliner Prachtstraße »Unter den Linden« vor

Felix Mendelssohn Bartholdy im Alter von 13 Jahren

sich. Keiner anderen Straße sind so viele begeisterte Lobeshymnen gewidmet wie den Linden, kein Berliner auf Reisen vergaß die heimatliche Straße mit den großen Straßen der Hauptstädte Europas zu vergleichen, niemals schnitten die Linden hierbei schlecht ab. Hier stand das Zeughaus mit seinen barocken Fassaden, die Universität war seit ihrer Gründung im Palais des Prinzen Heinrich untergebracht, der bedeutende Maler und Architekt Knobelsdorff hatte die Oper noch unter dem großen Friedrich erbaut. Neben der königlichen Bibliothek wirkte die erst gerade fertiggestellte Schinkelsche Neue Wache wie ein steingewordenes Zeugnis eines neuen Preußen, das noch erfüllt war von dem prägenden Erlebnis der Befreiungskriege und doch schon die kommenden Zeiten der Reaktion und Restauration ahnte. Das Berlin des Biedermeier, in dem die junge Fanny Mendelssohn aufwuchs, war – an europäischen Maßstäben gemessen – eine bescheidene Großstadt, den Berlinern selbst erschien sie aufregend und schnelllebig. Noch lag der Potsdamer Platz weit außerhalb des Zentrums, und in der Friedrichstadt dehnten sich neben wenigen Häusern die Gartenanlagen und Meiereien aus. Aber schon begann die Stadt sich zu recken und zu strecken, ihr Einzugsgebiet zu erweitern.

Die Straßen Berlins galten als auffallend schmutzig, aller Unrat aus den Häusern gelangte ungefiltert in den Rinnstein und floß die Gassen und Straßen hinab. Nicht nur bei heißem Wetter machten sich üble Gerüche breit. Kronprinz Friedrich Wilhelm, der älteste Sohn der angebeteten Königin Luise, schrieb an seine Schwester im Prinzessinnenpalais am Festungsgraben: »An Prinzessin Luise, wohnhaft im stinkerigen Graben.«

Schon hatten die Bauern in Charlottenburg, Lichtenberge und Schöneberg den Wert der Städter als Sommerfrischler erkannt. Es wurde Mode, Sommergäste aufzunehmen, Fachleute begannen bereits vor der daraus resultierenden Vernachlässigung der landwirtschaftlichen Arbeiten zu warnen. Die

Verkehrsmisere der Stadt war offensichtlich. Die Klagen über nicht vorhandene Fahrmöglichkeiten, über schimpfende und unwillige Droschkenkutscher, die zu teuer und unfreundlich waren, nahmen kein Ende. 32 Kutschen gab es nach den Freiheitskriegen, die Tour von 15 bis 20 Minuten Länge kostete fünf Groschen pro Person, zu diesem Tarif gelangte man vom Alexanderplatz bis zum Potsdamer Platz, also einmal quer durch Berlin.

Das biedermeierliche Berlin hatte in Karl Friedrich Schinkel seinen Baumeister gefunden. In der kargen Mark geboren, schuf er das Schauspielhaus am Gendarmenmarkt, die Neue Wache und das vielbewunderte Museum, für den Grafen Redern baute er das Palais am Pariser Platz und für Wilhelm von Humboldt dessen Sommerresidenz, das Schlößchen Tegel.

Die Berliner nahmen regen Anteil an der Kunst in ihrer Stadt, sie konnten sich für die Affären von Sängern und Schauspielerinnen begeistern und amüsierten sich über die Aussprüche prominenter Zeitgenossen. So hatten sie Wilhelm von Schadow, den Schöpfer des reizenden Standbildes der jungen Königin Luise und ihrer Schwester Friederike, besonders ins Herz geschlossen. Der königliche Akademiedirektor war, um Protektion angegangen, auch bei höheren Dienstgraden zu keinerlei Kompromissen bereit. So erzählten sich die Berliner hinter vorgehaltener Hand, er habe einem reichen Kaufmann, der ihm seinen Neffen als Schüler bringen wollte, keinerlei Mut gemacht. Als der Onkel daraufhin Hufnägel schlucken wollte, falls der Neffe kein berühmter Künstler würde, hielt ihm Schadow eine Handvoll Reißnägel hin: »Damit können Sie ja schon mal für die Hufnägel üben!« Eines allerdings konnte der alte Schadow überhaupt nicht verstehen, die Schwärmerei der jungen Künstler für Italien: »*Ick bin nich sehr für Italien*«, maulte er, »*und die Bäume jefallen mir nu schon jar nich. Immer diese Pinien un diese Pappeln. Un wat is denn am Ende damit? Die eenen sehen aus wie uffjeklappte Rejenschirme un die anderen wie zujeklappte!*«Solche

Aussprüche riefen bei den Berlinern Entzücken hervor und wurde immer wieder neu erzählt. Daneben wurden die Berliner im Biedermeier zu den eifrigsten Theater-, Opern- und Ballettbesuchern. Warnende Stimmen wußten bereits zu melden, das Theater sei das goldene Kalb, vor dem die Bürger im Staube lägen: »*In Berlin ist die Sucht, Komödie zu spielen, in allen Klassen der Gesellschaft zur Manie geworden. Es gibt fast gar keine Familie, die nicht Dilettanten der Gesangs- und Schauspielkunst aufzuweisen hätte, keine solfeggierende Schneidermamsell, die sich nicht für eine ›Löwin‹, keinen deklamierenden Handlungsdiener, der sich nicht für einen ›Seydelmann‹ hielte. Komödie zu spielen und Schauspieler zu sein, ist bei der gebildeten, wie bei der ungebildeten Jugend der Inbegriff menschlicher Glückseligkeit und Vollkommenheit und in ihrer Vorstellung hat jeder Mime eine Glorie um das Haupt.*«

Die biedermeierliche Musikstadt Berlin mit ihren glanzvollen musikalischen Aufführungen ist nicht denkbar ohne die fast ein halbes Jahrhundert während tatkräftige Arbeit Carl Friedrich Zelters. Der junge Maurermeister hatte jahrelang zwischen Beruf und Kunst einen Kompromiß gesucht, erst in den neunziger Jahren des vergangenen Jahrhunderts war er als Tenor der von seinem Lehrer Carl Friedrich Christian Fasch gegründeten Gesellschaft beigetreten, der für ihre Proben ein Saal im Gebäude der Akademie eingeräumt wurde und die daher den Namen Singakademie erhielt. Der als »sacksiedegrober Kerl« bekannte Zelter übernahm nach Faschs Tod die Leitung der Singakademie, ihm verdankt sie das eigene Haus und den unvorstellbaren Aufstieg, der von vielen Chören und Singvereinigungen neidvoll betrachtet wurde. Zelter, mit Goethe durch Abraham Mendelssohn bekannt gemacht, wurde zum einzigen Duz-Freund Goethes, dem er bis zu dessen Tod freundschaftlich verbunden blieb. Professor an der Akademie der Künste, Leiter und Lehrer am Institut für Kirchenmusik, Universitätsmusikdirektor, Bibliothekar der Musikaliensammlung fand der vielbeschäftigte Mann auch noch die Zeit, zahlreiche Privatschüler zu unterrichten. Sein vielleicht größtes Verdienst aber war und blieb, die Musik in den Mittelpunkt der kulturellen Interessen der Berliner zu rücken. Zahlreiche Anekdoten über die Grobheit Zelters ließen die Berliner vor Wonne erschauern. So hieß es, er habe einer sehr jungen, schüchternen Dame, die ihn um eine Prüfung ihres Talentes gebeten hatte, gesagt: »Singen Sie nur ganz ruhig, was einer aushalten kann, das kann ich auch aushalten!« Die Dame begann zu singen, wurde aber sofort von Zelter unterbrochen: »Reißen Sie das Maul nicht so auf!« Da brach der Prüfling in Tränen aus, was Zelter, der auch sehr zart sein konnte, aufrichtig bedauerte: »Na, weinen Sie doch nicht, liebes Kind, ich habe es ja nicht so schlimm gemeint; aber wirklich, wenn man so aussieht wie Sie, muß man den Mund nicht so weit aufmachen.«

Carl Friedrich Zelter übernahm die musikalische Erziehung der Mendelssohnkinder. Fanny und Felix wurden zusammen unterrichtet, aber Fanny spürte, daß ihrem Talent anders begegnet wurde als dem des jüngeren Bruders. Mit trotzigem Aufbegehren notiert sie, daß ihr das Vertrauen des begabten Bruders gehöre und daß sie es sei, der er alle Werke zuerst vorspiele, ja, die von den Plänen der Musikstücke zuerst erführe und auf deren Rat er höre. Frühzeitig mußte sie begreifen, daß die Talente eines Mädchens sich im Hause zu entfalten hätten. Im gastfreundlichen Haus der Eltern traf sich bei Konzerten, Hausmusiken und Gesprächen die geistige Elite Berlins. Fanny lernte scharfzüngig, geistreich und klug zu antworten, ihr Vater bestellte für seine Kinder die besten Hauslehrer, Felix und Rebecka lernten zusammen Griechisch, weil der Bruder alleine keine rechte Lust entwickelte. Der Vater stellte sogar einen Lehrer für Landschaftszeichnen an, ein Fach, in dem allerdings nur Felix Fortschritte erzielte.

Der Skandal, den die Scheidung von Fannys Tante Dorothea ausgelöst hatte, war von Abraham und Lea nicht vergessen worden. Die Heirat mit Friedrich Schlegel und der zweimalige Religionswechsel – die auf Familienehre und Reputation bedachte Lea hatte dies nicht verkraftet. Der Schock saß tief, eine Neuauflage einer emanzipierten Frau würde es in ihrer Familie nicht geben. Zumal Jakob Bartholdy die merkwürdigsten Dinge über Dorothea und Friedrich Schlegel, die sich gerade in Rom aufhielten, schrieb. Nein, Fanny nahm zwar am Unterricht des Bruders teil, Bildung und Wissen hatten aber bei ihr nach innen, in das Haus hinein zu strahlen. Während Felix, der Held der Familie, seine Fähigkeiten zeigen sollte, um so den Integrationswillen und die Assimilationsbestrebungen der Familie zu zeigen. Auch Dorothea Mendelssohn-Veit-Schlegel, die zwischen Emanzipation und bürgerlicher Betulichkeit schwankende, schrieb am Ende ihres Lebens keine Bücher mehr. Sie versorgte den Haushalt ihres Sohnes Philipp in Frankfurt und verbrachte ihre Zeit mit Hausarbeit. »Es gibt«, so zog die begabte Tochter Moses Mendelssohns Bilanz, »zu viele Bücher auf der Welt; aber ich habe noch niemals gehört, daß es auf der Welt zu viele Hemden gäbe.«

Noch nicht vierzehnjährig spielte ihre Nichte Fanny ihrem Vater an seinem Geburtstag alle vierundzwanzig Präludien des Wohltemperierten Klaviers von Johann Sebastian Bach auswendig vor. Ein Geschenk, wie es nur wenige Töchter ihrem Vater machen können. Schon wurden unter den Zuhörern Stimmen laut, die davor warnten, das Mädchen zu überfordern. Lernen und ständiges Verbessern der Fähigkeiten gehörte zum Erziehungsprogramm Abrahams, hier duldete er keine Ausnahmen von der Regel. Der pädagogisch versierten Tante Henriette taten die Kinder leid, psychologisch einfühlsam versucht sie ihre Bedenken anzubringen, ohne daß man ihr dies als Kritik auslegen könne:

»Fannys Meisterstück, vierundzwanzig Präludien auswendig zu lernen, und Ihre Beharrlichkeit, liebste Lea, sie einstudieren zu lassen, haben mich starr und stumm vor Erstaunen gemacht, und ich

habe nur die Sprache wiedergefunden, um allen Menschen dies große
Gelingen mitzuteilen. Nachdem ich aber Ihnen und Fanny meine
ungeteilte Bewunderung zuerkannt, muß ich doch gestehen, daß ich
das Unternehmen strafbar finde; die Anstrengung ist zu groß, sie
hätte leicht schädlich werden können, man sollte das außerordentli-
che Talent Ihrer Kinder bloß leiten, nicht treiben, Papa Abraham ist
aber ungenügsam, das beste ist ihm eben gut genug. Mich dünkt, ich
sehe ihn, während Fanny spielte, in der Seele vergnügt und zufrie-
den, und doch wenig äußernd. Die Kinder werdens ihm aber bald
abmerken, daß sie sein Stolz und seine Freude sind, und sich die
stoischen Mienen nicht zu sehr zu Herzen nehmen.«

Die Erziehung der Kinder war Ernst Ludwig Wilhelm
Heyse, dem späteren Universitätsprofessor und Vater des
Dichters Paul Heyse, anvertraut. Wilhelm von Humboldt
hatte ihn Abraham als Hauslehrer vorgeschlagen, mit großem
Einfühlungsvermögen ging er auf die Vorlieben und Bega-
bungen jedes einzelnen seiner Zöglinge ein.

Trotz des strengen Unterrichts ging es vergnüglich zu,
wenn Paul und Felix Rumpelstilzchen spielten oder Felix
versuchte, den anderen Jungen auf der Straße im Murmel-
spiel ihre schönsten Stücke abzugewinnen. Aus dieser Zeit
stammt ein von Felix verfaßtes Spott-Heldengedicht. Fast
durchweg in sechsfüßige Daktylen gekleidet, zeigt der noch
nicht Zwölfjährige, daß er neben dem griechischen Versmaß
auch den Berliner Jargon beherrscht und auch eine zünftige
Keilerei unter Jungen meisterlich schildern kann, was auf ein-
schlägige Erfahrungen schließen läßt. Bald nachdem Fanny
und Felix ihren Unterricht in Musiktheorie und Komposi-
tionslehre bei Carl Friedrich Zelter begonnen hatten, traten
sie auch in die Berliner Singakademie ein. Im Sängerver-
zeichnis hat ihr Lehrer hinter beider Namen ein lapidares
»brauchbar« vermerkt. Zelters Unterricht beginnt erste
Früchte zu tragen. ›Ihr Töne schwingt euch freundlich‹ heißt
die erste Komposition Fannys, die erhalten geblieben ist, eine
Arbeit zum Geburtstag des Vaters.

Still und ohne Aufsehen wurde Fannys Einsegnungstag begangen. Großmutter Bella Salomon wußte nichts von der christlichen Taufe und Erziehung ihrer vier Enkelkinder, und Lea hatte nicht nur aus diesem Grund wenig Neigung, das Ereignis bekanntzumachen. Abraham, wie so oft auf einer Geschäftsreise, schrieb seiner Tochter aus Paris: »*Du hast durch die Ablegung Deines Glaubensbekenntnisses erfüllt, was die Gesellschaft von Dir fordert, und heißest eine Christin. Jetzt aber sei, was Deine Menschenpflicht von Dir fordert, sei wahr, treu und gut, Deiner Mutter, und ich darf wohl auch fordern, Deinem Vater bis in den Tod gehorsam und ergeben, unausgesetzt aufmerksam auf die Stimme Deines Gewissens, das sich betäuben, aber nicht bedrücken läßt, und so wirst Du Dir sicher das höchste Glück erwerben, das Dir auf Erden zuteil werden kann, Einigkeit und Zufriedenheit mit Dir selbst.*«

Dem Vater stand die Fünfzehnjährige näher, er war ihr vertrauter als die Mutter. Abraham in Paris ist ganz gerührt über »die vielen langen und guten Briefe«, die sie ihm schreibt, er bemüht sich mit liebevollem Gespür auf seine Älteste einzugehen, ohne die engen Grenzen, die seine Erziehungsziele stecken, zu lockern. Fanny hat ihm einige ihrer neuen Lieder geschickt, der Vater sucht sich jemanden, der sie ihm leidlich vorsingen kann, selbst seine Geschäftsfreunde läßt er teilhaben an der Freude über die Fortschritte der Tochter. Auch Felix hat ihm eine Komposition geschickt, auch hier kann er sich nicht verkneifen, die Tochter zu ermahnen: »*Mir hat sie wohl gefallen; es ist viel, und ich hatte ihm kaum zugetraut, daß er sich so bald darein finden würde, ernsthaft zu arbeiten, denn zu so einer Fuge gehört doch gewiß Überlegung und Beharrlichkeit. Was Du mir über Dein musikalisches Treiben im Verhältnis zu Felix in einem Deiner früheren Briefe geschrieben, war ebenso wohl gedacht als ausgedrückt. Die Musik wird für ihn vielleicht Beruf, während sie für Dich stets nur eine Zierde, niemals Grundbaß Deines Seins und Tuns werden kann und soll; ihm ist daher Ehrgeiz, Begierde, sich geltend zu machen in einer Angelegenheit, die ihm sehr wichtig vor-*

kommt, weil er sich dazu berufen fühlt, eher nachzusehen, während es Dich nicht weniger ehrt, daß Du von jeher Dich in diesen Fällen gutmütig und vernünftig bezeugt und durch Deine Freude an dem Beifall, den er sich erworben, bewiesen hast, daß Du ihn Dir an seiner Stelle auch würdest verdienen können. Beharre in dieser Gesinnung und diesem Betragen, sie sind weiblich, und nur das Weibliche ziert die Frauen.«

Trotz seiner Abneigung gegen die künstlerischen Ambitionen seiner Tochter und der klaren Definition dessen, was er auch in Zukunft von seiner Ältesten erwartet, gibt er ihr im folgenden Abschnitt seines Briefes eine genaue Analyse der ihm geschickten Lieder, schildert seine Vorlieben beim Hören und begründet seine Kritik an den anderen, die ihm weniger gefallen haben. Ernsthaft geht er auch auf die Klagen der Tochter wegen mangelnder Klavierliteratur zur Übung des vierten und fünften Fingers ein, er berät sich eingehend mit Marie Bigot, der Klavierlehrerin, wie man hier Abhilfe schaffen kann. Es ist rührend, mit welchem Eifer er der Fingerfertigkeit seiner Tochter auf die Sprünge zu helfen versucht, deren pianistische Laufbahn doch an der Haustür enden sollte. Heinrich Heine, Ludwig Börne, die Philosophen Hegel und Schopenhauer gingen im gastfreundlichen Haus der Mendelssohns ein und aus. Karl August Varnhagen von Ense und seine Frau Rahel, seit Jahrzehnten mit Mendelssohns befreundet, gehörten genauso zum häuslichen Umgang wie Giacomo Meyerbeer, sein Bruder Michael, Alexander und Wilhelm von Humboldt und Ludwig Robert, der Verfasser spritziger Boulevardstücke, und seine Frau Friederike, die aus Württemberg stammte. Rahels Nichte Fanny, mit dem Arzt Johann Ludwig Casper verheiratet, wurde, nur wenige Jahre älter als Fanny Mendelssohn, zu deren ganz enger Freundin. Casper, im Nebenberuf Verfasser erfolgreicher Libretti, schuf auch den Text für Felix Mendelssohns erstes Singspiel ›Die Soldatenliebschaft‹, mit dessen Aufführung der elfjährige Felix seine Eltern um die

Weihnachtszeit überraschte. Fanny, vom Bruder liebevoll
»Kantor mit den dicken Augenbrauen« genannt, wurde zum
musikalischen Gewissen des Bruders. Klug und schlagfertig,
begann sich Fanny unter dem liebevoll strengen Druck des
Vaters einzurichten, sie stellte ihre eigenen künstlerischen
Ambitionen in den Dienst der Arbeiten des Bruders. Aber sie
wandelte sich auch unter dem Druck, ihre altklugen Bemerkungen wurden schärfer und treffsicherer, was bisher gutmü-
tiger Spott gewesen war, wurde Ironie, die weh tat und die
das auch sollte.

Aber Fanny hätte nicht die Tochter Leas sein dürfen,
wenn sie nicht von einem Ereignis, das ganz Berlin aus dem
Häuschen geraten ließ, in den Bann gezogen worden wäre:
Die Darstellung des romantischen Stückes ›Lalla Rookh‹ des
englischen Dichters Thomas Moore im Rahmen eines Hof-
festes. Seine Epen waren ganz groß in Mode, er selber war
ein intimer Freund Lord Byrons, was ihn noch geheimnis-
voller und anbetungswürdiger machte. Aurengzeb, der
Herrscher von Delhi, verspricht seine Tochter dem Sohn des
Königs der Bucharen, Aliris, und sendet sie mit ihrem reich
ausgestatteten Hofstaat zur Hochzeit ins ferne Kaschmir.
Aliris schickt der Braut eine Delegation entgegen, die die
Reise verkürzen und angenehmer gestalten soll. Besonders
der schöne junge Sänger Feramors hat es der Prinzessin
angetan. Seine Märchen, von denen er vier erzählt, kann sie
nicht vergessen, ihn selber auch nicht, bis sich, am Ziel der
Reise angekommen, herausstellt, daß kein anderer als der
Bräutigam Aliris der Sänger Feramors war, der seine
Zukünftige kennenlernen wollte. Das war eine Märchenge-
schichte so richtig nach dem Herzen des Biedermeiers. Keiner konnte sich den Gewissensqualen der schönen Prinzessin und ihrem Glück über den zufriedenstellenden Ausgang
entziehen.

Der sonst so sparsame König Friedrich Wilhelm III. hatte
diesen Festzug, bei dem sich Prinzen und Prinzessinnen in

märchenhaften Kostümen dem Volk und ihresgleichen präsentieren konnten, zu Ehren seiner Lieblingstochter Charlotte, der Frau des russischen Thronfolgers Nikolaus, in den
Sälen des Königlichen Schlosses inszenieren lassen. Charlotte
und Nikolaus, der preußische Kronprinz und sein Bruder
Wilhelm, Prinzessin Elisa Radziwill und Herzog Karl von
Mecklenburg spielten einige der Hauptrollen im Festzug.
Kein Geringerer als Schinkel hatte die Dekorationen entworfen, die Musik hatte Gasparo Spontini beigesteuert, und
die Leitung des höfischen Spektakels lag in Händen des Grafen Brühl, des Generalintendanten der Königlichen Schau-
spiele. Sämtliche Berliner Zeitungen überschlugen sich in der
Beschreibung der königlichen Prachtentfaltung, niemals vorher und nachher wurden wieder so viele Personen, nämlich
186, in einem Festzug des damaligen preußischen Hofes
gezählt. Die historisch echten Kostüme hatte der junge Maler
Wilhelm Hensel nach genauem Quellenstudium entworfen.
Wie alle jungen Mädchen in Berlin waren auch Fanny und
Rebecka darauf versessen, die kostbaren Kostüme und den
sagenhaften Schmuck auf immer neuen Bildern eingehend
zu betrachten. Dreitausend Besucher hatte der königliche
Zeremonienmeister ins Schloß gebeten, diese Glücklichen
konnten als Augenzeugen wichtige Hinweise geben. Der
Hofkonditor Fuchs hatte in seinem Geschäft Unter den Linden den gesamten Festzug, in zierlichen Tragantfiguren nach-
gebildet, in seinem Fenster ausgestellt. Die erste Zeit
brauchte man Ellenbogen und viel Zeit, sich bis ans Fenster
durchzuboxen, so belagert waren die Figürchen, von den
beliebtesten Persönlichkeiten waren Tragantduplikate herge-
stellt worden, die trotz des enormen Preises fast immer ausverkauft waren. Zusammen mit ihren Freundinnen Lilli
Parthey und Fanny Casper sammelten die Mendelssohn-
mädchen jeden Bericht, den sie erwischen konnten, den aus-
führlichsten in der ›Haude und Spenerschen Zeitung‹ hatten
sie sich schon viele Male immer wieder vorgelesen. Sie

kicherten zusammen, wenn sie das Bild Elisa Radziwills als
»Peri« betrachteten und den Text der Bildunterschrift lasen:
»Da nun Liebe die höchste Poesie ist und das Glück der
schönsten Liebe, des innigsten Familienvereins hier gefeiert
ward, so fühlst du, wie bedeutungsvoll die Fabel in diesem
Augenblick ward, wie tief sie jede Brust bewegte!« Wie so
viele andere nahmen auch die kaum dem Backfischalter ent-
wachsenen Leserinnen gefühlvoll Anteil an dem Geschick
der »Peri«, der jungen und schönen Prinzessin Elisa Radziwill, der großen Liebe des jungen Prinzen Wilhelm. Wilhelm
war der hübscheste Prinz des preußischen Hofes, und der
netteste dazu, er hatte das Äußere seines Vaters, aber die
verbindliche Art seiner Mutter, der Königin Luise, geerbt.
Fanny gestand sich ein, daß er auch ihr ausnehmend gut
gefiel. Und Lea, deren Sinn fürs Repräsentieren ihr die Füh-
rung des großen und großzügigen Mendelssohnschen Haushaltes sehr erleichterte, blickte mit Wohlgefallen auf ihre
Älteste, ein adeliger Schwiegersohn, dazu würde sie nicht
nein sagen.

Aber Fanny, deren scharfzüngige Antworten nicht nur im
Freundeskreis gefürchtet waren, machte jetzt in ihren Briefen von dieser Scharfzüngigkeit Gebrauch, sie schonte dabei
niemanden, Rang und Ruf der Besucher konnte die Tochter
des Hauses nicht von einem eigenen Urteil abhalten: So
schrieb sie nicht lange nach einem Besuch Ludwig Börnes:
*»Wir haben ihn lange hier gehabt und allein mit anderen Leuten,
mittags, abends, und in allen Beleuchtungen kennengelernt, und nie
hat er sich verleugnet als ein kleiner, schwerhörender und schwerer
begreifender Mann, dem die einfachsten Dinge fremd und neu sind,
der sich wie der gemeine Haufen der Frankfurter wundert, daß die
Berliner auf den Hinterfüßen stehn und mit den Vorderpfoten essen –
und daß die Bäume wirklich auch hier grün werden, nachdem der
Schnee wirklich auch weiß war; ein Mann, der mir eines Tages ein
Buch vorlegte und mich die Zahl 10 430 aussprechen ließ; und als
ich nun, irgendeine Rechenaufgabe erwartend, ängstlich schwieg,*

erklärte er die Prüfung beendet und zeigte sich verwundert darüber, daß ich eine fünfstellige Zahl wirklich aussprechen könne. Nie haben wir irgendein bemerkenswertes Wort von ihm gehört, nie auch nur einen Funken, einen Blitz oder einen Blick bemerkt, der ihn als bedeutenden Mann bezeichnet hätte, wofür ihn ja alle die anderen halten ...«

Kapitel 3

›Lalla Rookh‹ oder eine Liebe im Biedermeier

Wilhelm Hensel lud in sein Atelier. Charlotte, Großfürstin von Rußland, hatte keine Ruhe gegeben, bis der Festzug ›Lalla Rookh‹ in Bildern festgehalten wurde. Warum sollte all diese vergängliche Pracht nur für ein einziges Hoffest erdacht worden sein! Schließlich hatte Friedrich Wilhelm III., widerstrebend zwar, zugestimmt. Wilhelm Hensel, der Schöpfer der Kostüme, war mit diesem Auftrag bedacht worden, seine ruhige Art gefiel dem König ebenso wie seine Bilder. Jetzt war der Zyklus fertig und sollte, bevor er nach St. Petersburg verschickt wurde, den Berlinern in einer Ausstellung zugänglich gemacht werden. Für den jungen, mittellosen Maler Wilhelm Hensel war der königliche Auftrag die Chance seines Lebens, bekannt zu werden. Die Zeitungen überschlugen sich in Lobeshymnen. »Wart ihr schon beim Hensel in der Ausstellung?« Beinahe atemlos kam der Schauspieler und Sänger Eduard Devrient in das Mendelssohnsche Musikzimmer gestürzt. »Ihr müßt euch die Bilder ansehen, sonst ärgert ihr euch ein ganzes Leben lang.« Abraham schüttelte den Kopf und murmelte etwas von »der schnellen Jugend, die niemals abwarten könne«, ließ sich dann aber doch anstecken von der Begeisterung der anderen. Sogar Rahel Varnhagen hatte trotz ihrer Atemnot schon die zwei Stockwerke zum Henselschen Atelier erstiegen, und auch Lea brannte darauf, die Bilder zu sehen.

Fanny stand vor dem Bild Elisas. Traurig sah die »Peri« aus, traurig und entsagungsvoll; wenn man dem Hofklatsch glauben wollte, dann sollte das ja auch ihr Schicksal im Leben sein.

36

Ganz begreifen konnte Fanny es zwar nicht, warum war eine Prinzessin einem Prinzen nicht ebenbürtig, aber – sie zuckte die Achseln, ihr Problem war es jedenfalls nicht, in einen Prinz Wilhelm würde sie sich nicht vergucken, egal, wie gut er ihr gefiel. Eduard Devrient hatte die Mendelssohns begleitet, zusammen mit dem jungen Künstler trat er jetzt zu der Familie und stellte den Maler vor. Aufmerksam sah Lea Hensel ins Gesicht, so jung, wie sie gedacht hatte, war er nicht mehr. Unbefangen-freundlich erzählte er von den Bildern, lachend gab er seine Schwierigkeiten mit den hohen Herrschaften, von denen jede einzelne ihm zum Porträt gesessen hatte, preis. Er drehte die Augen zum Himmel und verschränkte die Arme in komischer Verzweiflung. Besonders der russische Thronfolger Nikolaus hatte ihn mit seiner Ungeduld fast zur Raserei gebracht. Kaum hatte er es zwei Minuten auf einem Fleck ausgehalten, dann sprang er schon wieder auf. Schließlich hatte der Maler eine Puppe in das Kostüm des Großfürsten gekleidet, aber das hatte weder dem Gemalten noch dem Maler so recht gepaßt. Der Großfürst meinte, seine Figur könne auf dem Bilde zu puppenhaft wirken, und der Maler war irritiert über die Steifheit des Dargestellten.

Eine Freude und ein Vergnügen sei es dagegen gewesen, die schöne Prinzessin Radziwill zu malen. Hinreißend schön wie ein Engel habe sie auf ihrem Stuhl gesessen, nur traurig, unendlich traurig habe sie ausgesehen, der Maler schluckte. Und Fanny ärgerte sich so sehr, daß es ihr einen richtigen Stich gab, ohne eigentlich so recht zu wissen, warum. Sie sah Hensel voll ins Gesicht, tausend Fragen hätte sie ihm stellen wollen, aber ihre Kehle war wie zugeschnürt. Wie im Traum erlebte sie die Vorstellung der anderen Bilder. Es wurde ihr gar nicht bewußt, daß Hensel sich seit ihrer Anwesenheit um keine anderen Besucher mehr gekümmert hatte. Felix hatte ihn voll mit Beschlag belegt, und die beiden schienen sich auch sehr gut zu verstehen. Lea mußte lachen und stieß Abraham immer wieder an. Wie präzise und mit welchem Sachverstand der Sohn seine Fragen stellte, dabei war er erst zwölf. Wie immer, wenn ihn ein Gegenstand gefangennahm, verhaspelte er sich beim Sprechen. Fanny war ein wenig beiseite getreten, merkwürdigerweise störte sie das nicht, sie hatte das Gefühl, als spräche Hensel eigentlich mit ihr, nur mit ihr ganz alleine.

Versonnen sah der Künstler seinen Besuchern nach, als sie nach einem längeren Aufenthalt sein Atelier wieder verließen. Felix hüpfte neben Devrient über den Bürgersteig, unebenen Stellen ausweichend, Fanny hatte den Arm um Rebecka gelegt, und vor Abraham und Lea rannte der kleine Paul, wie ein Schmetterling die Arme auf- und abbewegend. Beim Abschied hatte Lea eine Einladung ausgesprochen. Hensel nagte selbstvergessen an der Unterlippe, eingeladen in das Haus des Stadtrates Mendelssohn, das hieß Zugang zu finden zur geistigen Elite der Stadt. Das war mehr, als sich der Sohn eines armen evangelischen Pfarrers eigentlich erhoffen konnte.

Im Pfarrhaus zu Trebbin mitten in der sandigen Mark war Wilhelm Hensel am 6. Juli 1794 geboren worden, einige Jahre nach seiner Geburt wurde der Vater nach Linum versetzt, ähnlich sandig gelegen wie sein Geburtsort, aber immerhin das Zentrum des märkischen Torfabbaus. Nach dem frühen Tod des Vaters zog die Mutter mit dem Sohn und den drei Töchtern nach Berlin, hier hatte Wilhelm als Student an der Bergakademie begonnen, das war der Wunsch des Vaters gewesen.

Schon bald nach diesem Zusammentreffen erschien Eduard Devrient mit einer Einladung von der Hand Leas in Hensels Wohnung. Der große Bartholdysche Garten am Ufer der Spree war das Ziel eines der berühmten Ausflüge ins Grüne. Devrient zerstreute die Bedenken des Freundes und redete ihm zu, die Einladung anzunehmen. »Wir treffen uns am Sonntag bereits um sieben Uhr in der Früh vor dem Mendelssohnschen Haus. Der Ausflug findet – so glaub ich wenigstens – bei jedem Wetter statt. Draußen, im Garten, ist ein buntes Zelt aufgebaut worden.« Hensel seufzte, so sehr ihn die Einladung freute, so große Bedenken hatte er vor den vielen fremden Leuten, die ihn erwarten würden. Devrient fegte sie hinweg: »Du mußt Leute kennenlernen, Hensel, deine Bilder zu ›Lalla Rookh‹ sind eine Auszeichnung, aber du brauchst weitere Aufträge, sonst kannst du bald wieder Hungerpfoten saugen! Die Kunst geht nach Brot – ich brauche Engagements und du Aufträge, und die bekommt man nur, wenn die Leute, die sie vergeben, einen bildlich vor sich haben, wenn sie sie vergeben!« Hensel lachte: »Du bist hier nicht auf der Bühne, kannst dich ruhig benehmen wie im wirklichen Leben!«

Der Garten an der Spree präsentierte sich im Licht der Morgensonne. Jetzt im Mai hatte sich die Pracht noch nicht ganz entfaltet. Aber die vergnügte Schar junger Leute, die am frühen Vormittag aus den Kutschen am Eingangstor sprang, freute sich auf einen schönen Tag, außerhalb der engen Großstadtstraßen. Jacob Bartholdy hatte viel Geld in den Garten gesteckt, drei Gärtner waren ständig bei der Arbeit, im Sommer wurden feuchte Tücher über den Rasen gebreitet, damit er nicht gelb wurde und verdorrte wie in den weniger gepflegten Gärten. Die Gartenwege waren zur Feier des Tages sauber geharkt und mit Kieselsteinen eingefaßt worden. Die Fenster der Gewächshäuser waren geöffnet, ebenso die Türen, dahinter konnte man die frostempfindlichen Orangenbäume, die Oleanderbüsche und Palmen in ihren schönen Kübeln auf die sonnige Jahreszeit warten sehen. Die ganze Anlage strahlte mit ihren großen Bäumen und schattigen Wegen bürgerliche Naturnähe und Behaglichkeit aus. Auf dem großen Rasenplatz stand ein Zelt, mit einer bunten Fähnchenreihe geschmückt.

Lea Mendelssohn klatschte in die Hände, schon bildeten die Gäste einen Kreis um sie, zögernd stand Wilhelm Hensel etwas abseits. Felix, in seiner gewinnenden Art, trat zu ihm und zog ihn näher an die anderen heran. Neben der Mutter stand Fanny, Hensel bemerkte erstaunt, daß sie viel kleiner war, als er sie in Erinnerung hatte. »Das neben meiner Schwester ist Lilli, eine Enkelin vom Verleger Nicolai, und das Paar da drüben«, Felix wies mit dem Finger die Richtung, »ist mein Cousin Alexander mit seiner Verlobten Marianne, die Kinder vom Onkel Joseph.« Felix sprang davon. »Wenn Sie öfter wiederkommen, werden Sie schon bald alle kennen!«

Hensel bedankte sich bei der Gastgeberin für die Einladung. Wieder hielt eine Kutsche, diesmal stiegen Varnhagen von Ense und seine Frau aus. Varnhagen trug einige blaue Kissen unter dem Arm. Die schob er seiner schweratmenden Frau hin, bevor sie sich auf einem der Gartenstühle im Zelt niederließ. Zärtlich zog er die Kissen zurecht und ruhte nicht eher, als bis er auch noch eine Fußbank für sie aus dem Gartenhaus geholt hatte. Hensel sah amüsiert, wie Fannys Augen sich verengten, Spottlust blitzte darin auf, dann wandte sie sich an ihre kleine Schwester: »Was gäbe ich darum, wenn einer mit mir so umginge. Der würde vielleicht eine böse Überraschung erleben! Ich glaube, ich würde ihm in aller Liebe einen Tritt versetzen.« Rebecka schien da anderer Ansicht zu sein: »Da kannst du dann den ganzen Tag deinen Gedanken nachhängen, und alles, was du von dir gibst, wird durch ihn zu Geist gefiltert!« Fanny lachte, legte aber warnend den Finger an die Lippen. Hensel begriff, so leichtsinnige Urteile durfte man im Freien und in Gesellschaft nicht aussprechen. Im Schoße der Familie mochte das angehen, aber hier, in der Öffentlichkeit, hielt man sich besser zurück.

Den Bruchteil einer Sekunde begegneten sich die Augen Hensels und Fannys, Fanny lächelte und trat zu ihm. »Gleich werden Sie Musik zu hören bekommen, von mir ist auch etwas dabei, Rebecka singt einige meiner Lieder!« Forschend sah sie ihn an: »Singen Sie auch?« Entsetzt schlug Hensel die Hände vor die Brust: »Wünschen Sie sich das nicht, das wäre das Ende dieses Festes!« Fanny lachte: »So schlimm? Wie schade – na ja, vielleicht ist es ganz gut, wenn mal einer keine Musik machen will!«

Auf der kleinen improvisierten Bühne des Zeltes hatte Zelter – für den Aufenthalt im Garten gekleidet, fehlte ihm ganz der Habitus des strengen Lehrers – Noten verteilt. Erwartungsvoll wartete Wilhelm Hensel ab. Die beiden Brüder Rietz betraten die Bühne mit ihren Geigen, Felix hatte seine Bratsche unter dem Arm, und Paul schleppte sein Cello. Zuerst spielten die jungen Künstler eine Romanze von Fanny. Während des Vortrages beobachtete Hensel das Gesicht der Komponistin. Konzentriert lauschte sie, zweimal verzog sie das Gesicht, war aber bemüht, sich nichts anmerken zu lassen. Scheinbar gleichgültig hörte sie zu, den Blick in weite Fernen gerichtet. Danach trug Rebecka einige Lieder von Felix und Fanny vor, zu denen der Arzt Dr. Casper die Texte geschrieben hatte. Eduard Devrient sang danach einige Beethovenlieder, deren Noten er erst vor wenigen Tagen von einem Freund aus Wien geschickt bekommen hatte.

Kaum hatte er geendet, sprang Felix schon auf ihn zu und umarmte ihn: »Die Noten muß ich sehen, die Noten muß ich sehen, sofort!« Seine Stimme überschlug sich, wie immer, wenn er sich erregte.

Jetzt lud Lea zum Frühstück ins Zelt, wer noch nicht essen mochte, vertrat sich die Beine im Garten oder ging hinunter an das Ufer der Spree. Wie zufällig fand sich Hensel neben Fanny wieder: »Ein schönes Stück, Ihre Romanze!« Hensel überspielte seine Verlegenheit. Fanny schüttelte energisch den Kopf. »Sie haben zwei Veränderungen vorgenommen, ohne mich zu fragen, so etwas macht mich rasend, jetzt habe ich gar keine Freude mehr daran.« Aber fast sofort verschwand ihre Erregung, höflich wandte sie sich an Hensel: »Seit wann wissen Sie eigentlich ganz gewiß, daß Sie Maler werden wollten?« Hensel schwieg und sah über die glänzende Wasseroberfläche der Spree hinüber ans andere Ufer:

»Das wußte ich nie, meine Eltern hätten es mir nicht ermöglichen können in ihrer Armut!« Er suchte nach einem flachen Stein und warf ihn nach Jungenart über das Wasser. Der Stein hüpfte fünfmal auf, ehe er versank. Lachend zählte Fanny die Kreise: »Je mehr es sind, desto länger lebt man. Aber so wie Sie werfen, werden Sie ewig leben!« Wilhelm Hensel begann zu sprechen: »Meine Mutter erzählt, ich habe gezeichnet, bevor ich reden konnte. Ich dachte immer, sie übertreibt, aber wie Mütter so sind, sie hat einiges aufbewahrt von meinen Erstlingswerken und Jahreszahlen drangeschrieben, da muß ich es jetzt wohl glauben!«

Lebhaft fiel ihm Fanny ins Wort: »Das kenne ich, jedes Blatt Papier, auf das Felix auch nur eine Note gemalt hat, wird aufgehoben, da hütet die Mutter jedes Stück wie ein Heiligtum. Sowie sich bei uns ein neues Talent regte, schon wurde ein Lehrer dafür eingestellt.« Fanny lehnte sich an eine Weide, deren Zweige tief ins Wasser hineinhingen; während Hensel sich ihr zu Füßen niederließ, schüttelte er den Kopf: »Mein Vater mochte die Zeichnerei nicht, als Pfarrer wollte er lieber, ich solle ernsthafte Studien treiben. Und so begann ich nachts zu malen. In der Dämmerung sprang ich zum Fenster hinaus, preßte Blumen und Beeren zu Farben!« Er lachte. »Papier habe ich mitlaufen lassen, wo immer ich es fand. Deswegen hatte ich später dann doppelten Grund, meine Arbeiten zu verbergen. Meine Güte, haben die mich gescholten, wenn sie mich endlich doch einmal erwischten!« Fanny schwieg. »Na ja, wir hatten zu Hause eine wunderbar ausgemalte Stube, die mir ungeheuer gut gefiel. Sie wurde nur zu Festen aufgeschlossen. Stellen Sie sich vor, eines Tages gelangte ich doch hinein. Ich ließ mich einschließen und rückte mit mühevoller Kraftanstrengung den Diwan ab und klaubte ein großes Stück bemalten Putzes von der Wand und entkam glücklich durchs Fenster!« Hensel lachte in der Erinnerung, Fanny starrte ihn an: »Und dann?« »Und dann, dann machte ich mir aus Kälberhaaren Pinsel und malte mit den

Farben von dem Putz!« Er machte eine Pause: »Schließlich haben meine Eltern die Veränderung meiner Leistungen bemerkt, und als die Stube das nächste Mal für ein Fest gebraucht wurde, konnten sie sich natürlich die ganze Geschichte zusammenreimen.« »Haben sie sehr geschimpft?« Fanny war voller Mitleid. Hensel schüttelte den Kopf: »Das war das beste an meiner Tat, sie waren derart verblüfft über soviel Unverfrorenheit, daß sie mir zu Weihnachten einen Farbenkasten schenkten. Ich war so selig, daß ich gleich am Abend noch zu malen begann. Erst am anderen Morgen entdeckte ich, daß ich lauter grüne Himmel und blaue Wälder fabriziert hatte. Da habe ich mich mächtig geschämt!«

Fanny kam es merkwürdig vor, daß ein einmal erkanntes Talent nicht von den Eltern und anderen Verwandten gefördert wurde. Erst nach und nach hatten Hensels Eltern Freude an seiner Arbeit gewonnen, aber Künstler durfte er deswegen noch lange nicht werden. Ein wenig ähnelte dieses Widerstreben dem Verhalten ihrer eigenen Eltern ihr gegenüber: Sie ließen sie zwar komponieren und musizieren, aber so begeistert sie über die Fortschritte bei Felix waren, so sehr versuchten sie die Tochter einzuschränken – sie merkte das immer wieder, auch wenn der Vater es nie offen aussprach.

Hensel fuhr fort: »Als mein Vater an der Schwindsucht starb, kam ich nach Berlin an die Bergakademie. Aber ich trieb mich öfter in Kunstausstellungen und Museen herum, als meinem Studium förderlich sein konnte. Na ja, und so kam es, wie es kommen mußte, eines Tages ging ich zu Johann Christoph Frisch …« Fanny unterbrach ihn lebhaft: »Den kenne ich, der hat meinen Großvater Moses Mendelssohn porträtiert, sein Bild ist das bekannteste!« Hensel nickte: »Frisch hat meine Arbeiten geprüft und mir den Besuch der unteren Klassen der Akademie erlassen. Und so begann ich denn, ein Maler zu werden …«

Hensel erzählte vom Fortgang seiner Studien, die aber bereits kurze Zeit später vom Ausbruch der Freiheitskriege unterbrochen worden waren. Bald nach dem Aufruf König Friedrich Wilhelms III. am 3. Februar 1813 eilten überall in Preußen die jungen Männer zu den Waffen, unter ihnen auch der gerade achtzehnjährige Wilhelm Hensel. Er trat zunächst in die »Garde-Kosaken-Escadron« ein, die später im »Garde-Ulanen-Regiment« aufging. Ein um diese Zeit entstandenes Selbstbildnis zeigt einen unternehmungslustigen jungen Mann mit kurzen blonden Locken und einem entschlossenen Blick. Seit dem Tode des Vaters hatte er für die Mutter und die beiden unverheirateten jüngeren Schwestern gesorgt, seinen Lebensunterhalt verdiente er sich mit Illustrationsaufträgen für Kalender und Almanache und mit Porträtstudien.

Mit Begeisterung war er in den Krieg gegangen, Preußen von der Unterdrückung Napoleons zu befreien. Besonders seiner Schwester Luise, die eben eingesegnet worden war, fiel es schwer, den Bruder ziehen zu lassen. Sie waren einander ähnlich herzlich verbunden, wie es Felix und Fanny Mendelssohn waren. Luise, jetzt schon eine bekannte Dichterin, verzehrte sich in Sehnsucht nach dem fernen Bruder. Wie alle guten Preußinnen hatten Mutter und Schwestern ihren wenigen Schmuck dem Vaterland geopfert, getreu den Worten: »Gold gab ich für Eisen.« Bis heute trug Wilhelm ein Gedicht der Schwester, das in jenen Tagen entstanden war, bei sich:

> »... Ich denke dein, wie junge Bräute pflegen,
> Wenn man den Liebling grausam ihnen nahm,
> Mit Tränen, Fleh'n und heißem Schwestersegen,
> Im treuen Busen banger Sehnsucht Gram.
> Ich denke dein mit heiligem Entzücken,
> Mit hohem Stolz, daß ich dir Schwester bin.
> Mit Sehnsucht, dich an meine Brust zu drücken,
> Ich denke dein mit liebevollem Sinn ...«

In der Völkerschlacht bei Leipzig hatte er mitgekämpft und war mit den siegreichen Truppen in die Hauptstadt Berlin eingezogen, jubelnd begrüßt von der eigenen Familie und der gesamten Bevölkerung. An beiden Befreiungskriegen hatte er teilgenommen. Und war zweimal siegreich in Paris eingezogen, das Eiserne Kreuz war ihm zugesagt worden, aber wegen einer Disziplinlosigkeit der Truppe hatte er es dann nicht mehr empfangen können, das war schade, er hätte gerne eine Erinnerung an diese Jahre behalten. Er erhob sich und schaute sich suchend um: »Sollten wir nicht zu den anderen zurückgehen …?« Doch bevor Fanny antworten konnte, waren sie schon von einer Meute junger Leute umringt. Rebecka packte die Schwester am Arm: »Wo bleibt ihr nur, du kennst doch Mutter, die macht sich schon Sorgen!« Devrient stand lachend neben Hensel: »Also du machst mir Spaß, erst hast du Bedenken, überhaupt hinzugehen, dann bist du derjenige, der hier stundenlang Süßholz raspelt.« Und als Hensel widersprechen will, schneidet er ihm mit einer einzigen Handbewegung das Wort ab: »Still, nichts gesagt, sonst sag ich's deiner Schwester, und die sagt dir dann schon, wie du dich verhalten mußt!« Während die anderen fröhlich und lachend mit Fanny die leichte Böschung wieder hinaufstiegen, blieb Wilhelm Hensel nachdenklich allein am Spreeufer zurück.

Wie schön es hier war und wie still. Er mußte an die Sommeraufenthalte der letzten Jahre in Schöneberg denken. Dort hatte seine Mutter ein Bauernhaus gemietet, weil es sich auf dem Dorf billiger lebte als in der Stadt. Denn seit Napoleon die preußische Witwenkasse geleert hatte, war die Rente auf 60 Prozent ihres ursprünglichen Wertes gesunken. Hier vermietete sie Zimmer an. die Schriftstellerin Helmina von Chézy, die mit ihren beiden Söhnen die Sommermonate auf dem Lande zubrachte und behauptete, nur hier unter dem Dach der armen Witwe Hensel schreiben zu können. Der Freund seiner Schwester, Clemens Brentano, kam fast täglich,

Hensel erinnerte sich, daß Brentano eines Tages aufgetaucht war und die Mutter gebeten hatte, ihm einige wahre Geschichten zu erzählen. Er wolle einer Familie helfen, die unverschuldet in Not geraten sei, leider fehle es ihm an Bargeld. Nach einigem Nachdenken waren der Witwe Hensel zwei Geschichten eingefallen, nach wenigen Tagen schon war daraus die ›Geschichte vom braven Kasperl und dem schönen Annerl‹ entstanden, die in den ›Gaben der Milde für hilflose Krieger‹ in Berlin erschien. Brentano hatte das Honorar der armen Familie geschenkt. Eine schöne Zeit war das gewesen. Er selber hatte sein ›Bildnis eines jungen Mannes. Versuch, die Ölfarben nach Art der früheren Niederländer und Deutschen mit Leim zu versetzen‹ zusammen mit anderen Werken auf der Berliner Kunstausstellung gezeigt. Dadurch war Fürst Radziwill, der Vater der schönen Elisa, auf ihn aufmerksam geworden, und die Protektion des kunstsinnigen Fürsten hatte ihm neue Kundschaft beschert. Zwar gab es immer noch finanzielle Engpässe zu überwinden, aber die Verhältnisse hatten sich doch zum Besseren gewendet. Nicht zuletzt wegen des großen Erfolges der letzten Ausstellung hatte ihm der Hof einen zweijährigen Aufenthalt in Italien als Stipendium bewilligt. Hensel seufzte, wie sehr hatte er sich auf Italien gefreut, alles das, von dem Dichter und Maler berichteten, mit eigenen Augen sehen, das Licht, die Kunstschätze, das so andersartige Leben erleben und genießen können, dazu die Gewißheit haben, daß der finanzielle Rahmen geregelt ist. Und jetzt, jetzt hatte er auf einmal gar keine Lust mehr zu reisen, am liebsten wäre er in Berlin geblieben.

Fröhliche Stimmen drangen bis zu ihm hinunter, widerstrebend stieg er, die Hände auf dem Rücken verschränkt, die leichte Böschung hinauf. Lea Mendelssohn kam ihm entgegen: »Aber Herr Hensel, Sie sollten sich jetzt auch etwas zu Essen nehmen, solange noch etwas da ist. Sonst sind Sie der einzige, der am Nachmittag hungrig in die Stadt zurückkehrt.«

Seit jenem Tag war Wilhelm Hensel ein gerngesehener Gast im Mendelssohnschen Kreise. Er zeichnete die Kinder beim Musizieren, die Eltern, die häusliche Szenerie und die vielen Gäste; von nun an wurde alles mit dem Zeichenstift festgehalten. Der ruhige, immer freundliche Maler und Eduard Devrient gründeten einen Tugendbund, in den sie auch noch andere Künstler aufnahmen, gemeinsam wollten sie nach den Idealen in Kunst und Leben streben. Therese Schlesinger, Eduards heimliche Braut, hatte gegen die Ziele des Bundes manche Einwendungen, allzuviel Idealismus ließ sie die Lebenserfahrung vermissen. Aber sie war doch stolz, als sie das erste gedruckte Buch der jungen Leute, den Band ›Bundesblüten‹, in Händen hielt. Sie wurde nicht müde, Eduard vor dem Hang zum Katholizismus, der vor allem von Hensels Schwester Luise ausging, zu warnen. Als Hensel vom König den Auftrag bekam, ein Bild der Klassik zu malen, wählte er Tasso aus, wie er vor der Prinzessin kniete und von dieser den Kranz empfängt. Therese glaubte in der Prinzessin Fanny Mendelssohns Porträt zu erkennen, bisher hatte sie die älteste Mendelssohntochter allerdings nur in der Singstunde der Singakademie flüchtig gesehen. Das änderte sich, als Therese Schlesinger eine Einladung von Lea Mendelssohn erhielt, in einer von Felix' Opern eine Sopranpartie zu übernehmen. Zelter hatte seine Schülerin vorgeschlagen.

Therese, aus verarmtem Hause, hatte schon einige Zeit lang mit musikalischen Unterrichtsstunden zum Unterhalt der Familie beitragen müssen. Mit Fanny verbindet sie, nachdem die anfängliche Schüchternheit und Scheu überwunden ist, eine jahrelange, tiefe Freundschaft. Sie bewundert die Freundin, ist sich aber durchaus ihres eigenen Wertes bewußt. Bang ist ihr an diesem ersten Abend zumute. Jeder scheint beschäftigt, der kleine Komponist kommt gerade zur Begrüßung und ist dann wieder zwischen den Gästen, Musikern und Familienmitgliedern verschwunden. Jeder scheint in dieser Inszenierung seinen Platz zu haben, nur Therese steht überall da, wo sie sich hinflüchtet, im Wege. Erschrocken tritt sie zu Doris Zelter, die auch gleich fragt: »Nun, was gibt es denn?« Seufzend sagt Therese: »Nichts, aber die sind hier alle so schrecklich klug.« Da muß Doris lachen: »Wir sind auch nicht gerade auf den Kopf gefallen, nur Courage!« Endlich beginnt die Probe, gespannt sieht alles auf die junge Sängerin. Therese allerdings hat neben ihrem eigenen Lampenfieber, das ihr schon genügend zu schaffen macht, auch noch auf Felix zu achten, der die Sänger auf dem Klavier begleitet und ihnen die Einsätze gibt. Auf dem Flügel liegt sein Schreibzeug, damit der Komponist Fehler in den Stimmen gleich ausmerzen kann.

Zelter hatte sich den ganzen Abend nicht um seine Schülerin gekümmert, aber als Therese bei einer sehr schwierigen Stelle zufällig zu ihm hinübersah, sah sie seine Augen starr auf sich gerichtet, mit geöffnetem Munde starrte er sie an. Als sie die schwierige Stelle gemeistert hatte, sah sie seinen Mund fast hörbar zuklappen. Fast hätte sie sich vor Lachen verschluckt, im Aufblicken erkannte sie, daß Fanny die kleine Episode ebenso amüsiert zur Kenntnis genommen hatte. Kaum war der letzte Ton der Musik verklungen, als auch schon Lea Mendelssohn Therese auf die Stirn küßte und sich bei ihr bedankte. Fanny umarmte sie stürmisch und drückte sie an sich, aber schon wurde die Tochter des Hauses von anderen beansprucht und fortgezogen. Einzig Rebecka, selbst ein wenig einsam im Trubel, blieb bei Therese und unterhielt sich mit ihr. Therese aber war überwältigt, so viele Hände mußte sie schütteln, soviel Dankesworte entgegennehmen. Die nächsten Proben der Oper fielen Therese schon leichter, jetzt kannte sie sich aus in den langen Fluren und riß nicht ständig die falschen Zimmertüren auf, sie kannte die Besucher, wurde erkannt und gegrüßt. Allerdings fuhr es ihr durch alle Glieder, als ihr Fanny verkündete: »Heute werden Sie sich wundern – die Baritonpartie hat kurzfristig Eduard Devrient übernommen, Konzertmeister Henning hatte lau-

Lea Mendelssohn Bartholdy geb. Salomon
Mutter von Fanny und Felix Mendelssohn Bartholdy

fend Schwierigkeiten, alle seine Termine unter einen Hut zu bringen!« Die beiden heimlich Verlobten taten so fremd, als hätten sie sich überhaupt noch nie gesehen. »Kennen Sie den Herrn da drüben denn überhaupt nicht?« Fanny fragte es flüsternd. Therese schluckte: »Doch, ich glaube, es ist der junge Herr Devrient.« Fanny grinste spitzbübisch über das ganze Gesicht: »So – also – das wissen Sie doch!« Therese ärgerte sich so sehr, daß sie am Schluß des Abends fast der alten Frau, die sie nach Hause bringen sollte, davonlief.

Kapitel 4

Von Reisenden und Daheimgebliebenen

Fanny hustete und hielt sich die Hände vor die schmerzende Brust. Seit drei Wochen quälte sie nun schon diese hartnäckige Erkältung, ihre Augen waren rot und verquollen, der Hals tat ihr weh, und der Schädel brummte. Das Wetter war neblig und feucht, es machte nicht nur den Aufenthalt im Freien ungemütlich, sondern legte sich auf Seele und Gemüt. Schon einige Male war Fanny nicht in der Singstunde gewesen, der Arzt hatte es verboten. Felix war mit Zelter und dessen Tochter Doris nach Weimar zu Goethe gereist. Stolz und glücklich war Abraham über diese Einladung gewesen, und Lea hatte – obwohl ihr die Trennung von dem Sohn sehr schwerfiel – schließlich ihre Einwilligung gegeben. Fanny hatte dem Bruder einige ihrer nach Goethe-Gedichten komponierten Lieder mitgegeben. Tagelang hatte sie schon nicht mehr am Flügel gesessen und gespielt. Der Gedankenaustausch mit dem Bruder fehlte ihr mehr, als sie sich selbst eingestehen wollte. Zu allem Überfluß hatte auch Hensel eine starke Erkältung und kam nicht zu den nachmittäglichen Einladungen. Fanny Casper hatte ihr davon erzählt, denn bei ihrem Mann war Wilhelm Hensel in Behandlung. Eigentlich hatte sie nur bei der Freundin vorbeigeschaut, um sich davon zu überzeugen, daß sie auch tatsächlich nicht mit zu Goethe gereist war. Kaum einer der Freunde konnte sich vorstellen, daß sich Fanny und Felix über längere Zeit trennen würden. Fanny Mendelssohn ärgerte sich und zeigte ihre Verstimmung auch der Freundin, die sich daraufhin schnell wieder verabschiedete, denn der Umgang mit verschnupften Leuten sei

eben nun einmal nicht erfreulich, wie sie pikiert fest-
stellte.

Am liebsten war es Fanny, wenn sie Therese Schlesinger
um sich hatte. Gemeinsam betrachteten die beiden Fannys
Schmuck, besonders ein fein ziseliertes goldenes Armband
hatte es Therese angetan. »Wie anders ist doch Ihr Leben als
das meine«, sagte sie, »und doch, ich möchte nicht mit Ihnen
tauschen. Heute wieder habe ich gerade so eine glückliche
Stunde gehabt, wie Sie sie schwerlich kennen. Ich habe das
monatliche Honorar von mehreren meiner Schülerinnen
erhalten. Das Unterrichtgeben ist mir höchst unangenehm« – Therese lächelte ein wenig schief und ließ das Armband durch die Finger gleiten –, »und es wird mir jedesmal
schwer, die Bezahlung nehmen zu müssen. Aber das ver-
schwindet alles gegen das süße Gefühl, das mich durchglüht,
wenn ich mit meiner Barschaft nach Hause laufe. Könnte ich
Ihnen nur deutlich machen, wie himmlisch es ist, für die,
welche man liebt, arbeiten zu müssen. Wenn ich ins Zimmer komme und Mutter meine Barschaft in den Schoß
schütte … dann ist das ein phantastisches Gefühl. Und dann
überlegt sie zusammen mit meiner Schwester, was wir brauchen und wie man es verwenden will …« Fanny unterbrach
Therese und legte ihr bittend die Hand auf den Arm: »Ach,
ich weiß, wie jemandem zumute ist, wenn er den Seinen
einen Teil der Existenzsorgen abnimmt!« Erstaunt sah Therese die Freundin an: »Aber bei Ihnen im Haus ist doch alles
vorhanden. Woher wollen Sie wissen, daß nichts glücklicher
macht als die Sorge für andere?« – »Therese, ich beneide Sie«,
Fanny nahm das Armband und legte es in die Schatulle
zurück, »wir müssen Freundinnen sein, richtige Freundinnen, die sich alles anvertrauen, lassen Sie uns Du zueinander
sagen!« Therese mußte weinen, und auch Fanny liefen jetzt
die Tränen über die Wangen. So fand sie Rebecka, die eigentlich nur den Farbenkasten der Schwester ausleihen wollte.
Die dunkelblonde Zehnjährige schüttelte nur den Kopf über

soviel verschwendetes Gefühl, sie faltete die Hände und sang: »Mein liebster Freund hat mich verlassen, mit ihm ist Schlaf und Ruh dahin!« Verblüfft entdeckte sie, daß die beiden älteren wie auf Kommando puterrot anliefen und nicht nur mit Worten, sondern auch mit den Fäusten auf die sonst verhätschelte Kleine losgingen.

Ungeduldig wartete Fanny an jedem Posttag auf einen Brief vom Bruder, sie beneidete ihn glühend um die Reise, zu der Zelter seinen Lieblingsschüler eingeladen hatte. Zuerst hatte sie gehofft, die Einladung würde auch auf sie ausgedehnt werden. Aber je näher der Abreisetermin rückte, desto klarer wurde ihr, daß weder der Lehrer noch die Eltern auch nur eine Sekunde lang diese Möglichkeit in Betracht gezogen hatten. Dabei lobte Zelter ihre schnelle Auffassungsgabe und ihr Kompositionstalent nicht nur im Berliner Kreis, sondern hatte auch schon dem berühmten Freund in Weimar davon vorgeschwärmt. Fanny war es, die sich seinen Spruch »Ach was, ein Genie frisiert ein Schwein und macht ihm Locken« am meisten von seinen Schülern zu Herzen genommen hatte.

Jetzt war Felix schon zwei Wochen fort, und Fanny hatte beim Schreiben ihres Teils der Familienbriefe an ihn mit nicht geringer Schadenfreude die ellenlangen Anweisungen der Eltern an den Bruder zur Kenntnis genommen. »Öffne Deine Sinne«, so hatte der Vater geschrieben, »ich werde Dich, lieber Junge, so oft ich Dir schreibe ermahnen: Beobachte Dich selbst streng, setze und halte Dich besonders bei Tisch anständig. Spreche deutlich und angemessen, suche so viel wie möglich das richtige Wort zu treffen. Daß Du fromm, sittsam, Deinem väterlichen Freunde und Führer gehorsam und unser oft in Liebe eingedenk seiest, das brauche ich Dir wohl nicht zu empfehlen, denn Du bist ja ein guter Kerl.«

Die Mutter hatte hinzugefügt: »Ein Mäuschen möchte ich sein, um meinen lieben Felix in der Fremde und sein Leben als selbständiger Jüngling zu belauschen. Schnappe nur jedes Wort von

Goethe auf, alles will ich von ihm wissen!« Und sie konnte es
nicht lassen, noch mehr Verhaltensregeln hinzuzufügen:
*»Übrigens, mein bestes Felixchen! nimm Dir Deinen Vater in allem
zum Muster, nur nicht in der Kalligraphie! Vielleicht gelingt es Dir
in Weimar, dergleichen (einen Operntext) zu erhaschen? … Nimmst
Du Unterricht bei Hummel und stiehlst Du ihm aus Leibeskräften
ab? Wie steht's mit Deiner Lockenpracht? Ich meine, mit dem Käm-
men derselben. Denk an Simson seliger! Und Klein Zaches! …«*
Da konnte sich auch Fanny nicht verkneifen zu mahnen:
*»Wenn Du zu Goethe gehst, sperre Augen und Ohren auf, ich rate
es Dir; und kannst Du bei Deiner Rückkehr nicht jedes Wort aus
seinem Mund erzählen, so sind wir Freunde gewesen …«* Und
fügte dann, wie sie fand, voller Selbstlosigkeit hinzu: *»Besser
wir entbehren Dich etwas länger und Du sammelst Dir in der Zeit
die schönsten Erinnerungen für das künftige Leben.«*

Die Familie bekam von Felix lange Briefe voller Situa-
tionskomik, temperamentvolle Schilderungen seiner Eindrücke. Stolz erzählt er von Goethe, von der schönen Einrichtung des Hauses am Frauenplan, von seiner Aufnahme in
die Familie Goethe. Wohlerzogen, gebildet und weit über
sein Alter hinaus begabt ist er der Liebling aller. Aber er ist
sich seines Wertes auch bewußt. Und die Familie nimmt mit
Staunen zur Kenntnis, daß der Zwölfjährige, zum Hofkonzert im »Belvedere« befohlen, zur bestimmten Zeit nicht von
den wachhabenden Jägern eingelassen wurde. Felix bat und
bettelte um Einlaß. Als alles nichts nützte, machte er auf dem
Absatz kehrt und fuhr nach Weimar zurück, voll Zorn und
Ärger. Der gesamte Hof, um das Vergnügen gebracht, den
Liebling Goethes spielen zu hören, beschwerte sich beim
Geheimrat, der seinerseits eine väterliche Strafpredigt über
seinen Schützling ergehen ließ.

Der hatte wohlweislich diese Episode in seinen Briefen
verschwiegen. Wieder und wieder las Fanny seine begeisterten Beschreibungen: *»Jetzt hört alle, alle zu. Heute ist Dienstag,
Sonntag kam die Sonne von Weimar, Goethe, an. Am Morgen gin-*

gen wir in die Kirche, wo der hundertste Psalm von Händel halb gegeben wurde. Die Orgel ist groß und doch schwach, die Marienorgel ist, obwohl klein, doch viel mächtiger. Die hiesige hat fünfzig Register, vierundzwanzig Stimmen und einmal zweiunddreißig Fuß. Nachher schrieb ich Euch den kleinen Brief vom vierten und ging nach dem Elefanten, wo ich Lucas Cranachs Haus zeichnete. Nach zwei Stunden kam Professor Zelter: ›Goethe ist da, der alte Herr ist da!‹ – Gleich waren wir die Treppe herunter in Goethes Haus. Er war im Garten und kam eben um eine Hecke herum; ist das nicht sonderbar, lieber Vater, ebenso ging es auch Dir. Er ist sehr freundlich, doch alle Bildnisse finde ich nicht ähnlich. Er sah sich dann seine interessante Sammlung von Versteinerungen an, welche der Sohn geordnet hat, und sagte immer: ›Hm, hm, ich bin recht zufrieden‹; nachher ging ich noch eine halbe Stunde im Garten mit ihm und Professor Zelter. Dann zu Tisch. Man hält ihn nicht für einen Dreiundsiebziger, sondern für einen Fünfziger. Nach Tische bat sich Fräulein Ulrike, die Schwester der Frau von Goethe, einen Kuß aus, und ich machte es ebenso. Jeden Morgen erhalte ich vom Autor des Faust und des Werther einen Kuß, und jeden Nachmittag vom Vater und Freund Goethe zwei Küsse. Bedenkt! Nachmittags spielte ich Goethe über zwei Stunden vor, teils Fugen von Bach, teils phantasierte ich. Den Abend spielte man Whist, und Professor Zelter, der zuerst mitspielte, sagte: ›Whist heißt, du sollst das Maul halten.‹ Ein Kraftausdruck! Den Abend aßen wir alle zusammen, auch sogar Goethe, der sonst niemals zu Abend ißt. Nun meine liebe, hustende Fanny: Gestern früh brachte ich Deine Lieder der Frau von Goethe, die eine hübsche Stimme hat. Sie wird sie dem alten Herrn vorsingen. Ich sagte es ihm auch schon, daß du sie gemacht hättest, und fragte, ob er sie wohl hören wollte. Er sagte: ›Ja, ja, sehr gerne.‹ Der Frau von Goethe gefallen sie besonders. Ein gutes Omen. Heute oder morgen soll er sie hören.«

Länger als geplant dauerte der Aufenthalt Zelters bei Goethe, und als endlich der allerletzte ins Auge gefaßte Tag der Abreise herangekommen war, da wurde der arme Zelter vor Goethe geschleppt, der ihn mit Donnerstimme anfuhr, was

ihm einfiele, den Jungen wieder nach dem »alten Nest« nehmen zu wollen. Goethe befahl ihm stillzuschweigen und
allein seine Besorgungen in Jena zu erledigen. Das würde
Felix und Doris Zelter noch eine Galgenfrist im Hause Goethes bescheren. Goethes Schwiegertochter, die Enkel Walter
und Wolfgang, Ulrike von Pogwisch und Adele Schopenhauer redeten dermaßen auf den Gescholtenen ein, bis er
endlich zustimmte. Nachdem er Zelter die Zugabe abge-
schwatzt hatte, wurde Goethe stürmisch von den Seinen in
den Arm genommen und geküßt. Der sensible Felix merkte
sehr wohl, wie gerne der Herr »geheimbde« Rat Goethe flir-
tete, und versuchte, es ihm offensichtlich erfolgreich gleich-
zutun. Schon wetterte Goethe: »Die Weiber verderben mir
den Jungen noch!«

Fannys Lieder, von Ottilie von Goethe vorgetragen, gefielen Goethe, besonders »Ach, wer bringt die schönsten Tage«,
er zog es allen anderen vor. Felix vertraute ihm den Kummer
der Schwester über die wenigen gut komponierbaren Gedichte, die es gab, an. Am Tage der endgültigen Abreise überreichte Goethe Zelter verschmitzt lächelnd einen verschlos-
senen Umschlag mit den Worten: »Gib das dem lieben
Kinde.« Felix erhielt ein rotes Kästchen, in dem ein Silber-
medaillon mit dem Bildnis des Dichters lag.

Wieder zu Hause angekommen, war Felix kaum zu bän-
digen. Als allererstes mußte die Schwester den Umschlag öffnen, Felix stand neben ihr und hüpfte von einem Bein auf das
andere, er sprudelte wie ein Wasserfall, erzählte alles durcheinander und dachte nicht mehr daran, langsam und deutlich
zu sprechen, wie es ihm von Zelter empfohlen worden war.
Schließlich wurde es selbst Fanny zuviel, sie vertrieb ihn aus
ihrem Zimmer, um Goethes Geschenk erst einmal ganz
alleine zu lesen. Das Gedicht war überschrieben: ›*An die Ent-
fernte*‹ und lautete:

»Wenn ich in stiller Seele
Singe leise Lieder vor:
Wie ich fühle, daß sie fehle,
die ich einzig auserkor.
Möcht' ich hoffen, daß sie sänge,
Was ich ihr so gern vertraut,
Ach! Aus dieser Brust und Enge
Drängen frohe Lieder laut.«

Fanny verwahrte die Verse in ihrem Sekretär, ein Gedicht von Goethe, für sie ganz alleine. Vertont hat sie die Verse nicht.

Adele Schopenhauer schnitt für Felix zum Abschied auf rosa Papier einen Scherenschnitt. Darauf war eine »Himmelsleiter« zu sehen, bestehend aus zwei Reihen Notenlinien, über diesen schwebten Engel auf und nieder, unter der Leiter waren Wolken angebracht, unter denen eine schlafende Figur lag, das Gesicht nach oben gerichtet. Auf der Rückseite des Bildchens standen die Worte: *»Jakob sah im Traum eine Himmelsleiter, und von ihr stiegen die Engel herab zur Erde; die Leiter steht noch immer auf der Erde und die hinauf- und herabschauenden Engelein sind die Noten, die den Himmel der Töne bringen.«* Darunter stand in Goethes eleganter Handschrift:

»Wenn über die ernste Partitur
Quer die Steckenpferdchen reiten,
Nur zu auf weiter Töne Flur,
Wirst manchem Lust bereiten
Wie Du's getan mit Lieb und Glück.
Wir wünschen Dich allesamt zurück.«

Stolz zeigte Felix dies Geschenk Karl August Varnhagen von Ense bei seinem nächsten Besuch. Varnhagen, der als bester Scherenschnittschneider Berlins galt, reagierte erstaunt und fast ein wenig gekränkt, plötzlich ging ein Ruck durch seinen Körper, und er sah verschmitzt lächelnd Fanny an: »Ich glaube, die junge Dame hier wäre durchaus nicht unempfänglich für ein solches Kunstwerk, vielleicht kann ich ihr bald mit einem Gegenstück zu dieser feinen Arbeit eine Freude machen.« Er irrte sich nicht, fast wäre ihm Fanny um den Hals gefallen, als er ihr nur wenige Tage später einen besonders aufwendig ausgeschnittenen Blumenkorb, den zarte Elfen umschwebten, zum Geschenk machte. Stolz barg Fanny die Gabe in ihrem Stammbuch, in dem sie schon als besonderes Heiligtum Goethes Gedicht verwahrte. Hier lag auch ihr allergrößtes Geheimnis, von dem nicht einmal Felix wußte, eine Bleistiftstudie, die Wilhelm Hensel von ihr angefertigt hatte. Liebevoll legte sie das Buch zurück in die Schublade und verschloß sie sorgfältig.

Gestern hatte der Vater seinen Geburtstag gefeiert, es war ein fröhliches Fest gewesen. Felix hatte die Eltern mit einem neuen Singspiel überrascht, Therese und Eduard hatten die Hauptrollen gesungen. Sie taten immer noch so, als würden sie sich kaum kennen, aber Fanny blickte tiefer und beobachtete die beiden amüsiert. Schließlich hatten auch Wilhelm Hensel und sie Übung darin, sich kleine versteckte Botschaften zukommen zu lassen, ein Blick, ein verstohlener Händedruck. Fanny machte sich Sorgen. Zuerst hatte die Mutter der aufkeimenden Neigung der Tochter keinen Widerstand entgegengesetzt. Zwar machte sie keinen Hehl daraus, daß ihr der Angehörige eines Adelshauses lieber gewesen wäre, und an Bewerbern fehlte es der vermögenden Bankierstochter nun wirklich nicht. Aber auch ein erfolgreicher, in höchsten Kreisen ein- und ausgehender Maler war ein akzeptabler Schwiegersohn. Alles hat so gut begonnen, bis Lea von den Gerüchten hörte, daß die Schwester Hensels zum Katholizismus übergetreten sein solle und auch der Bruder diesem Glauben näher stände, als man das von dem Sohn eines protestantischen Pfarrers annehmen konnte. Fanny überlegte, sie war immer eine gehorsame Tochter gewesen, die sich den Wünschen der Eltern ohne Widerstand gefügt hatte. Lieder und kleine Romanzen, hübsche Dinge, mit denen man vor Geschäftsfreunden renommieren und Lob für begabte Kinder einheimsen konnte, das war Mädchen erlaubt. Manchmal packte Fanny trotzdem eine unbändige Lust, Neues, anderes, Unerhörtes zu tun. Wenn sie nur genau gewußt hätte, wie. Rebecka war zu jung, und Felix? So gut sie sich mit ihm verstand, manchmal glaubte sie zu spüren, daß seine und ihre Art zu komponieren für ihn verschiedene Dinge waren. Und diese Wand konnte sie nicht durchdringen. Resigniert trat sie ans Fenster. Immer, wenn sie einen Anlauf nahm, war die Gelegenheit für Rebellionen nicht günstig. Und im Augenblick war die Stimmung dafür überhaupt nicht geeignet.

Trotz der geschäftlichen und persönlichen Erfolge war der Vater gereizt und abgespannt, er machte sich Sorgen, der politischen Lage wegen, die der Reaktion immer breiteren Raum einräumte. Sein Schwager Bartholdy beschwor ihn, sich und seine Frau endlich taufen zu lassen und den Namen Bartholdy anzunehmen, ihn wenigstens dem Namen Mendelssohn hinzuzufügen. Um so zu dokumentieren, daß sich sein Zweig der Familie von allen anderen Mendelssohns unterschiede.

Dazu hatte sich zum ersten Male ein Schatten auf sein glückliches Familienleben gelegt. Lea war mit 44 Jahren ein weiteres Mal schwanger geworden, aber das Kind, auf das sich alle so gefreut hatten, war schon nach wenigen Wochen gestorben. Felix hatte das traurige Ereignis über seinen Erlebnissen bei Goethe schnell vergessen, die beiden Kleinen hatten sich über den Verlust hinwegtrösten lassen. Fanny, der besondere Liebling ihres Onkels Bartholdy in Rom, schrieb sich beim Briefwechsel mit ihm den Kummer von der Seele. Der Junggeselle, in Rom nur der Kunst lebend, verstand den nachhaltigen Schmerz nicht ganz, sondern schrieb zurück: *»... der Verlust des Kindes ist nicht als ein Unglück zu betrachten –*

sobald man noch nicht Zeit gehabt hat, Anhänglichkeit zu fassen.«
Worte, die wohl trösten sollten, aber gerade das Gegenteil
bewirkten.

Am schlimmsten hatte der Schlag Lea getroffen. Sie hatte
sich auf das Kind gefreut, jetzt, wo die beiden Ältesten schon
so selbständig ihre eigenen Wege gingen. Es hatte Tage gegeben, da hatte sie die anderen Kinder nicht ertragen, und auch
jetzt, in der Zeit vor Weihnachten, hatte sie das Gefühl, ein
Teil der Familie fehle. Abraham sorgte für Ablenkung, kaufte
Theaterkarten und machte die Sonntagskonzerte, bei denen
sich Freunde und Bekannte trafen, zu einer festen Einrichtung.

Großes Vergnügen bereitete es auch, auf den Berliner
Weihnachtsmarkt zu gehen. Was gab es da nicht alles zu
sehen! Die schönsten Puppen, nach der neuesten Mode
gekleidet – allerdings machte das allenfalls Beckchen noch
Spaß. Paul verwaltete das Weihnachtsmarktvermögen der
Geschwister, nachdem Felix einmal das gesamte Kapital der
vier auf einen Schlag verloren hatte. Jetzt teilte »Prokura-
Paul« mit Bedächtigkeit und ohne Hast jedem seinen Teil zu.
Egal wie hektisch es zuging, der jüngste der Familie behielt
den Überblick.

Felix hatte diesmal noch einen besonderen Auftrag zu
erfüllen. Auf Wunsch von Ottilie von Goethe kaufte er für
Goethes Enkel Wolfgang und Walter das knarrende Lieblings-
instrument der Berliner Straßenjugend, einen Waldteufel.
Allerdings kamen nicht bloß Fanny, sondern auch ihm selber
beim Ausprobieren im heimischen Wohnzimmer wegen des
fürchterlichen Krachs Bedenken. Aber hier auf dem Markt,
inmitten der glänzenden Pracht der Buden, umgeben von
Tannengrün und silbernen Kugeln, kam ihm das Gerassel der
vielen »Waldteufel«, die alle noch auf ihre stolzen Besitzer
warteten, geradezu paradiesisch vor. Fanny lachte: »Du
Kindskopf, schließlich hat sich Frau von Goethe dies
Geschenk für ihre Kinder gewünscht, da kann es uns doch

egal sein, wie der geheimrätliche Großpapa den Krach erträgt.« Felix nickte zustimmend, und bereits am nächsten Tag half ihm Fanny, die beiden lustigen Waldteufel ohne nennenswertes weiteres Murren in eine kleine Schachtel aus Wachsleinwand zu verpacken und auf den Wagen nach Weimar zu bringen.

Kapitel 5

Die große Familienreise in die Schweiz

Aber auch über die Festtage und im neuen Jahr erholte sich
Lea nicht so recht. Sie war nervös und kränkelte viel. Fanny
bemühte sich, möglichst viel in ihrem Zimmer zu spielen
und zu komponieren, Rebecka gewöhnte sich an, die Lieder
der Schwester vom Blatt zu singen, Abraham, viel auf Geschäftsreisen, kam zu Beginn des März aus Frankfurt mit
einer großen Überraschung zurück: Für den Sommer und
den Herbst plante er eine Reise in die Schweiz mit der ganzen Familie. Selbst Paul Hermann, der ja leider auf Reisen
meistens verlorenging, durfte mit. Schon jetzt lud der Vater
alle ein, mitzuplanen und Vorschläge über Orte, Naturschönheiten und Kunstschätze, die unbedingt besichtigt werden
sollten, zu unterbreiten. Kurz vor Antritt der Reise würde
dann der Familienrat über den endgültigen und hoffentlich
dann unabänderlichen Verlauf der Reise entscheiden. Fanny
war sprachlos, eine so weite Reise! Bisher hatte der Vater
immer nur Felix mitgenommen.

Die Schweiz – von da aus war es dann nur noch ein Kat-
zensprung bis nach Italien. Im Sommer würden sie reisen,
dann würde vielleicht Wilhelm Hensel schon in Rom sein.
Es gab ihr einen Stich. Aber sooft sie Hensel auch nach dem
Termin seiner Reise fragte, er zuckte nur mit den Achseln.
Eigentlich, murmelte er unbestimmt, wäre er schon weg,
wenn er nicht so gerne gerade jetzt auch in Berlin wäre.

Wilhelm Hensel aber war immer noch in Berlin, als sich
»Abrahams Karawane« – so hatte seine Schwester Henriette
die Reisegesellschaft genannt –, bestehend aus den Eltern,
den vier Kindern, dem Hauslehrer Heyse, seinem Stellvertre-

ter Dr. Neuburg und einigen Dienstboten, in Bewegung setzte. So gründlich die Reise auch vorbereitet worden war, gleich am ersten Tag ereignete sich etwas, was Abraham an seine erste Reise mit der ganzen Familie erinnerte: Wieder ging ein Kind verloren, nur war es diesmal nicht Paul, der das auch gleich feixend in Erinnerung brachte, sondern der große, vernünftige Felix. Diesmal regnete es nicht auf der Fahrt, und so merkte man erst beim nächsten Halt nach der Station Potsdam, in Großkreuz, daß der Junge fehlte. »Das bedeutet vier bis fünf Stunden Aufenthalt!« Abraham war nicht gerade gut auf seinen Ältesten zu sprechen, während er es sich mit der übrigen Reisegesellschaft in der Poststation gemütlich machte. Heyse fuhr zurück, den verlorenen Sohn abzuholen. Aber Felix, der gerade die Wagen noch hatte abfahren sehen, war hinter ihnen hergelaufen, einholen hatte er sie allerdings nicht mehr können. Unterwegs hatte er ein Bauernmädchen getroffen, das nach Brandenburg unterwegs war. Beide brachen sich Wanderstäbe und kamen auch gut vorwärts. So mußte Heyse nur eine Meile fahren, bis er zusammen mit Felix zu den anderen zurückkehren konnte. Als die beiden in Großkreuz eintrafen, war Abrahams Zorn verraucht, und die Fahrt wurde fortgesetzt. Die zweite Tagesetappe führte bis Magdeburg. Von dort ging es über Göttingen nach Kassel, hier wurden sie von Ludwig Spohr freundschaftlich empfangen; sowohl Fanny als auch Felix spielten ihm vor.

In Frankfurt wurde eine längere Rast eingelegt. Abraham hatte geschäftliche Verabredungen, die Familie stieg im »Gasthof zum Schwanen« ab. Der damals elfjährige Ferdinand Hiller erinnert sich, wie der nur wenige Jahre ältere Felix von dem Klaviervirtuosen Aloys Schmitt, seinem Lehrer, in sein Elternhaus gebracht wird. Hiller, auch ein Wunderkind mit sehr langen Locken, ist begeistert von dem fröhlichen, aufgeweckten Felix, dies Wunderkind hat er sich anders vorgestellt. Noch begeisterter ist er am nächsten Tag, als Schmitt ihn zum

Gegenbesuch mit in den »Schwanen« nimmt. Eduard Devrient, seit neuestem in Frankfurt am Theater engagiert, singt für die Freunde und Gäste eines von Schmitt arrangierten Konzertes eine Mozart-Arie.

Ein Streichquartett begleitete Felix bei einem seiner Quartette, aber Fanny, die mit dem ›Rondeau brillant‹ in A-Dur von Johann Nepomuk Hummel brillierte, gefiel dem kleinen Ferdinand Hiller am besten. Fanny selber hatte keine so guten Erinnerungen an den Abend, sie schreibt an ihre Cousine Marianne Mendelssohn: *»Mit welcher Sehnsucht dachte ich an Hennig, an Rietz, an Kelch, Eysold usw. Du glaubst nicht, wie die lieben Leute uns die Ohren vollgerakelt haben. Da kam zuerst ein Violinspieler aus Paris, Fémy, Schüler von Baillot, der einen großen Ruf hat. Aufrichtig gesagt, gefiel er mir nicht im geringsten. Alles weich, verschwommen und vermischt, keinen Strich, keinen Ton, keine Kraft. Felix war meiner Meinung. Dann begleiteten sie dem armen Felix sein Quartett. Mein einziges Vergnügen dabei war, Physiognomik zu studieren. Dann mußte ich etwas spielen – und nun heiß mich nicht reden, heiß mich schweigen. Das ganze Zimmer voll wildfremder Menschen, Schüler und Freunde von Schmitt, die Begleitung sehr schlecht, ich zitternd an jeder Fiber, warf so komplett um, daß ich vor Ärger mich und die anderen hätte prügeln mögen. Mich vor zwanzig Klavierspielern so zu blamieren. Ich gehe darüber hinweg, sonst erhitze ich mich wieder. Dann spielte Fémy noch ein Quartett und zuletzt Schmitts jüngerer Bruder Variationen von seiner Komposition. Schmitt hat eine gar nette Baumschule um sich: der jüngere Eliot aus Strelitz war auch hier und Ferdinand Hiller, sein Lieblingsschüler, ein schöner Knabe von zehn Jahren, mit freiem und offenem Äußern.«*

Fanny hatte sich über sich selbst geärgert und ließ kein gutes Haar an dem Konzert. Anders als Felix, der seit langem gewohnt war, vor Fremden und in jedem Kreis zu spielen, machte es ihr jedesmal angst, anderswo als in der gewohnten häuslichen Atmosphäre zu musizieren. Ein Mangel an Sicherheit und Routine, über den viele Musikerinnen und

Komponistinnen ihrer Zeit klagten und unter dem ihre Arbeit litt.

Die Reisegesellschaft vergrößerte sich, zwei Cousinen Leas, Julie und Marianne Saaling, begleiteten von nun an die Familie. Über Darmstadt und Stuttgart ging die Reise durch den Schwarzwald nach Schaffhausen. Abraham hatte alle Hände voll zu tun, seine muntere Karawane beieinanderzuhalten. Fanny schreibt: »*Das Lachen nimmt kein Ende und namentlich des Abends beim Schlafengehen, ich schlafe immer mit ihnen, sie sind ganz einzig, Marianne hat überall Bekannte und wird, wo sie hinkommt, mit Entzücken aufgenommen. – Eben sitzen wir alle beisammen und schreiben; es kann im Bureau des Staatskanzlers nicht fleißiger zugehen, Du glaubst nicht, wie es bei uns aussieht. Kraut und Rüben sind ein Putzzimmer dagegen. Wir amüsieren uns über alle Maßen, und wenn ich es Dir so zerstreut und unzusammenhängend schreibe, so beschuldige mich nicht. Es ist ein schrecklicher Spektakel im Zimmer.*«

Felix interessiert sich lebhaft für die Technik der alpenländischen Jodler und ihre Entstehung, ganz genau studiert er das Verhalten der Stimme. Bei dieser Reise wird seine tiefe Liebe zur Landschaft der Schweiz geweckt, eine Liebe, die ein Leben lang halten wird. Regen Anteil am Fortgang der Reise und ihre Auswirkungen auf die Entwicklung nimmt Tante Henriette in Paris. Zu gerne hätte sie die Familie des Bruders begleitet. In ihren Briefen geht sie liebevoll auf die einzelnen Familienmitglieder ein. Fanny, die manchmal von einer ihr selbst unerklärlichen Traurigkeit darüber erfaßt wurde, ob sie all das, was ihr hier an Schönheit und neuen Eindrücken geboten wurde, auch recht nutzen würde, wurde von der Tante über dies Gefühl der eigenen Unzulänglichkeit hinweggetröstet. Am liebsten hätte sie der Nichte eines von den bestickten Fuhrmannshemden, wie sie jetzt in Paris Mode waren, geschickt. Aber die Figurprobleme Fannys, die in so manchem Brief eine Rolle spielten, hielten sie davon zurück. Denn auch für ihren Schützling Fanny Sebastiani kam das Kleidungsstück aus denselben Gründen nicht in Frage, »denn«, so stellte Tante Henriette seufzend fest, »bloß *Kinder und Nymphengestalten sehen erträglich darin aus!*«

Zu gerne wäre Fanny nach Italien weitergereist, aber am Gotthard endete nach Vaters Plan die Reise. Unauslöschlich hatten sich die Naturschönheiten in ihr Gedächtnis eingegraben: »*Das, was man nicht sieht, wirkt nicht weniger heftig auf das Gemüt als die sichtbaren Umgebungen – die Idee des Landes, welches hinter jenen Gebirgen beginnt, ja selbst die fühlbare Nähe Italiens, der kleine Umstand, daß die Landsleute alle in Italien waren, italienisch reden und den Wanderer mit den süßen Lauten der lieblichen Sprache begrüßen, rührte mich unendlich. Wäre ich an diesem Tage ein junger Bursche von sechzehn Jahren gewesen, bei Gott, ich hätte zu kämpfen gehabt, um keinen dummen Streich zu begehen. Und wenn mich auf der einen Seite die heftigste Sehnsucht nach Italien trieb, so hatte ich auf der andern den größten Wunsch, über Furka und Grimsel nach dem Haslital zu gehen, eine Reise, die wir leicht hätten machen können, wenn wir uns vorher darauf eingerichtet hätten.*« Aber trotz ihres tiefen Kummers, der verpaßten Italienreise wegen, fühlte sich Fanny, »*als sollte ich auf Wolken ins Paradies getragen werden.*«

Besonders schön war einer der letzten größeren Ausflüge der Reise, eine Fahrt auf dem Lago Maggiore zu den Borromäischen Inseln. Schon sehr früh am Morgen hatte das Schiff die Anker gelichtet, und bald sahen sie zuerst die Isola Pescatori aus dem Dunst des Morgens auftauchen. Inmitten der weißgetünchten Fischerhäuser reckte sich der Turm der Pfarrkirche San Vittore wie ein Zeigefinger stolz in die Höhe.

Auf der Isola Bella legte das Schiff im Hafen an, lange stand Fanny regungslos und blickte über die weite Fläche des sich bläulich kräuselnden Wassers südwärts. Dahinten begann Italien, von hier geradewegs in Richtung Süden, dort lag Rom. Der Onkel Bartholdy würde Augen machen, wenn sie ihm seinen Abschnitt des für ihn gekauften Lotterieloses selbst überreichen würde. Aber auch Tante Dorothea und Onkel Friedrich Schlegel würden sich sicher ihrer annehmen, außerdem hatte sie ja auch noch zwei Cousins in Rom, Philip und Johannes Veit. Fanny hatte das Gefühl, alle Welt dürfe nach Italien reisen, nur sie ganz alleine würde daran gehindert. Felix packte die Schwester am Arm: »So komm doch, Fenchel, wir sind am südlichsten Punkt unserer Reise angelangt, weiter nach Süden kommen wir für diesmal nicht, du weißt doch, die Mutter reist nicht so gerne, und die Sonne bekommt ihr auch nicht!« Felix war voller Verständnis für die Mutter, obwohl er ihre Abneigung gegen das Reisen nicht nachvollziehen konnte. Er reiste für sein Leben gerne, war dauernd in Bewegung, immer öfter nahm ihn der Vater mit auf Geschäftsreisen, daneben begleitete er Zelter auf seinen »Orgelprüfreisen« durch die Kirchen in Berlin und der Umgebung. Auch Fanny hätte nichts gegen gelegentliche Ortswechsel einzuwenden gehabt, aber Frauen und Mädchen blieben im Hause, so hielt es Lea, und so erwartete sie es auch von ihrer Tochter.

Viel zu schnell vergingen die kurzen Stunden auf der Isola Bella, der Hauptinsel der Borromäischen Inselgruppe. In der Mitte des 17. Jahrhunderts hatten Renato und Vitaliano Borromäo die ihnen gehörenden Felseninseln inmitten des Lago Maggiore mit Erde bedecken lassen, eine mühevolle Arbeit. Auf die so entstandenen bewohnbaren Inseln hatten sie von Gärtnern exotische und einheimische Pflanzen bringen lassen, die in dem milden Klima gediehen und sich rasch ausbreiteten. Die terrassenförmigen Gärten bildeten zehn Stufen, die oberste lag, 12 Meter breit, hoch über der Insel. Von hier aus hatte man einen wunderbaren Ausblick. »Da – da drüben, da ist der Simplon!« Aufgeregt deutete Felix mit dem Finger hinüber auf das Festland. Nur schwer konnte sich Fanny von dem Blick lösen. Wie im Traum ging sie durch die Räume des Borromäerpalastes, hier in einem der vielen Zimmer sollte Napoleon die Nacht vor der Schlacht von

Marengo verbracht haben. So hieß es wenigstens. So schön und so eine üppige Blüten- und Naturfülle – wie mußten einem in so einer Umgebung die Melodien zuströmen, ganz anders als in dem kühlen und sandigen Land, aus dem sie kam! Es war ihr, als müßte sich hier auf den Inseln oder während der Fahrt etwas Außergewöhnliches, Unerwartetes ereignen, etwas, das den Vater dazu bringen könnte, die Reise doch noch ins Italienische hinein zu verlängern.

Aber nichts dergleichen geschah, abends bei der Ankunft im Gasthof, als sie wie immer mit Marianne und Julie ihr Zimmer bezogen hatte, sagte die Siebzehnjährige nachdenklich: »Vielleicht war es gut, daß die Reise nicht mehr weitergeht, ich glaube, mein Herz würde sonst zerspringen, ich hielte es nicht aus!« Und die Tränen liefen ihr die Wangen hinunter vor mühsam unterdrückter Enttäuschung.

Auf der Rückfahrt wurde bei Goethe in Weimar Station gemacht. Goethe führte Felix an sein Klavier und öffnete es für ihn mit den Worten: »Komm und wecke mir all die geflügelten Geister, die lange darin geschlummert.« Und als er sich einmal geärgert hatte, nahm er ihn beiseite und sagte: »Du bist mein David, sollte ich krank und traurig werden, so banne die bösen Träume durch dein Spiel, ich werde auch nie wie Saul den Speer nach dir werfen!«

Fanny begleitete Goethes Schwiegertochter Ottilie auf dem Klavier, als sie ihre Lieder nach Goethes Texten sang, von der Schwester seines Lieblings Felix ließ sich Goethe am liebsten Bach vorspielen. Fanny wunderte sich selbst, mit welcher Ungeduld sie jetzt die Heimkehr nach Berlin erwartete. Marianne und Julie waren in Frankfurt zurückgeblieben. Fanny hatte wohl gemerkt, daß Julie und ihr Lehrer Heyse auf der Heimfahrt jeden gemeinsamen Augenblick nutzten. Auch Felix feixte: »Die beiden lämmern ganz schön«, wie im Familienjargon das nicht gerade beliebte Wort »flirten« umschrieben wurde. Die letzten Tage der Reise vergingen langsam und zäh, sie schlichen dahin. Endlich waren sie in

Berlin, fuhren in die Neue Promenade ein und hielten vor dem Haus, jubelnd fielen sie Großmutter Bella Salomon um den Hals. Fanny atmete auf, als sich bereits am Tage nach der Ankunft Wilhelm Hensel bei ihnen melden ließ. Sie hatte schon befürchtet, er wäre während ihrer Abwesenheit abgereist. Am gleichen Abend schickte sie auch einen Boten zu ihrer Freundin Therese, die mußte sie unbedingt jetzt vor allen anderen sehen.

So schnell es ging, verschwanden die beiden Freundinnen in Fannys Zimmer. »Hier, schau, ich habe dir aus Frankfurt etwas mitgebracht.« Fanny ging zum Tisch und hielt Therese ein niedliches Flortuch und einen zierlichen Parfümflacon hin. Therese nahm überrascht die Geschenke in Empfang und flüsterte: »Danke, oh wie hübsch – und aus Frankfurt am Main?« – Fanny lächelte. »Ja, und ich habe dort auch jemanden gesehen und gesprochen.« Gespannt beobachtete sie Thereses Reaktion. Die stellte sich gleichgültig: »So, wen denn?« – »Warum wirst du denn so rot? Einen hübschen, blonden jungen Mann.« – »Es gibt viele blonde Männer.« – »Ja, wenn du es nicht erraten kannst, muß ich es dir eben sagen. Der junge Devrient war es!« – Prüfend betrachtete sie Therese. »Ach ja, ich weiß, der ist in Frankfurt …« Fanny weidete sich an dem Unbehagen der Freundin und flötete zuckersüß: »Ach so, also das weißt du, nun dann wird es dich wohl interessieren, von ihm zu hören, daß er gesund ist, blühend aussieht und von den Damen sehr interessant gefunden wird.« – »So, das freut mich!« Fanny schüttelte sich vor Lachen. »Mir scheint, nicht allzusehr. Bist du etwa eifersüchtig?« Therese schwieg, hatte sie vielleicht wirklich Grund, Eduard zu mißtrauen? Fanny nahm sie in den Arm und streichelte sie. »Ach, Fanny, wie du mich quälst!« Aber die zeigte keinerlei Reue: »Warum tust du auch so geheimnisvoll? Du brauchst es gegen mich nicht zu sein, ich hab' es längst gemerkt, daß ihr euch liebt, und mich herzlich darüber gefreut.« Therese wurde lebhaft: »Ja, wir lieben uns und sind schon fast ein Jahr heimlich verlobt, und wenn er glücklich zurückkehrt von seinen Reisen, dann soll auch alle Welt von unserer Liebe wissen!«

Lange saßen die beiden Freundinnen eng beieinander und erzählten, stellten Fragen und entdeckten, daß sich ihre Herzensgeheimnisse auf verblüffende Weise ähnelten, darüber vergaßen sie ganz die Zeit. Sie bemerkten nicht einmal die hereinbrechende Dunkelheit, und erst der Bedienstete, der die beiden zum Abendessen holen wollte, schreckte sie aus ihren Zukunftsträumen auf. Hand in Hand gingen sie über den langen, dunklen Flur zum Wohnzimmer. Bevor sie die Tür öffnete, flüsterte Fanny: »Schreibe Eduard, daß du mich zur Vertrauten gemacht hast, und ob es ihm auch recht ist. – Ich wüßte gar zu gerne, wie er über mich denkt und ob er mich wohl leiden mag.« »Oh, das kann ich dir sagen, ich weiß, daß du ihm sehr gut gefällst – ich bin schon einmal ein paar Tage auf dich eifersüchtig gewesen.« – »Ach, wie dumm!« sagte Fanny lachend und griff nach der Türklinke. »Nun, ich besitze keinen einzigen von all den reizenden Fehlern, die Eduard so liebenswürdig bei Frauen findet, wie er sich einmal gegen uns äußerte; dir hingegen sind sie in reichem Maße zuteil geworden!« Therese murmelte ein gedehntes »Dankeschön«, und schon traten sie in die blendende Helle des Wohnzimmers. Hier saß bereits die ganze Familie um den Tisch. Lea schimpfte ein wenig über die Unpünktlichkeit, Abraham lächelte, Felix kniff die Augen zusammen – man sah ihm an, daß er Herzensgeheimnisse witterte und gerne ins Vertrauen gezogen worden wäre. Rebecka verzog mokant den Mund und versuchte die beiden mit einigen spitzen Bemerkungen zu provozieren. Einzig Paul aß still und zufrieden weiter, ohne die beiden zu beachten.

Kapitel 6

»Wenn ein junger Mann einem jungen Mädchen sein Bildnis schenkt ...«

Wilhelm Hensel verbrachte den Weihnachtsabend in diesem Jahr zum ersten Male im Hause Mendelssohn. Für Fanny brachte er einen von ihm illustrierten Band der Gedichte seines Freundes Wilhelm Müller mit. Er hatte ihn Fanny gewidmet, über und über rot geworden nahm Fanny sein Geschenk entgegen. Während die Familie beim Schein der Kerzen Fannys Klavierspiel lauschte, ruhten Leas Augen auf ihrer Ältesten. Sie mochte Wilhelm Hensel, wenn sie sich auch einen anderen Schwiegersohn hätte vorstellen können. Sie sah Rebecka vor sich, die die Backen aufblies und murmelte: »So wurde aus Prinz Wilhelm bloß ein einfacher Wilhelm!« Dabei fehlte es an Bewerbern um die Hand ihrer Tochter nun wirklich nicht. Aber es würde schwer sein, Fanny von einer einmal getroffenen Wahl abzubringen. Sie sah der Tochter beim Spiel zu, scheinbar mühelos glitten ihre Finger über die Tasten. Kräftige, zupackende Hände. Lea war anders als ihr Mann Abraham nicht davon überzeugt, das Fannys Gehorsam ein Leben lang bedingungslos sein würde. Zwar war sie die einzige unter den Geschwistern, die sich nicht gegen den vom Vater nach der Taufe im Herbst in Frankfurt für seinen Zweig der Familie angenommenen Namen »Bartholdy« gesträubt hatte. Felix fand Mendelssohn ausreichend, und Rebecka setzte ungeniert unter ihre Briefe »Rebecka Mendelssohn meden (griechisch: nie) Bartholdy«. Aber Lea hatte längst erkannt, daß dieses Sichnichtsträuben bei ihrer Ältesten auch eine Art Protest war. Fanny wußte, daß ihre Eltern nicht ernsthaft gegen eine Verbindung mit Wilhelm Hensel sein konnten, allerdings durfte er sich im protestantischen Preußen nicht dem Katholizismus zuwenden. Was aber würde in Rom geschehen, wenn er dem katholischen Einfluß ausgesetzt wäre? All dies ging Fanny durch den Kopf, während sie am Klavier saß und phantasierte, sie hörte nicht zu spielen auf, bis Felix hinter sie trat und meinte, nun wäre er auch einmal wieder dran.

Zelter und Henriette Herz waren da, Varnhagens saßen im vertrauten Kreise. Und als Überraschung war Eduard Devrient mit seiner nunmehr offiziellen Verlobten Therese Schlesinger gekommen. Sofort nach seiner Rückkehr hatte er die Verlobung bekanntgegeben, und Therese lebte nun auf, wie von einem monatelangen Druck befreit. Im allgemeinen Trubel des Abends hatte Fanny vergessen, Hensels Geschenk mit in ihr Zimmer zu nehmen. Als sie es am nächsten Morgen holen wollte, war es verschwunden. Außer sich fragte Fanny die Mutter danach, die nahm sie in den Arm und erklärte ihr, sie werde es Hensel zurückschicken, mit einem Billett, das sie Fanny zeigte: »*Ich wollte die Freude des gestrigen Abends nicht durch die Bemerkung stören, daß ich es nicht passend fände, wenn ein junger Mann einem jungen Mädchen sein Bildnis schenkt, es sei in welcher Einkleidung es wolle. Verzeihen Sie, der zarte, ehrfurchtsvolle Ritter der Damen, diese vielleicht allzu matronenhafte Mütterlichkeit. Ich sende Ihnen die Gedichte Ihres Freundes zurück, damit Fanny sie, jenes Schmuckes beraubt, gern und frei von Ihnen wieder empfangen möge.*« Fanny stiegen die Tränen in die Augen, Lea drückte die Tochter an sich: »Du bekommst sie ja wieder, glaub mir, es ist besser so!« Einige Tage darauf brachte ihr Wilhelm Hensel das Büchlein wieder zurück, Deckblatt und Widmung waren korrigiert.

Die berühmte Sängerin Anna Milder-Hauptmann hatte zu einer Abendgesellschaft geladen. Lange überlegte Fanny, welches Kleid sie anziehen sollte. Endlich entschloß sie sich für das grüne Seidenkleid mit den engen Ärmeln und dem gerafften Oberteil, das mit einer Unzahl niedlicher Silberknöpfe im Rücken geschlossen wurde. Während sie ihre Haare hochsteckte, überlegte sie, welcher Schmuck am passendsten wäre. Dunkelgrüne Weinblätter im Haar und die schimmernde Perlenkette, die der Vater ihr von seiner letzten Reise aus Paris mitgebracht hatte, für den Hals. Das schöne Goldarmband, das Therese so gefiel, und dazu den Smaragdring, den sie zum letzten Geburtstag von der Großmutter Salomo bekommen hatte. Urgroßvater Daniel Itzig hatte diesen Ring für seine Verdienste von König Friedrich Wilhelm III. erhalten, erzählte die Großmutter. Fanny gefiel ihr Spiegelbild außerordentlich, allerdings – sie rümpfte die Nase – hätte sie wirklich ein bißchen schlanker sein können. Aber so viel sie sich auch beim Essen zurückhielt, es brachte einfach kein Ergebnis. Seufzend zog sie am Oberteil des Kleides, dann ging sie hinüber ins Wohnzimmer, wo die Eltern und Felix schon ungeduldig auf sie warteten.

Der kleine Bruder trug einen neuen Anzug, Fanny fiel auf, wie sehr er sich seit der Schweizer Reise verändert hatte. Er war bedeutend größer und kräftiger geworden und sah bei weitem nicht mehr so kindlich zart aus wie auf dem Gemälde von Begas, das ihn als Zwölfjährigen darstellte. Eine Wirkung, die natürlich auch auf die kurzen Haare zurückzuführen war, denn Felix hatte darauf bestanden, daß seine langen Locken, auf die er früher so stolz gewesen war, nun abgeschnitten wurden. Zufrieden reckte er den Hals, um aller Welt die nackenlangen Haare vorzuführen, während seiner Familie das Herz blutete: Nicht nur Fanny spürte, die Zeit des kindlichen Wunderkindes war vorbei.

Bei Anna Milder-Hauptmann angekommen, mußte Fanny wie immer in einer neuen Umgebung erst eine gewisse Scheu überwinden. Bald drängten sich in den drei Zimmern der Sängerin an die sechzig Gäste. Unter ihnen ein Großteil des Ensembles der Hofoper, Zelter mit seiner Tochter Doris, der junge Geiger Hubert Ries, der gleich seinen Freund Felix beiseite genommen hatte, der Bildhauer Christian Daniel Rauch, der eine Weile neben Fanny und Lili Parthey gesessen hatte und dabei seinen Arm auf ihre Sessellehne gelegt hatte. Fanny grinste: »Ach, im Arm ihm!« Das strahlende Brautpaar Therese Schlesinger und Eduard Devrient war ebenfalls eingeladen. Rahel Varnhagen erschien, wie immer begleitet von ihrem Mann. Diesmal hatte sie außerdem ihren Bruder, den Dichter Ludwig Robert und seine schöne Frau Friederike mitgebracht. Sowie sie das Zimmer betrat, stand der Liebling der Berliner, die in Wien geborene Sängerin Caroline Seidler, auf und zischte: »Jetzt mach i Platz!« Nachher aber setzten sich die beiden, die schon in Dresden um die höchste Gunst der Gesellschaft miteinander gerungen hatten, doch nebeneinander und schwatzten und lachten zusammen.

Es wurde viel gesungen und musiziert. Fanny hatte sich mit Lili Parthey und der schönen Luise Uhden, deren Vater Staatsrat in Rom war, ins Nebenzimmer verdrückt. Während Felix eine Fantasie von Hummel auswendig spielte, kicherten die drei Mädchen über die Gerüchte, die Fanny mit Wilhelm Hensel, Luise Uhden mit dem Maler Schoppe, den sie nach eigenen Angaben gerade zweimal gesehen hatte, und Lili Parthey mit einem ihr völlig Unbekannten in Verbindung brachten. Auch Fanny bestritt jede nähere Bekanntschaft mit Hensel und murmelte tiefsinnig: »Wenn das die drei Herren wüßten!« Lili wandte den Kopf: »Na, ich weiß nicht, wenigstens einer wird wohl davon wissen!« Fanny fuhr auf: »Und das wäre welcher?« Lili sprang auf, sich vor dem Zorn Fannys in Sicherheit bringend: »Das weiß immer die, die fragt!« Bevor Fanny antworten konnte, stürzte Felix zu ihnen: »Gerade habe ich die neueste Geschichte von Madame du Titre gehört, sie ist himmlisch, wollt ihr sie hören?« Und ohne eine Antwort abzuwarten, begann er: »Also die du Titre war in Weimar und wollte unbedingt Goethe begrüßen, und nun hört die Geschichte: Ick hatte mir vorjenommen ooch Joethen zu bejrüßen un ließ mir vom Järtner in eine Laube verstecken. Wie er nun die Allee runterkam, un der Järtner mir wunkte, da trat ick raus un sagte: ›Angebeteter Mann!‹ Da stand er stille, sah mir jroß an un sagte: ›Kennen Sie mir?‹ Ick sagte: ›Jroßer Mann, wer sollte Ihnen nich kennen‹, und fang an zu deklamieren: ›Festjemauert in der Erden, steht die Form aus Jyps jebrannt!‹ Da machte er einen Bückling, drehte sich rum und jing weiter. Nu hab ick ihn doch jesehn!« Stolz sah Felix sich um und verbeugte sich in das aufbrandende Gelächter hinein. Fanny drohte ihm mit dem Finger: »Felixchen, wenn es zum Musiker nicht reicht, als Madame du Titre wirst du bestimmt großen Erfolg haben!«

Das neunte Kind des wohlhabende Brauers George, Marie Anne, hatte den ebenfalls der französischen Kolonie angehörenden reichen Seidenfabrikanten du Titre geheiratet, sie galt als Berliner Original, ihre Antworten, Bemerkungen und Anekdoten gehörten zum besten, was die geschichtenträchtige Zeit des Berliner Biedermeier zu bieten hatte. Als Marie Anne du Titre nach dem Tode ihres Mannes bei einer Freundin eingeladen war, bedauerte sie sehr, nicht von dem angebotenen Schellfisch essen zu können, obwohl er sonst zu ihren Leibgerichten gehörte: »Schade, den kann ick nich essen, der sieht jrade aus wie mein Mann, als er im Sarge lag.« Selbst der König hatte Spaß an dieser originellen Erscheinung und redete sie bei Opernbällen an. Einmal erkundigte er sich nach ihrer Tochter, die zusammen mit ihrem Mann nach Rom gereist war, und bekam zur Antwort: »Majestätiken, et jeht ihr ausgezeichnet: alle Dienstag und Freitags bei Papstens zum Thee, un die Päpstin is so freundlich zu meiner Dochter, wie Majestätiken zu mir.« Den weißen Handschuh, den sie trug, als der König mit ihr sprach, legte sie zusammen mit der Inschrift: »An diesem Handschuh faßte mir mein König« unter einen Glassturz. Am schlimmsten aber war ihr die Vorstellung, ihren Reichtum einmal anderen hinterlassen zu müssen. »Wenn ick an die Verwandten denke, die mal all det schöne Jeld erben, dann möcht ick lieber jarnich sterben«, räsonnierte sie. Felix mit seinem Sinn für Komik und Originalität hatte großen Spaß an diesen Geschichten und freute sich über jede neue, die man ihm erzählen konnte.

Fanny saß in ihrem Zimmer und malte unschlüssig Noten auf das Papier, nebenan übte Paul Cello, und Felix und Rebecka hatten Griechischunterricht. Sie liebte Wilhelm Hensel, der so ruhig und bedächtig war, und auch er hatte ihr seine Liebe gestanden. In seiner ehrlichen Art hatte er ihr auch von seiner Neigung zum Katholizismus gesprochen, Fanny hatte dies aber den Eltern nicht erzählt. Vielleicht blieb es ja bei der Neigung, dann hätte sie sich und ihrer Liebe nur unnötig Schwierigkeiten bereitet. So hatten die Eltern der heimlichen Verlobung der beiden zugestimmt. Offiziell freilich sollte die Verbindung erst nach Hensels Rückkehr aus Italien werden. Wer konnte denn wissen, ob sich nicht die Gefühle der beiden während der bevorstehenden Trennungszeit verändern würden. Außerdem wußte Bella Salomon nichts von der Taufe der Enkelkinder, und wozu sollte man die alte Frau beunruhigen, indem man ihr einen christlichen Bräutigam für die älteste Enkelin präsentierte. Hensel hatte dieser Bedingung zugestimmt und ging nun in aller Ruhe daran, seine Romreise für den Sommer vorzubereiten. Fanny schwelgte im Glück. Bis zu jenem unglücklichen Abend, den Hensel später in einem Brief an seine Schwester Luise beschrieben hat:

»Einige Zeit ging in ungestörtem Glücke dahin; aber mit einem Male, als ich spätabends nur noch mit den Eltern und Fanny saß, fragte mich die Mutter unerwartet, wie es mit meiner Religionsansicht stände und ob es denn wahr sei, was man sage, daß ich nämlich zur katholischen Kirche übergehen wolle. Ich erwiderte, das wisse sie ja wohl längst, da ich es ihrer Tochter früher gesagt, als ein Wort meiner Liebe, und nun erklärte es sich, daß diese, um die Eltern nicht gegen mich zu stimmen und ein stilleres Nähere der Zeit zu überlassen, nicht gewagt, dies derselben zu sagen. Nun kehrte sich der Zorn der Mutter gegen die Tochter, und sie erklärte, daß, wenn sie

dies gewußt, sie nie ihre Einwilligung gegeben haben würde, da es
mit ihren Ansichten durchaus nicht stimme, einen katholischen
Schwiegersohn zu haben, da Katholizismus allemal zu Fanatismus
und Kopfhängerei führe. Denke Dir nun meinen Zustand. Ich bat
Gott im Stillen und stellte der Mutter die gerade Frage, ob mein
Übertritt den Widerruf ihres Jawortes zur Folge haben würde? Sei
das der Fall, so möchte es lieber gleich geschehn. Diese Festigkeit
erschütterte sie, Fanny war weinend ins finstere Nebenzimmer
gegangen. Der Vater trat, obgleich die Ansicht seiner Frau teilend,
doch begütigend dazwischen, und so erklärte diese: tyrannisch wolle
sie nicht sein, und wenn ihre Tochter einst in ihrem Gefühl beharre,
so wolle sie uns nicht mit Gewalt trennen, doch sage sie frei heraus,
daß sie alles anwenden würde, um ihrer Tochter, wenn ich wirklich
überträte, die Verbindung zu widerraten, und daß sie vorläufig mir
jedes längere Alleinsein und jeden Briefwechsel mit derselben unter-
sagen müßte, wenn ich mich nicht verpflichtete, der protestantischen
Kirche treu zu bleiben. Ich erklärte fest, meinem Gewissen keine
Fessel anlegen zu können; das einzige, was ich versprach, war den
Schritt nicht ohne nochmalige Überlegung zu tun, und sei es
geschehn, es ihnen gewissenhaft zu sagen. So blieb die Sache stehn,
als ich gegen Morgen wegging.«

Neunstündiges Nasenbluten quälte Lea Mendelssohn am
anderen Tag, hervorgerufen durch die Aufregung der Nacht.
Selbst der alte Dr. Heim konnte die Blutung nicht stillen und
wußte sich schließlich keinen anderen Rat, als kalte Kom-
pressen auf die Stirn zu drücken. Fanny wechselte die
Umschläge, keiner berührte das leidige Thema. Nach außen
hin änderte sich nichts. Nach wie vor war Wilhelm Hensel
ein gerngesehener Gast, ein Chronist der vielen Ereignisse
und Besuche. Allerdings hatten Fanny und Hensel keine
Gelegenheit mehr, einander alleine zu sehen und zu sprechen. Unauffällig, aber vollständig schottete Lea ihre Älteste
ab. Für die beiden war das eine unerträgliche Situation. Endlich schlug Fanny vor, Wilhelm möge die Mutter bitten, eine
Unterredung zu erlauben, damit sie, Fanny, nicht ungehor-

sam werden müsse. Hensel bat in Gegenwart Fannys um dieses Zusammensein, Lea schlug ihm die Bitte rundweg ab. Fanny konnte sich nicht erinnern, jemals so gegen die Mutter vorgegangen zu sein. Sie ballte die Fäuste und sagte mit einer solchen Festigkeit, die keinen Widerspruch duldete, daß sie mit Wilhelm sprechen werde. Egal, ob es die Mutter erlaube oder nicht. Sprachlos starrte Lea die Tochter an, wortlos wandte sie sich ab und ließ die beiden alleine. Leichenblaß und wie versteinert hatte Fanny der Mutter nachgeblickt, dann war sie Wilhelm um den Hals gefallen und die beiden hatten sich lange umschlungen gehalten. Lang und ernsthaft war die Unterredung, die sie miteinander über ihre Zukunft führten. Fanny war sich ganz sicher, niemand konnte ihrer Liebe etwas anhaben. Es bedrückte und verwirrte sie gleichzeitig, daß sie sich zum ersten Male offen gegen eine Anordnung ihrer Mutter zur Wehr gesetzt hatte. Soviel war sicher, solange der Aufenthalt Hensels in Rom auch dauern sollte und so sehr die Mutter sie unter Druck setzen würde, er, Hensel, sollte ganz ruhig sein, sie, Fanny, würde ihm die Treue halten. Noch einmal hatte sie ihn geküßt, und dann war sie aus dem Zimmer gegangen, während ihr die Tränen die Wangen herunterliefen. Seitdem hatten sich die beiden nicht mehr wiedergesehen.

Therese hatte ihr nach der Singstunde in der Akademie die Abschrift eines an Hensel gerichteten Briefes ihrer Mutter gegeben. »... *im Ernst, lieber Herr Hensel, können Sie mir wirklich nicht böse sein, weil ich Ihnen keinen Briefwechsel zwischen Ihnen und Fanny gestatten will. Haben Sie nur die Billigkeit, sich einen Moment an die Stelle einer Mutter zu setzen und Ihr Interesse gegen das meine zu tauschen, dann wird Ihnen meine Weigerung natürlich, billig und vernünftig erscheinen, statt daß Sie sie in Ihrer Heftigkeit mit den allerbarbarischsten Namen belegen. Aus demselben Grund, der kein Versprechen zuließ, erkläre ich mich gegen jede Korrespondenz. Daß ich Sie wahrhaftig schätze, wissen Sie; ebenso daß ich gegen Ihre Person nichts einwende: meine*

Gründe, mich bis jetzt nicht für Sie bestimmen zu können, sind: die Ungleichheit des Alters und das Ungewisse Ihrer Lage. Ein Mann darf nicht daran denken, sich zu verheiraten, bis seine Verhältnisse einigermaßen gesichert sind, wenigstens darf er die Eltern des Mädchens nicht schelten, welche, da sie Erfahrung, Vernunft und kaltes Blut haben, für ihn und sie zu überlegen von der Natur bestimmt sind. Der isolierte Künstler ist ein glückliches Wesen, alle Zirkel stehen ihm offen, Hofgunst ermuntert ihn, die kleinen Sorgen des mühseligen Lebens schwinden; heiter und leicht übersteigt er die Klippen, welche Unterschiede der Stände in der Welt aufgetürmt haben; was und wieviel er will, sucht seine Lieblingsgegenstände in der Kunst auf und schwärmt, das seligste, heiterste Wesen der Schöpfung, poetisch in andere Sphären versetzt, einher! Sobald Familien- und Brotsorgen sich seiner bemächtigen, schwindet all der magische Zauber, er muß nun arbeiten, um die seinigen zu erhalten; das ganze liebliche Kolorit ist farblos geworden! – Ich strebte bei der Erziehung meiner Kinder freilich dahin, sie einfach und prunklos zu gewöhnen, um sie nicht zu zwingen, reich heiraten zu müssen, aber eine gesicherte Existenz, ein mäßiges, doch festes Einkommen sind in den Augen der Eltern unerläßliche Bedingung zum sorglosen Leben, und wenn mein Mann auch jedem seiner Kinder eine hübsche Beisteuer geben kann, so ist er nicht reich genug, das ganze Schicksal eines jeden von ihnen festzustellen.«

Fanny ließ den Brief sinken, sie mußte der Mutter recht geben, aber sie ärgerte sich auch, in welchem Maße die Mutter über ihren Kopf hinweg bestimmte, was gut für sie war und was ihre Zukunft für sie bereit halten sollte. Therese lächelte: »Weißt du, manchmal ist es ganz gut, wenn man schon von sehr jung an zum Unterhalt der Familie hat beitragen müssen, dann verschieben sich die Werte etwas!« Fanny sah sie groß an: »Ja, glaubst du denn, ich könnte Geld verdienen, mit was denn auch?« Therese schnappte nach Luft: »Was meinst du, wie begehrt du als Pianistin und wohl auch als Lehrerin sein würdest.« Fanny schüttelte den Kopf, sie glaubte nicht, daß sie dazu das Zeug hätte; Felix ja, aber sie?

Langsam nahm sie den Brief wieder auf: »*Sie beginnen Ihre Laufbahn, und zwar unter schönen Aussichten; lassen Sie diese verwirklicht werden, benutzen Sie die Zeit und Gunst möglichst und seien Sie versichert, daß wir Ihnen nicht entgegen sein werden, sobald Sie uns nach beendeten Studien über Ihre äußere Lage beruhigen und sich genügend ausweisen können — Schelten Sie mich vorzüglich nicht als eigennützig und geizig, lieber gelinder Wütikus! Sonst muß ich Sie erinnern, daß ich meinen Mann geheiratet habe, ehe er einen Pfennig besaß. Aber er hatte ein sicheres, obwohl sehr mäßiges Einkommen bei Fould in Paris, und ich wußte, daß er mein ihm zugebrachtes Vermögen würde geltend machen können. Der Ehrgeiz meiner Mutter war aber nicht zufrieden, daß ich die Frau eines Kommis werden sollte, und Mendelssohn mußte deshalb Associé seines Bruders werden, von welcher Epoche sich gottlob! beider Prosperität herschreibt. — Fanny ist sehr jung und, dem Himmel sei Dank! bis jetzt völlig harmlos und ohne Leidenschaft. Sie sollen Sie durchaus nicht in jene verzehrende Empfindung reißen wollen und sie durch verliebte Briefe in eine Stimmung schrauben, die ihr ganz fremd ist und die sie auf mehrere Jahre sehnsüchtig, schmachtend und verzehrend machen würde, indes sie jetzt blühend, gesund, heiter und frei vor mir steht.*«

Fanny zerriß den Bogen in tausend Fetzen. Niemals würde sie von Hensel lassen. Aber sie wurde noch von einer anderen Sorge gequält. Dem Onkel Bartholdy in Rom war es überhaupt nicht recht, daß Felix Musiker werden wollte und dieser Wunsch auch noch bei seinem Vater Unterstützung fand, wütend hatte er dem Schwager geschrieben: »*... Ich bin gar nicht einverstanden, daß Du Felix keine positive Bestimmung gibst. Dies würde und könnte seine Anlage zur Musik, über die nur eine Stimme ist, keinen Eintrag tun ... Ein Musicus von Profession will mir gar nicht in den Kopf ... Das ist keine Karriere, kein Leben, kein Ziel, man ist zu Anfang so weit als am Ende und weiß es; ja, in der Regel besser daran. Lasse den Buben ordentlich studieren, dann auf der Universität die Rechte absolvieren und dann in eine Staatskarriere treten. Die Kunst bleibt ihm als Freun-*

din und Gespielin zur Seite ... Soll er aber ein Kaufmann werden,
so gib ihn früh in ein Comptoir.«

Felix hatte den unsympathischen Onkel, der die Familie
mit höchst unwillkommenen Ratschlägen überhäufte, nie
leiden können. Diesmal fand auch Fanny, daß er zu weit ging,
sie unterstützte Felix' Wunsch, Musiker zu werden. Auch
einige der engsten Freunde bestürmten Abraham, den Sohn
seinen Neigungen folgen zu lassen. Der bedeutende Komponist und Pianist Ignaz Moscheles schreibt in seinem Tagebuch: »*Felix, ein fünfzehnjähriger Jüngling, ist ein Phänomen. Was
sind alle Wunderkinder im Vergleich mit ihm?*«

Aber Abraham war zu sehr Geschäftsmann. Sollte er einen
Wechsel auf die Zukunft auf eine einzige Meinung ausstel-
len? Gewiß, auch Eduard Devrient, der selbst erst nach hart-
näckigem Kampf mit den Eltern eine Bühnenlaufbahn ein-
schlagen durfte, bat für Felix, aber Abraham sah in ihm keinen
Musiker mit musikalischer Urteilskraft. Auch der Musik-
schriftsteller, Kritiker und Komponist Adolf Bernhard Marx,
der Felix gerade in dieser Zeit sehr nahestand, unterstützte
Felix in seinem Berufswunsch. Aber genau wie Zelter, bei
dem Marx wegen seiner Renommiersucht und seiner Prah-
lerei nicht besonders angesehen war, hielt auch Abraham
nicht allzuviel von ihm.

Um die Begabung des Sohnes und zugleich seine Sicher-
heit beim Dirigieren und Musizieren zu fördern, machte
Abraham die Sonntagsmusiken zu einer festen Einrichtung.
Aber die Räumlichkeiten konnten die vielen Menschen, die
daran teilnehmen wollten, bald nicht mehr fassen. Obwohl
Lea mit der Wohnung ganz zufrieden war, begann Abraham
sich nach einem Haus für die Familie umzusehen, einem
Haus, in dem es ausreichend Platz für Musik und Theater gab.
Ein Haus, in dem auch die zahlreichen alleinlebenden Mitglieder der Familie Unterkunft finden konnten, wenn sie,
wie seine Schwester Henriette, einmal wieder nach Berlin
zurückkommen wollten.

Die Aufregungen hatten Fanny stark mitgenommen, sie war blaß und wirkte nervös, wurde launisch, und ihre schnippischen Antworten machten auch vor den Eltern nicht mehr halt. Dazu reagierte sie apathisch, und selbst zum längeren Musizieren und zum Ausarbeiten eines Themas fehlte ihr die rechte Lust. Ein Aufenthalt an der Ostsee, im ältesten mecklenburgischen Seebad, Doberan, sollte Fanny kräftigen und ihr die alte Tatkraft zurückbringen. Auch Felix, lang aufgeschossen und hager, sollte ein Kuraufenthalt am Meer guttun. Zusammen mit dem Hauslehrer Heyse reisten die beiden Ältesten der Familie an einem regnerischen Junitag aus Berlin ab, während der ganzen Fahrt blieb das Wetter schlecht, und auch die ersten Tage in Doberan verhießen nicht viel Gutes, es regnete wie aus Kübeln, und der kalte Wind machte den Aufenthalt im Freien fast unmöglich. Beide waren sowieso nur ziemlich mürrisch auf die Reise gegangen, und Dr. Heyse hatte seine ganze Überredungskunst aufbringen müssen, um seine Mitreisenden einigermaßen bei Laune zu halten. Fanny, die von Therese alles erfuhr, was Hensel an seinen Freund Eduard schrieb, hatte keine besonders große Lust, sich wochenlang von der Quelle ihrer Informationen fortzubewegen, und Felix wäre lieber mit Abraham auf eine Geschäftsreise gegangen. Außer Sport und Schwimmen hatte Heyse seinen Schülern alles das vom Lernpensum verordnet, was in der ersten Hälfte des Jahres vermehrten musikalischen Aktivitäten zum Opfer gefallen war, und das war nicht gerade wenig. Außerdem hatte sich Felix einen romantischen Operntext von Casper mitgenommen, eine Rittergeschichte, hatte jetzt aber schon keine Lust mehr zu dem Stoff, der ihm antiquiert und albern vorkam.

Am liebsten stieg Fanny auf den kleinen Turm der Fischerkirche, der Doberan wie eine Glucke überragte. Eine ausgetretene Treppe führte hinauf, die manchmal bedenklich knarrte und auch schwankte. Der Blick über das weite, flache, fruchtbare Land, die Felder und den Strand machte das

Herz weit. Hier oben konnte man durchatmen. Zusammen mit Felix badete sie viel im Meer, nachdem sie sich in den buntgestrichenen Badekarren, die in das seichte Wasser dicht am Strand geschoben worden waren, umgezogen hatten. Fanny pflückte armdicke Feldblumensträuße und band sie zu den schönsten Gebinden, mit denen sie ihre Zimmer im zur Gästepension ausgebauten Fischerhaus schmückte. Unten, im großen, der Sommergäste wegen angebauten Saal, stand ein Flügel, ein schönes Instrument, wie selbst der verwöhnte Felix zugeben mußte. Zur Freude der Wirtsleute und auch der Gäste spielten Fanny und Felix fast jeden Abend darauf. Fanny phantasierte viel, spielte ihre eigenen Lieder, Lieder ohne Worte, wie sie sie nannte. Dazu hatte sie ein Quartett zu komponieren begonnen, von dessen Existenz noch nicht einmal Felix etwas wußte. Das verschlafene Fischerdörfchen Doberan war auf dem besten Wege, ein gefragter Badeaufenthalt zu werden, seit hier auch die Familie des Großherzogs von Mecklenburg die Sommermonate verbrachte. Außerdem hatte der große Arzt Hufeland in Berlin kräftig die Werbetrommel für die Heilwirkungen des Ostseewassers und der Mecklenburger Luft gerührt. Schon waren die meisten der Fischerhäuschen mit einem Anbau für Gästezimmer vergrößert worden, draußen am Ortseingang entstanden die ersten Villen für begüterte Familien, die Behäbigkeit des Ortes begann einer geschäftigen Betriebsamkeit zu weichen. Läden und Lokale entstanden, die Häuser hatten gepflegte Vorgärten und große Gemüsegärten, dazu gab es ein Rauchhaus, in dem der Fischfang geräuchert wurde. Alles sah so frisch und malerisch aus wie auf einem Bild, gut angezogene Leute spazierten auf der neuangelegten Strandpromenade. Und doch ereignete sich hier etwas, das Fanny und Felix einen Schock versetzte, der noch lange in ihnen nachklingen sollte. Der Aufenthalt neigte sich schon seinem Ende entgegen, als die beiden zusammen mit Heyse eines Nachmittags unvermutet zwei Jungen gegenüberstanden, die, die Schiebermützen weit ins Gesicht hineingezogen, auf sie zuliefen, mit Steinen nach ihnen warfen, sie bespuckten und wieder und wieder riefen: »Seht die Judenjungen, seht die Judenjungen!« Fanny stand vor Entsetzen wie angewurzelt, Felix hielt ihnen die beiden Angreifer vom Leibe, Heyse versuchte sie zurückzudrängen. Schließlich packte Felix seine immer noch starre Schwester und riß sie vorwärts: »Schnell, schnell, nach Hause!« zischte er, mit gezielten Schlägen ihren Rückzug deckend. Während Fanny die Demütigung stumm ertrug und kein Wort darüber verlauten ließ, brach sich die Erregung über den Vorfall bei Felix im Laufe des Abends in einer wilden Tränenflut und Vorwürfen gegen die ganze Welt Bahn. Sie sprachen nie mehr über den Vorfall, aber der Aufenthalt am Meer hatte seinen magischen Zauber verloren.

Kapitel 7

Mehr als ein Haus:
Berlin, Leipziger Straße Nr. 3

Heimgekehrt nach Berlin, warteten die Eltern mit einer Überraschung auf. Abraham hatte auf seiner Suche nach einem geeigneten Haus für die Familie das von der Recksche Palais in der Leipziger Straße angeboten bekommen. Ein geräumiges, aber ziemlich heruntergekommenes Haus mit einem wunderbaren, großen Garten, ja, einem Park, der bis hinüber in den Tiergarten reichte. In unmittelbarer Nähe des Hauses, am Leipziger Platz, hatte Karl Friedrich Schinkel seinen Befreiungsdom errichten wollen, statt dessen hatte er den Auftrag bekommen, für diesen Platz eine neue, schönere Toranlage zu entwerfen. Schinkel selbst schrieb über diese Anlage, die gerade zu der Zeit, als sich Abraham mit den Kaufabsichten trug, fertiggestellt wurde: »*Das alte Tor ... lag nicht in der Peripherie des Achtecks, durch ein Zurückrücken des neuen Tors in die Stadt hinein gewann der Leipziger Platz eine ganz regelmäßige Form und das Tor einen bedeutenden Vorplatz an der Außenseite.*«

Schinkel ließ das ursprüngliche Tor erheblich erweitern, so daß auf beiden Seiten getrennte Gehwege für Fußgänger angelegt werden konnten. Für den Zoll und das Militär wurden zwei hübsche Torhäuser im modernen griechischen Stil errichtet. Peter Joseph Lenné wurde schließlich mit der gärtnerischen Ausgestaltung des Achtecks beauftragt, das ein zierlicher schmiedeeiserner Gitterzaun einfaßte. Die so entstandene Anlage am Ende der Leipziger Straße, die der Hof bei allen seinen Fahrten zwischen den Residenzen passieren mußte, galt mit Fug und Recht als der schönste Platz Berlins.

Diejenigen unter den Anwohnern, die einen guten Leumund hatten, konnten sich einen Schlüssel geben lassen und hatten so ungehindert Zutritt zu den Anlagen, die vom Gärtner des Prinz-Albrecht-Palais gepflegt wurden. Direkt außerhalb des Tores begannen die Wiesen und Äcker, erstreckte sich die freie Landschaft. Schon entstanden hier Meiereien zur Versorgung der großen Stadt und Kaffeegärten, die die Berliner an Sonn- und Feiertagen in hellen Scharen aufsuchten. Nach einem beliebten Ausflugslokal bekam die ganze Gegend ihren Namen: »Der blaue Himmel«.

Und so, als wollte sie ihrem Namen alle Ehre machen, präsentierte sich die Gegend auch, als Abraham Mendelssohn seine Familie zum ersten Male hier heraus an das äußerste Ende der preußischen Hauptstadt führte. Lea blieb fast das Herz stehen, als sie das Haus in Augenschein nahm: »Viel zu groß, zu verwohnt, zu weit draußen, in allem und jedem zu teuer!« schoß es ihr durch den Kopf. Wie lange mochte an dem Gebäude nichts mehr gemacht worden sein. Abraham lachte, das alles sei nicht so tragisch, das Haus und seine Räumlichkeiten böten so viele Vorteile speziell für die Bedürfnisse, die die Familie hatte, daß man nicht an das Geld denken sollte. Außerdem würde er auch seine Frau noch überzeugen, denn das Schönste komme erst noch. Die Häuser hier draußen in der Friedrichstadt hatte einst der Soldatenkönig bauen lassen, sie bestanden in der Regel aus einem Haupthaus vorne an der Straße, zwei Seitenflügeln und einem Querhaus, das als Gartenhaus genutzt wurde. Das Haus Leipziger Straße Nr. 3 war stattlich, die Außenwände maßen 59 Meter in der Breite und 52 Meter in der Tiefe. Alleine der Keller umfaßte mit der Küche, dem Holz- und Weinkeller 15 Räume, hier unten war Platz genug für den Gärtner und seine Familie. Behutsam faßte Abraham seine Frau am Arm und führte sie durch die Toreinfahrt in den mit Eiben bestandenen Hof. Auch in den Seitenflügeln befanden sich Wohnungen, daneben eine Remise und Ställe für mehrere Pferde.

Ungeduldig winkte Abraham Mendelssohn den Kindern, die am liebsten auf eigene Faust Entdeckungen gemacht hätten, er brannte darauf, ihnen das Gartenhaus mit dem großen Saal zu zeigen. Stumm deutete er darauf, Fanny hielt sich die Hand vor den Mund, und Felix schubste vor Begeisterung Paul vorwärts, der plötzlich mitten im Laufen stehengeblieben war. Der Saal erschien ihnen allen unendlich groß, er war mindestens acht Meter lang, sechs dorische Säulen trugen das Dach, zum Hof hin war ihm eine breite Terrasse vorgelagert, Schiebetüren ließen sich über die ganze Breite öffnen. Noch lag der Saal einsam und still. Aber wenn hier erst einmal mit den Sonntagsmusiken das pulsierende Leben einziehen würde − nicht auszudenken, Blumen und im leisen Wind wehende Mullgardinen, dazu die Blütenpracht der fast bis an die Fenster heranreichenden Fliederbüsche, das wäre so schön, so märchenhaft schön, wie sie es sich in ihren schönsten Träumen nicht erhofft hatte! Im gleichen Augenblick wie Fanny begriffen auch die anderen Kinder, daß dieses Haus, dieser Garten vielleicht ihre neue Heimat werden könnte. So viele Zimmer, so viele Möglichkeiten − Fanny schwindelte es, was ließ sich hier nicht alles anfangen. Lea schwieg, sie dachte an die viele Arbeit, die Umbauten, die notwendig waren, die Mieter, die das Haus brauchte, um wenigstens einen Teil der hohen Kosten auffangen zu können. Aber angesichts der Begeisterung, die alle Mitglieder ihrer Familie beim Anblick dieses desolaten, vernachlässigten Gemäuers erfaßt hatte, schätzte die realistische Lea ihre Chancen, diesen Bau nicht zum gemütlichen Familienheim ummodeln zu müssen, gering ein. An das Geld, das all das verschlingen würde, wagte sie gar nicht zu denken.

Die Kinder waren ganz aus dem Häuschen, Paul freute sich auf den Garten, Fanny und Felix auf Konzerte und Theateraufführungen, Rebecka auf Bälle und Einladungen für ihre zahlreichen Freundinnen. Abraham hatte sein Haus gefunden, und Lea widersetzte sich nicht. Nachdem die Ver-

handlungen abgewickelt und der Kauf rechtskräftig geworden war, ging Lea mit der ihr eigenen Gewissenhaftigkeit an
die Instandsetzung des Hauses. Die Bausubstanz erwies sich
als schlechter als gedacht. Nachdem Abraham mit einem
Architekten die notwendigen Umbauten und Instandset-
zungsarbeiten besprochen hatte und der Auszug der bisherigen Besitzer und ihrer Mieter geregelt war, überließ Abraham
die Abwicklung der langwierigen Bauarbeiten und den darauf folgenden Umzug seiner Frau.

Mit Felix unternahm er eine Reise, er folgte damit einer
Bitte seiner Schwester Henriette, sie abzuholen, da sie sich
wieder in ihrer Geburtsstadt Berlin niederlassen wollte. Ihr
Zögling Fanny Sebastiani heiratete den neunzehnjährigen
Herzog von Choisel-Praslin, ein Ereignis, dem Henriette mit
Sorge und Unbehagen entgegensah. Die reiche Erbin, auf
deren Erziehung Henriette soviel Mühe verwendet hatte,
war noch sehr unreif, und auch ihr Verlobter hatte sich der
angeordneten Heirat widersetzt, zumal seine Ausbildung
noch nicht abgeschlossen war. Aber wer hörte schon auf die
Meinung einer Erzieherin, wenn es galt, zwei Vermögen miteinander zu verbinden. Henriette wollte jetzt, da ihre Aufgabe beendet war, nach Berlin zurück, ihr Bruder sollte sie
abholen. Der kam dieser unaufschiebbaren Aufgabe um so
lieber nach, als ihm die Renovierungsarbeiten schon viel zu
lange dauerten und er dieses Feld nur zu gern seiner Frau
überließ. Außerdem hatte er gute Gründe, Felix mit nach
Paris zu nehmen. Dort lebte Luigi Cherubini als Direktor des
Pariser Konservatoriums. Ihn hielt Abraham für den größten
aller lebenden Musiker. Kein geringerer als Cherubini sollte
entscheiden, ob Felix »das Zeug zum Meister« hatte oder
nicht, ob seine Begabung eine künstlerische Laufbahn recht-
fertigte oder nicht.

Luigi Cherubini wurde von seinen Zeitgenossen kurz und
treffend als »Ekel« geschildert, kaum einer seiner unzähligen
Besucher verließ ungeschoren die heiligen Hallen des Mei-

sters. Auch an Felix störte ihn dessen elegante Erscheinung, die ausgesucht schöne Kleidung des Sechzehnjährigen. Als ihm der vermeintliche Dandy dann aber sein Klavierquartett in h-Moll op. 3. vorlegte und vorspielte, wurde der Alte zusehends milder und sprach schließlich sein prophetisches Urteil: *»Der Junge ist begabt; er wird Gutes leisten; er leistet schon jetzt Gutes. Aber er verschwendet sein Vermögen; er verwendet zuviel Stoff für sein Gewand.«*

Nach diesem für ihn so günstigen Urteil wich alle Anspannung von Felix, er genoß die Stadt an der Seine jetzt in vollen Zügen, besuchte Theater und Konzerte, vor seiner Ironie und seinem Spott war keiner sicher. Zuallererst nahm er sich Cherubini vor: *»… der ist vertrocknet und verraucht. Neulich hörte ich … eine Messe von ihm, die war so lustig, wie er brummig ist, d. h. über alle Maßen … Kurz, ich glaube, daß er der einzige Mensch ist, auf den Klingemanns Wort mit dem ausgebrannten Vulkan paßt. Er sprüht noch zuweilen, aber er ist ganz mit Asche und Steinen bedeckt.«* Über den aus Berlin stammenden Liebling der Pariser, Giacomo Meyerbeer: *»Er sprach lehrreich über die Natur des F-Horns; die Tage der Welt vergeß ich's nicht … Ich fiel vor Lachen beinahe von der Bank.«* Fanny erfährt: *»Nun spielte Liszt – er hat viel Finger, aber wenig Kopf, die Improvisation war erbärmlich und flach, lauter Tonleitern …«* Zu Rossini fiel ihm ein: *»Da habt ihr den großen Maestro Windbeutel.«*

Fanny hörte sich diese Litanei schadenfroh an, konnte sie doch aus Berlin mit musikalischen Kostbarkeiten aufwarten: *»Etsch, Reist nach Paris u. bekömmst keinen vernünftigen Ton zu hören, oder doch nicht viele, u. wir sind ruhig zu Hause geblieben u. müssen alle Ohren aufsperren. In einer Woche Jessonda, Alceste, Samson u. die Pastoralsymphonie, denn die beiden letzteren Sachen gibt Sapupi übermorgen am Bußtage zu seinem Konzert. Was meinst Du? Soviel scheint mir gewiß, daß Deine Anlage zum Schuhuhismus sich glänzend in P. entwickelt. Mein Sohn, Deine Briefe sind ja ganz aus Kritik zusammengenäht, Marx wird Freude an Dir erleben. Ich hoffe, in der Erinnerung wird noch manches ein* *rosenfarbenes Kleidchen anziehen, was jetzt noch vom Staube der Befangenheit graut. Denn wenn alles wirklich so arg wäre, wie Ihr es anseht, so wäre es ja schade um die Reise!«*

Während Fanny den Brief siegelte, betrachtete sie die kleine Miniatur ihres Bruders auf ihrem Sekretär. »Schuhu«, flüsterte sie, das war der Ausdruck, mit dem man in der Familie überkritische Männer in die Wirklichkeit zurückbeförderte. Was Felix anbetraf, so ging er manchmal doch ein bißchen zu flegelhaft mit den berühmten Zeitgenossen ins Gericht. Aber sie war froh über jeden Brief, den sie von ihm erhielt.

Auch Wilhelm Hensel schrieb fleißig an die Eltern, die Mutter erzählte aus seinen Briefen, denen er hübsche Zeichnungen der Familie, die nach Bildern aus seinen Skizzenbüchern entstanden waren, beilegte. Auch ihr Onkel Bartholdy hatte ihr öfter von Hensel geschrieben, von ihm wußte sie, daß Hensel die Zeichnung für das Stammbuch, das der Kronprinz von den preußischen Künstlern zu seiner Hochzeit mit der bayerischen Prinzessin Elisabeth erhalten sollte, nicht termingerecht abgeliefert hatte. Er hatte seine Öllampe über dem ersten Entwurf ausgegossen, die zweite Zeichnung ließ dann so lange auf sich warten, daß der Kurier nach Berlin schon abgegangen war. Nun hatte der Onkel zwar die Zeichnung, aber weitere Scherereien mit einem neuen Kurier.

Fanny komponierte in jeder freien Minute, sie hatte das Gefühl, auf diese Weise mit Hensel verbunden zu sein, eine Verbindung, die keiner zerstören konnte. Goethes Suleika-Lieder hatten es ihr angetan, immer wieder spielte sie ihre Melodie zu dem Lied ›Auch in der Ferne dir so nah‹. Wie leicht Entfernungen mit Tönen zu überbrücken waren! In seinen Briefen an die Eltern schrieb Hensel auch von seinen Besuchen bei Jacob Bartholdy in seiner Wohnung im Palazzo Zuccari an der Ecke der Via Sistina und der Via Gregoriana, von deren Fenstern man einen wundervollen Ausblick über Rom hatte. Ausführlich beschrieb er die berühmten Fresken, die die Nazarener nach der Josephs-Legende für den Onkel gemalt hatten. So hatte Fannys Cousin Philipp Veit sich für ›Josephs Keuschheit und die sieben fetten Jahre‹ entschieden, Peter Cornelius hatte sich das Thema ›Traumdeutung und Wiedererkennung‹ gewählt, der Lübecker Patriziersohn Johann Friedrich Overbeck hatte den ›Verkauf Josephs und die sieben mageren Jahre‹ gestaltet, Wilhelm Schadow schließlich den ›blutigen Rock und Joseph im Gefängnis‹. Und immer wieder zeichnete Hensel Lea und ihre Kinder, liebevolle Bildchen, die die Mutter entzückten und die sie allen zeigte. Fanny lächelte, so machte man sich die Mutter gewogen, die in ihrer Freude über Hensels Bilder mehr aus den Briefen erzählte, als sie es sonst vielleicht getan hätte. Für Jacob Bartholdy, der seine Schwester schon viele Jahre nicht mehr gesehen hatte, übertrug Hensel ein Bild Leas aus seinem Skizzenbuch, aber der alte Nörgler war damit nicht ganz zufrieden: »*Hensel hat mir aus einem Skizzenbuch das Porträt von Mutter copiert und geschenkt, ich kann aber gar nicht glauben, daß sie so jung aussieht; das ginge ja gar nicht natürlich her, und obschon ich sehr konserviert sein soll, wie mich Bekannte versichern, so sehe ich doch nicht so 25jährig aus.*«

Wenige Monate nach diesem Schreiben starb Jacob Bartholdy in Rom, Lea war seine Haupterbin, Hensel wurde zusammen mit dem preußischen Geschäftsträger am Vatikan, Bunsen, beauftragt, die Wohnung aufzulösen und die beweglichen Güter entweder nach Berlin zu überführen oder zu verkaufen. Eine Aufgabe, die sich um so mehr ausweitete, je mehr er sich in die vollkommen verzettelten Angelegenheiten Bartholdys hineinfand. Schließlich ergab sich auch eine ziemlich hohe Summe an Verbindlichkeiten, so daß Abraham in Berlin bald nur noch »von unserer traurigen Angelegenheit« sprach, wenn er den Nachlaß Bartholdy meinte. Hensel suchte nach einer Lösung, die Fresken für die Mendelssohns zu retten, aber alle Möglichkeiten, die Bilder von der Wand zu lösen und sie nach Berlin zu transportieren, erwiesen sich in der Praxis als zu teuer. Auch hätten Mendelssohns kaum die Möglichkeit gehabt, die Monumentalgemälde selbst in so einem großzügigen Haus wie der Leipziger Straße Nr. 3 unterzubringen. Schweren Herzens wurde beschlossen, die Bilder in der Wohnung zu belassen, zumal sie die Befürchtung hatten, »daß das Genre solcher kostbaren und zeitraubenden Ausschmückungen schlechterdings nicht für ein Bürgerhaus paßt.«

Hensel verpackte getreulich die Bildersammlung Bartholdys und schickte sie nach Berlin, auch das von Abraham gewünschte silberne Schokoladen-Déjeuner legte er bei, genau wie die nicht zu veräußernde Reiseschatulle. Bei all diesen zeitraubenden Beschäftigungen blieb es natürlich nicht aus, daß seine eigentliche Bestimmung, die Malerei, zu kurz kam; Abraham meinte da auch Grund für einige Anmahnungen zu haben: *»Ich habe das Zutrauen zu Ihnen, daß es Ihnen gelingen werde, wenn Sie sich treu bleiben. Indessen, da vergeht die Zeit, und ich halte es doch für nötig, daß man bald etwas wesentliches Tüchtiges von Ihnen hier zu sehen bekommt. Die Welt ist streng; sie hält demjenigen, von dem sie etwas fordert und erwartet, keine geschäftigen Hindernisse und Störungen zugut, da sie zu überwinden, zu unterjochen, das Glück zu fesseln sind; dazu gehört Charakter und Tätigkeit, die dann erst das (fehlt ein Wort) des Talentes sind.«*

Mendelssohns waren umgezogen. In der Beletage des Hauses war die Mission des Königreiches Hannover am Preußischen Hof untergebracht. Für die Botschaft waren die großen Repräsentationsräume wie geschaffen. Mit der Familie des Botschafters von Reden und dem jungen Gesandtschaftsrat Karl Klingemann ergab sich bald ein freundschaftlicher Verkehr. Hatten Freunde und Bekannte vor dem Umzug gemault, Mendelssohns siedelten sich dort an, wo noch das Gras auf den Straßen wachse und Berlin zu Ende sei, so kamen sie nun in hellen Scharen, nicht nur zu den Sonntagsmusiken im Gartensaal. Fanny hatte alle Hände voll zu tun, die Konzerte zu organisieren, die Rollen zu besetzen und Proben und Aufführungen, die sie mit Felix zusammen durchführte, zu planen. Lea war bestrebt, Hensel in Rom am Leben in der Familie teilnehmen zu lassen, verhehlte aber nicht, daß auch sie ähnlich wie Abraham den Fortgang seiner künstlerischen Arbeiten für zu langsam hielt: *»Wie kömmt es aber, daß Sie mit all Ihren Mal-Anstalten, Verpackungen etc. so schreckliches Unglück, auf gut studentisch: Pech haben, und dergleichen geschieht nie oft ohne eigenes Verschulden der Fahrlässigkeit, Unvorsichtigkeit und Mangel an Erfahrung, und der Schaden, den man sich selbst dadurch veranlaßt, muß sehr kränkend sein, da sich wohl Vorwurf dazu gesellen muß. Auch erzählten uns Redens, daß Sie aus großer Gefälligkeit gegen das Urteil andrer Ihre Arbeiten mehrmals ganz umgeschmolzen und doch zuletzt auf Ihre eigene Idee zurückgekommen. So ist's ja erklärlich, daß in zwei Jahren noch nichts vollendet worden. Wer der inneren Stimme und eigenen Überzeugung aber nicht fest vertraut, wird selten Bedeutendes leisten ...«* Aber Lea tadelt nicht nur, denn Hensel, mit dreißig Jahren kein unreifer Jüngling mehr, wird sich seinen Teil bei den ständigen Ermahnungen seiner zukünftigen Schwiegermutter gedacht haben, sie bringt ihm auch das Familienleben nahe: *»Ich freue mich, daß mein Mann so vielen Geschmack am Bauen findet; für mich gibt's nichts Schrecklicheres auf der Welt, und der Verdruß, den man dabei hat, ist auf keine Weise zu ersetzen und zu berechnen. Mir ist unser palastähnliches Haus überall zu prächtig, zu wenig bürgerlich, um von Herzen froh darüber zu werden. Schön und grandios ist es aber in der Tat, und in sehr einfachem, edlem Stil gebaut. Das einzige, was mich in aller Bau- und Geldnot bei dieser ungeheuren Unternehmung tröstet, ist der herrliche Garten, den wir in diesem Herbst, unbeschadet der alten Hamadryaden, sehr verschönert haben. Außer den wild aufwachsenden Linden, Buchen und Rüstern war gar nichts darin; nun sind schon schöne Rasenplätze gemacht, über 100 Rosenstöcke gepflanzt, Wege geebnet, erhöht, Partien aus dem Wust hervorgesucht, Fußpfade gemacht, die Weingelände am Gartenhause zu Laubengängen gezogen etc.*

Diese Arbeiten sind wahrhaft ergötzend und lohnend, und in Gottes freier Luft und Natur erhole ich mich auch von allen Sorgen.

Das junge Volk tobt und wildert tüchtig in dem geräumigen Lokal. Am Sonntagabend, wo mehrere zusammen kommen, werden oft Charaden aufgeführt und à la Hensel tourniert, retourniert, bewortspielt, so lang ein Faden daran hält. So haben sich neulich Philister folgendermaßen anatomiert: als Philis, theer, thär, Philster (als Student und mit Simpleton), viel ißt er, viel liest er, viel ist er usf. Ganz Ihrer würdig, den ich in der Unterschrift zur Primavera als den alten wiedererkannte. Unseren zum 21. Mal gefeierten Polterabend haben die Kinder sehr niedlich am 1. Weihnachtstage durch Aufführung des Wortes selbst verherrlicht. Da man sich an Orthographie nicht kehrt, so repräsentierte Paul in der 1. Silbe den berühmten Tänzer Paul, im Doppelsinn und parodistisch sehr ergötzlich; im ganzen figurierte er unter vielen bunten Masken als Pantalon sehr gut. Die noch immer schöne, liebenswürdige Marianne Saaling erschien in demselben Kostüm wie vor 21 Jahren; die zum Ganzen gesprochenen Verse waren von unserem jetzigen Hofdichter Klingemann, Legations-Sekretär des Barons Reden, der an unserem Hofe wirklich lebt, da er bei uns wohnt. Da wir's mit Masken und Kostümen nicht genau nehmen, so gestaltet sich alles leicht zum bunten Allerlei, dem ein bißchen Musik immer zustatten kommt. Seien Sie mir nicht böse, wenn ich, wie die alten Matronen zu tun pflegen, einige Schelte austeile, die zu Ihrem Besten wirken soll ... Leben Sie wohl, erhalten Sie sich gesund und arbeiten Sie nicht zu viel, aber zweckmäßig.«

Lea und Abraham hielten sich an das Versprechen, das sie Hensel gegeben hatten. Sie schrieben ihm, sie achteten aber auch streng darauf, daß es zu keinen direkten brieflichen Kontakten zwischen der Tochter und Hensel kam. Fanny beschwor Therese, Eduard solle seinen ganzen Einfluß auf den Freund geltend machen: »*Ich weiß, wie sehr Hensel Eduard liebt, und darum bitte ich Dich dringend, fordere ihn auf, seinen ganzen Einfluß zu verwenden, um den Freund vom Katholizismus fernzuhalten, denn das würde ein Grund sein, ich gestehe es Dir frei, der uns auf immer voneinander trennen würde.«*

Therese, die auch lange um ihren Eduard hatte bangen müssen, war jetzt, als strahlende Braut, die engste Vertraute Fannys. Und als gerade zwei Tage vor Thereses Hochzeit eine neue Oper des Bruders im Gartensaal aufgeführt wurde, da sangen und spielten die Brautleute Therese Schlesinger und Eduard Devrient das Kammermädchen und den Diener. Felix, der das königliche Orchester, das sein Vater für ihn engagiert hatte, mit Bravour dirigierte, war ungeheuer zufrieden mit dem Erfolg seiner Oper. Fanny saß in der ersten Reihe. Sie freute sich, wie hübsch Therese aussah in dem weißen Mullkleid mit dem blaßrosa Blütenkranz im Haar. Heute stand sie zum letzten Male als Therese Schlesinger auf der Bühne, ließ sich applaudieren und huldigen. In wenigen Tagen, schon bei der nächsten Aufführung, würde dort Therese Devrient stehen, niemand hatte etwas gegen ihre künstlerische Betätigung einzuwenden. Klar und fest vorgezeichnet lag ihr Lebensweg vor ihr. Fanny biß die Zähne zusammen. Beim Abschied nahm sie ihren weißen Schal von den Schultern und gab ihn Therese: »Trag ihn bei deiner Hochzeit, ich weiß, dann werde ich die nächste Braut sein!« Sie lächelte, Therese nickte, Eduard nahm den zusammengelegten Schal in Empfang und versprach, ihn seiner Therese umzulegen, bevor sie in die Kirche traten. Und so geschah es. Der schwere Schal rutschte auf dem glatten Atlaskleide während der Trauung immer wieder herunter. Wenn Therese ihn ganz hochzog, bis er festen Halt gefunden hatte, zerdrückte er den zarten Florbesatz des Hochzeitskleides um Taille und Ärmel. So hielt sie ihn mit beiden Händen krampfhaft fest und überlegte, was wohl die Leute sagen würden, wenn sie wüßten, daß sie mit einem geliehenen Schal am Altar stand. Aber sie fand es schön, so mit einer lieben Freundin verbunden zu sein. Während sie so nachdachte und überlegte, hätte sie fast ihr eigenes Ja-Wort verpaßt. Fanny, die sie mit krampfhafter Aufmerksamkeit beobachtete, war eine der wenigen, die neben dem erstaunten Eduard die kleine Verzögerung bemerkt hatten.

Devrients zogen in eine kleine Wohnung dicht neben der alten Werderschen Kirche, hier wurde ihr erstes Kind, die kleine Marie, geboren. Neue Aufgaben erfüllten Therese, die Beziehung zu Fanny lockerte sich, ohne ihre Herzlichkeit einzubüßen.

Aber auch auf Fanny, nun 22 Jahre alt, kamen neue Aufgaben zu. Schon vor einigen Jahren hatte der Verleger Adolph Martin Schlesinger ein Werk von Felix verlegt, jetzt bat er um neue Werke, da er ein Heft mit zwölf Gesängen herausgeben wollte. Felix, wie immer viel unterwegs, übertrug die Arbeit daran der Schwester, die die Lieder zum Druck vorbereitete. Drei der Lieder stammten ohnehin von ihr. Felix und sie waren so eins im Denken, Trachten und Fühlen, daß ihr dies Vereintsein ihrer Werke in einem Band als das einfachste von der Welt erschien. Weder Felix noch Lea, die auch eingeweiht wurde, hatten die geringsten Bedenken. Außerdem – Fanny lächelte – konnte sie so dem Veröffentlichungsverbot des Vaters ein Schnippchen schlagen, und Felix hatte das Gefühl, der Schwester, die zu Hause so viel für ihn tat, eine Freude zu machen.

Fanny hatte für das Heft nicht ganz ohne Hintergedanken ›Das Heimweh‹ nach einem Text der schönen Dichterin Friederike Robert ausgewählt. Fanny erinnerte sich genau an den Abend, als sie es komponierte, damals war Hensel noch hiergewesen, und er hatte Friederike gezeichnet, während sie das Gedicht in ihrer süddeutsch gefärbten Mundart, die ihre Berliner Zuhörer immer aufs neue entzückte, vortrug. Nur wenig Zeit hatte Fanny zum Komponieren der kleinen Melodie benötigt, und Therese hatte das hübsche kleine Lied noch am selben Abend direkt vom Blatt gesungen. Weinend vor Rührung war ihr die schöne Dichterin um den Hals gefallen und hatte sich gewünscht, es möge einen Knall tun und sie sich allesamt im schönen Baden-Baden wiederfinden. Dem Himmel sei Dank, hatte sich damals der Wunsch Friederike Roberts nicht erfüllt. Damals hatte Fanny den Wunsch reichlich exaltiert gefunden, aber jetzt wünschte sie sich manchmal, so ein Knall würde sie nach Rom bringen. Deswegen hatte sie auch das von ihr vertonte Italienlied Franz Grillparzers für das Album vorgesehen, dem sie dann noch das Duett zwischen Suleika und Hatem folgen ließ; sie liebte die Suleika-Lieder von Goethe über alles. Eindringlich forderte Suleika: »Bleibe mir gewogen«, und Hatem antwortete »Gehn von Suleika ist mein Kommen und Gehn«.

Sorgfältig korrigierte Fanny die Druckfahnen, wachte über die Ausführung des Titelkupfers. Sie kümmerte sich um alles, war auch die Ansprechpartnerin für die Herausgabe anderer Werke des Bruders, während Mutter Lea das Geschäftliche regelte. Sie verschickte die Hefte, um so für ihre Verbreitung zu sorgen, handelte einen Rabatt mit den Verlegern aus. Fanny war stolz darauf, daß, selbst wenn die Mutter im Auftrage des Bruders schrieb, die Verantwortung für den musikalischen und künstlerischen Inhalt stets bei ihr lag.

Auch Abraham, obwohl viel auf Geschäftsreisen, entging nicht, wie sehr seine Tochter sich von den Beschäftigungen, die er für weiblich hielt, entfernt hatte. In dem weitläufigen Hause war es leicht, unpassende Dinge weitab vom eigentlichen Geschehen zu tun. Anders als ihr Bruder, für den ja andere Gesetze galten, hatte Fanny gelernt, günstige Augenblicke abzuwarten, auszugleichen und zwischen Gegensätzen zu vermitteln. Ihr verbindlicher Gehorsam, den sie zur Schau trug, tarnte einen festen Willen, ihr persönliches Glück in die eigenen Hände zu nehmen, und wenn sie auch vorerst einen Großteil ihrer Kompositionen im Sekretär verwahrte, so würde die Zeit dafür schon noch kommen, dessen war sie sich gewiß.

Der Brief, den ihr Vater zu ihrem dreiundzwanzigsten

Geburtstag schrieb, ärgerte sie. Ähnlich ging es Wilhelm Hensel in Rom mit den ständigen Ermahnungen der Eltern. Aber deswegen einen Streit vom Zaune zu brechen, das wäre weder Fanny noch Hensel eingefallen, obwohl Fanny die Gedanken des Vaters diesmal nicht ganz nachvollziehen konnte: *»Wir werden beide mit jedem Jahr dreihundertfünfundsechzig Tage älter; wer weiß, wie lange ich Dir noch zu Deinem Geburtstage gratulieren und ein ernstes Wort sagen kann, wie lange Du letzteres noch hören kannst oder willst.*

So will ich Dir heute sagen, liebe Fanny, daß ich in allen wesentlichen Punkten, im wichtigsten mit Dir zufrieden bin, daß mir nichts zu wünschen übrigbliebe. Du bist gut in Sinn und Gemüt. Das Wort ist verdammt klein, aber es hat es hinter den Ohren, und ich sage es nicht von einem jeden.

Aber Du kannst noch besser werden! Du mußt Dich mehr zusammennehmen und sammeln; Du mußt Dich ernster und emsiger zu Deinem eigentlichen Beruf, zum einzigen Beruf eines Mädchens, zur Hausfrau bilden. Die wahre Sparsamkeit ist die wahre Liberalität, wer Geld wegwirft, muß ein Geizhals oder ein Betrüger werden. Der Frauen Beruf ist der schwerste; die unausgesetzte Beschäftigung mit dem Kleinsten, das Auffangen eines jeden Regentropfens, damit er nicht in dem Sande verdunste, sondern zum Bache geleitet, Wohlstand und Segen verbreite, die stete, unausgesetzte Beobachtung des einzelnen, die Wohltat jedes Augenblicks und die Benutzung jedes Augenblicks zur Wohltat, das, und alles, was Du Dir dazu denken wirst, sind die Pflichten, die schweren Pflichten der Frauen. Es fehlt Dir wahrlich nicht am Gemüt, noch weniger am Verstande, um sie treu zu erfüllen; aber am ernsten Willen, an der Sammlung, an der rechten Wahl und Würdigung Deiner Beschäftigungen wirst Du noch genug Stoff finden, Deine Kraft zu üben. Tue es, solange Du freiwillig kannst! ehe Du es zu tun gezwungen bist. Übe Dich, solange es Dir noch vergönnt ist, mit Deinen Eltern zu leben, vieles besser zu machen als diese. Gib dem Gebäude einen festen Grund, der Zierden wird es nicht ermangeln.

Doch will ich ja nicht predigen und bin noch nicht alt genug, schwatzhaft zu werden. Nimm noch einmal meine väterlichen Wünsche für Dein Wohl und meinen wohlgemeinten Rat zu Herzen. Dein Vater.«

Fanny stiegen Tränen des Zorns in die Augen, aber sie nahm sich zusammen. Der Vater war in letzter Zeit oft gereizt, so daß selbst die Mutter bei allem Verständnis manchmal aufbegehrte und sagte, daß er mit seiner üblen Laune nicht nur seinen Kindern, sondern auch ihr das Leben schwermache. Und das sei einfach nicht einzusehen bei einem Mann, den das Leben wie kaum einen Zweiten mit irdischen Gütern gesegnet habe, und noch dazu mit vier samt und sonders überdurchschnittlich begabten Kindern. Felix' früher Ruhm war nicht mehr nur auf den engen häuslichen Kreis und Berlin beschränkt, sein Rat wurde eingeholt und seine Kompositionen in Düsseldorf, Frankfurt, München und Leipzig gespielt, berühmte Komponisten suchten ihn auf, oder er reiste zu ihnen.

Abrahams selbstironisches Wort, er sei der Gedankenstrich, der zwischen seinem berühmten Vater und seinem gefeierten Sohn stehe, wirft auch ein jähes Schlaglicht auf die Tragik seines Lebens. Klug, begabt und gebildet mußte er sich entscheiden, Erbe und Vermächtnis des Vaters weiterzuführen und gleichzeitig die Zukunft und Förderung des Sohnes, ja, seiner ganzen Familie nicht zu gefährden. Ein schmaler Grat und eine folgenschwere Entscheidung, die er doch seinen Kindern nicht überlassen konnte.

Für Gotthold Ephraim Lessing war sein Freund Moses Mendelssohn das Urbild des weisen Nathan, seine Ringparabel war ein Stück weit auch die Geschichte des Lebens Abrahams, er hatte einen Ring weiterzugeben, doch wer wollte ihm sagen, ob es der echte sei? Immer wieder wurde er von Zweifeln an der Richtigkeit seines Tuns geplagt. Das machte ihn mit fortschreitendem Alter zu einem gequälten, grübelnden Menschen, der Streit mit vielen bekam, die ihm einst nahegestanden hatten. Bruder, Schwestern, Geschäftsfreunde – sie alle konnten ein Lied davon singen, ohne daß sie in der Lage gewesen wären, die eigentlichen Anlässe zu diesen Zwistigkeiten freizulegen.

Fanny nahm ihr Cape vom Haken und ging hinaus in den winterlichen Garten, kahl waren Bäume und Büsche, sie lehnte sich an den Stamm der dicksten der alten Eiben, die den Hofplatz krönten und ihm im Sommer seinen Schatten spendeten. Diese Bäume sollten älter sein als die gesamte Friedrichstadt und noch aus der Zeit stammen, als der Tiergarten ein großes zusammenhängendes Waldgebiet war, das die ganze Gegend bedeckt hatte.

Fanny stellte sich gerne vor, daß der Erbauer des Hauses, Johann Heinrich von der Groeben, die Bäume stehengelassen hatte, um eine Erinnerung an den Zustand des Grundstückes vor der Bebauung zu haben. Noch nicht ganz so lange war es her, seit der Kronprinz Friedrich Wilhelm zusammen mit seinem Bruder Wilhelm während der Sommerfeste der damaligen Besitzer des Hauses, des Grafen Podewils, in den Ästen der Eiben herumgeklettert war.

Langsam ging Fanny am Gartensaal vorbei in den Garten hinein. Einige Amseln, die sich hier ihr Futter suchten, hüpften eifrig ein Stück beiseite und beguckten den Eindringling mit ihren dunklen Knopfaugen aus gebührender Entfernung. Da drüben lag der Turnplatz, der vom Vater für die Brüder und ihre Freunde eingerichtet worden war. Wie hatte er gelacht, als der Übungsplatz der Turner und ihres Turnvaters Jahn auf der Hasenheide von der Polizei wegen der Gefahren, die von den aufrührerischen Ideen der Turner ausgehen konnten, geschlossen worden war. »Unseren kleinen Platz werden sie ja wohl in Ruhe lassen«, hatte er schmunzelnd gemeint.

Im hinteren Teil des Gartens hatte sich Alexander von Humboldt, der aus Paris zurückgekehrte Freund der Eltern, ein Observatorium errichtet. »Magnetische Hütte« nannte Humboldt sein Gebäude, das außer Kupfer kein Metall enthielt und daher vollkommen anziehungsfrei war. Vom Gartensaal aus konnte man hinüberblicken; manchmal, wenn Humboldt und seine Assistenten die Sterne beobachteten, trug ihnen der Wind die Töne der Musik aus dem Gartensaal zu. Einmal hatte Fanny zusehen dürfen, wie Humboldt auf einer elfenbeinernen Skala die Schwankungen der magnetischen Deklination eintrug. Geheimnisvolle wissenschaftliche Untersuchungen, deren Sinn Fanny verschlossen blieb. Trotzdem übte das Observatorium auf sie eine magische Anziehungskraft aus.

Kapitel 8

»Es war Mutter nicht möglich, das Ja zu wiederholen«

Seit einigen Wochen schon war Wilhelm Hensel aus Rom zurück, neben einigen anderen Gemälden brachte er die gewünschte Kopie der »Transfiguration« nach Raffael mit, um die Friedrich Wilhelm III. gebeten hatte. Damit hatte Hensel die Voraussetzung für das vom König gewährte Rom-Stipendium erfüllt. Fanny war ein bißchen traurig, daß das Bild in der kleinen Kapelle des Königs im Schloß hing, wo es kaum genug Platz hatte und wo einzig und allein der König es anschauen konnte.

Hensel und sie waren sich fremd geworden. Fanny hatte in den wenigen Augenblicken, wenn sie miteinander allein gelassen wurden, gemerkt, wie sehr er sich auf sie gefreut hatte, wie er dem Augenblick des Wiedersehens entgegenge-fiebert hatte. Fünf Jahre hatten sie einander nicht gesehen, war kein persönlicher Brief zwischen ihnen beiden gewech-selt, alles, was sie voneinander wußten, stammte aus dem Mund oder der Feder von Dritten. Hensel war eifersüchtig auf alles, was sie in den Jahren seiner Abwesenheit umgeben hatte, besonders auf den Bruder. Und auch Felix betrachtete den vermeintlichen Eindringling Hensel mit mißtrauischem Argwohn. Fanny erkannte, daß sie das Bild in ihrer Schub-lade zum Vertrauten gemacht hatte; jetzt, da ein Mensch mit Wünschen und Vorstellungen zurückgekommen war, mußte sie ihm erst wieder einen Platz in ihrem Leben einräumen.

Wilhelm Hensel drängte auf eine Entscheidung, der sich die Eltern, und besonders die Mutter, aber nur widerwillig stellen wollten. Für Fanny stand fest, sie würde Hensel heiraten, alle von der Mutter angeführten Hinderungsgründe waren weggefallen. Und seit der zurückgekehrte Maler zum Professor an der Königlichen Akademie und zum Hofmaler ernannt worden war, verfügte er auch über ein regelmäßiges Einkommen, das es ihm wohl erlaubte, eine Familie zu ernähren.

In aller Form hielt er bei Fannys Eltern um die Tochter an, während der Unterredung mußte Fanny im Nebenzimmer warten, sie knetete ihre Finger. Warum dauerte das nur so lange. Warum rief man sie nicht. Sie hatte das Gefühl, als wäre eine Ewigkeit vergangen, als der Vater sie hinein ins Wohnzimmer holte. Während ihre Augen sich an das helle Licht gewöhnten, blickte sie Hensel ins Gesicht, wortlos zog er sie an sich, so vereint standen sie vor den Eltern. Fanny spürte die knisternde Spannung, die noch im Raum hing, und war bemüht, sie zu lösen. Strahlend wandte sie sich an die Eltern, ohne die Hand Hensels loszulassen: »Bitte, wenn ihr schon ja gesagt habt, dann möchte ich es auch hören, schließlich betrifft es auch mich, auch wenn ich nicht dabeisein durfte!«

Der Vater lächelte breit, dann öffnete er die Arme, und während er die Tochter an sich drückte, sagte er mit fester Stimme: »Ja!« »Und Mutter?« Lea stand stumm in der Mitte des Zimmers, die Glocke für die Bediensteten in der Hand, plötzlich ging ein Ruck durch ihren Körper: »Ich denke, zur Feier des Tages nehmen wir den Tee heute in meinem Zimmer!« Fanny war fest entschlossen, sich den Tag nicht mit Ärger verdrießen zu lassen, mit betonter Munterkeit überspielte sie die leichte Verstimmung, die sich breitmachen wollte. Abends notierte sie in ihr Tagebuch: »*Es war Mutter nicht möglich, in meiner Gegenwart das Ja zu wiederholen.*«

Was hatten sich die beiden frisch Verlobten nicht alles zu erzählen, wieviel nachzuholen! Lange, fast zu lange hatten beide auf diesen Moment warten müssen. Endlich durften sie alleine sein miteinander, konnten sich ihre Erlebnisse mitteilen ohne Dritte und konnten sich ohne Zensur schreiben.

Wilhelm Hensel achtete eifersüchtig darauf, daß ihm seine Braut, auf die er so lange hatte verzichten müssen, nicht von einer immer fordernden Familie und ihrem Freundeskreis vorenthalten wurde. Für Fanny war es nicht einfach, zwischen Felix und Hensel zu vermitteln. Sie war peinlich darauf bedacht, weder dem einen noch dem anderen das Gefühl zu geben, zurückstehen zu müssen. Manchmal stellte sie sich vor, wieviel einfacher es doch gewesen war, stumme Zwiesprache mit dem geduldigen Bild in der obersten Schublade ihres Sekretärs zu halten, wann immer ihr danach war, als jetzt noch einen Bräutigam in die sowieso schon viel zu kurzen Stunden des Tages einzuplanen.

Aber ihr persönliches Glück, das Durchsetzen ihres sehnlichsten Wunsches gegenüber der Mutter hatte ihr Selbstvertrauen gefestigt. Endlich konnte ihr niemand mehr verbieten, Hensel zu schreiben, wann sie es wollte, und seine Briefe in Empfang zu nehmen, sowie sie ankamen. Beide begannen unverzüglich mit einer Brautkorrespondenz, täglich brachte am frühen Morgen ein Bote Hensels Brief und nahm Fannys Brief mit zu dem schon ungeduldig Wartenden. Zeichen des Erkennens und des tieferen Kennenlernens für die beiden, die so lange getrennt gewesen waren. Kaum einen Monat nach ihrer Verlobung reiste Hensel zu Verwandten nach Schlesien.

Fanny schreibt ihm: »*Dies schreibe ich, wie Tante Jette wünschte, auf ihrem Papier, aber mit Deinen Federn, mein Lieber, mein Liebster, mein Bester, mein Guter. Wie geht's Dir? Heut bin ich nun den ganzen Tag in Sorgen um Dich, bist Du die dritte Nacht auch durchgefahren und schon jetzt, ermüdet und erhitzt, bei den Deinen? Oder hast Du in Breslau geruht und fährst nun heute mit frischen Kräften hinüber? Ich wollte, Du hättest zu Deiner Erfrischung einen Brief von mir in Breslau finden können, das war aber doch nun nicht möglich, und gestern hab' ich nicht geschrieben, weil es zu spät gewesen wäre, ihn nachzuschicken, und zu früh, ihn in Breslau zu treffen. Und die Nacht über hast Du Dich gequält, mir* in den kalten Passagierstuben ohne die mindeste Bequemlichkeit zu schreiben! Ich bin so begierig auf den Brief aus Breslau, wie es Dir ergangen ist, wie Dich unsere Freunde aufgenommen haben. Gestern früh ging ich zu Marianne und Tante Jette, die sehr grüßen lassen. Alexander wollte Dir am Abend der Abreise noch nach, bis ihm Marianne sagte, daß er Dich nicht mehr treffen würde.

Gestern mittag aß Gans hier, der mit Rebecka Plato gelesen hatte, und spät abends kamen Bezulavskys, Roberts und Kugler, der uns Bleistiftskizzen von einem gewissen Petzl, einem Schüler von Begas, mitbrachte, die mir aber gar nicht gefielen. Es sind nichts als Rendezvous mit Dienstmädchen und Wirtstöchtern. Die Phantasie der Herren geht nicht weit. Ich zeigte ihm dafür einige Deiner Bücher und erfreute mich von neuem an dem sichern raschen Strich, an dem Fleiß und dem treuen Streben und (das hatte ich eigentlich zuerst nennen mögen) an der Poesie, die überall vorwaltet und die mir einen freundlichen, nicht gewöhnlichen Zustand fürs Leben verspricht. Das ist es auch, was mir an Deinen Porträts so sehr gefällt, die Poesie in der Auffassung, und die hat bei Deiner Abwesenheit ungemein zugenommen, wenn ich Deine jetzigen Zeichnungen gegen die vorigen halte. –

Was Du aber für herrliches Reisewetter hast, die schönsten Tage, die wir noch erlebt haben diesen Winter. Heut vormittag gehe ich in die Probe der Passion, Felix und Beckchen sind beide wieder wohl, Felix hatte gestern abend komponiert, und da sahen seine Augen so wunderschön aus. Es ist was Eigenes mit seinen Augen, ich habe noch bei keinem Menschen die Seele so unmittelbar darin gesehn. Du mußt ihn so unendlich lieben, zwischen uns dreien muß alles so vollkommen richtig und einig und wahr sein, dann will ich in dieser Welt keine unfrohe Minute haben, wenn Ihr Euch recht liebt, ich bin mit meiner Stellung gegen Euch beide zufrieden. Wenig aber bin ich's mit diesem Papier, das einem die Zeilen zumißt. Ich muß aber doch nun aufhören, also Lebewohl, ich schreibe Dir nun nicht mehr, denn Du würdest keinen Brief mehr erhalten. Tausend Lebewohl, mein Liebster. Auf baldiges Wiedersehen.

Deine Fanny.«

Schon vor einigen Jahren hatte Felix von seiner inzwischen verstorbenen Großmutter Bella Salomon eine Abschrift der Partitur der Matthäuspassion von Johann Sebastian Bach erhalten. In keiner anderen Stadt war die Liebe zu Bach und seiner Musik so lebendig geblieben wie in Berlin, wo Bachs Sohn Carl Philipp Emanuel gewirkt hatte und wo Zelter die Singakademie Kantaten und Motetten aufführen ließ. Aber die Matthäuspassion, das war ein Werk, an das sich keiner der zeitgenössischen Musiker herantraute. Felix hatte die Partitur wieder und wieder studiert und endlich im vergangenen Winter begonnen, mit einigen Freunden im kleinen Kreise einige wenige Chöre daraus einzustudieren. Je mehr die Sänger und Sängerinnen in die Musik eindrangen und sie kennenlernten, desto mehr wurde der Wunsch bei ihnen laut, die ganze Passion aufzuführen. Besonders Eduard Devrient versuchte, den noch zögernden Felix zu überreden, bei Zelter vorzusprechen und ihn für das große Wagnis zu gewinnen, ihm die Unterstützung für die Aufführung der Matthäuspassion abzuringen.

Nachdem auch die Eltern und Fanny dem Plan zugestimmt hatten, rückten die beiden Freunde Zelter auf den Pelz. Allerdings hatte sich Felix ausbedungen, daß sie, falls Zelter einen seiner berüchtigten Wutanfälle bekommen sollte, sofort und ohne weiter in ihn zu dringen, ihren Plan aufgeben würden. Denn er, Felix, dürfe sich nicht mit Zelter kabbeln! Doch Eduard Devrient lachte nur: »Grob wird er ganz gewiß, aber das Kabbeln mit ihm übernehme ich!« Devrient schob den immer noch zögernden Felix vor sich her in Zelters Arbeitszimmer und machte dem Überraschten ihr Anliegen klar. Wie erwartet ereiferte sich Zelter und wurde immer ärgerlicher. Der ängstliche Felix wollte sich schon aus dem Staube machen, als Zelter lospolterte: »Das soll man sich nun geduldig anhören! Haben sich's ganz andere Leute müssen vergehen lassen, diese Arbeit zu unternehmen, und da kommt nun so ein Paar Rotznasen daher, denen alles das Kinderspiel ist!« Aber Devrients wohlgesetzten Argumenten konnte Zelter nicht mehr viel entgegensetzen. Langsam erlahmte sein Widerstand, aber ganz so schnell wollte der alte Löwe doch nicht einlenken.

»Wie wollt ihr denn das machen? Ihr denkt an nichts, da ist zuerst die Vorsteherschaft, die konsentieren muß; da sind gar viele Köpfe und viele Sinne – und Weiberköpfe sind auch dabei, ja! – die bringt ihr nicht so leicht unter einen Hut!« Aber Devrient hatte die Vorsteher der Singakademie schon hinter sich gebracht, die tonangebenden Vorsteherinnen waren als Mitsingende bei den Übungen im Mendelssohnschen Hause dabeigewesen und schon für den Plan gewonnen. Jetzt brauchten die beiden eigentlich nur noch den Saal der Singakademie für die Aufführung und die Mitwirkung der Mitglieder. Aber hier sah Zelter schon wieder die nächste Schwierigkeit: »Ja, die Mitglieder!« rief er aus. »Da fängt der Jammer erst an. Heute kommen ihrer zehn zur Probe, und morgen bleiben zwanzig davon weg, ja!«

Jetzt hatte auch Felix wieder Mut gefaßt, er setzte dem Lehrer nun seinen Plan mit den Vorproben im kleinen Saal auseinander, erläuterte ihm die Zusammensetzung des Orchesters, das Eduard Rietz führen sollte. Als Zelter sah, daß alles schon so weit vorbereitet war, seufzte er: »Na, ich will euch nicht entgegen sein – auch zum Guten sprechen, wo es not tut. Geht denn in Gottes Namen daran, wir werden ja sehen, was daraus wird!«

Begeistert und überaus wohlwollend wurde diese erste Aufführung der Matthäuspassion fast auf den Tag genau einhundert Jahre nach ihrer Uraufführung in Leipzig beim Berliner Publikum aufgenommen. Der König erlebte sie zusammen mit dem gesamten Hof in seiner Loge im bis auf den letzten Platz ausverkauften großen Saal der Berliner Singakademie. Zelter hatte sich mit einer Partitur in ein Winkelchen nahe dem Orchester gesetzt, um so der Aufführung aus nächster Nähe folgen zu können. So polternd er der ersten Herausforderung seiner beiden Schüler begegnet war, so stolz war er jetzt auf die ganze Aufführung, die ja durch ihn und unter seinem Schutz zustande gekommen war: »*Hätte doch der alte Bach unsere Aufführung hören können! Das war mein Gefühl bei jeder gut gelungenen Stelle; und hier kann ich nicht unterlassen, meinen sämtlichen Jüngern der Singakademie, wie den Solosängern und dem Doppelorchester das größte Lob zu spenden!*« Aber auch Felix, der die Partitur für die Aufführung hatte einrichten müssen, war der Stolz seines Lehrers, während Therese besonders die Leistung ihres Eduard, der den Jesus gesungen hatte, bewunderte. Fanny hatte im Alt mitgesungen und die besten Sängerinnen um sich geschart, sie wußte, wie sehr es den Bruder beruhigte, sie in der Nähe zu wissen. Wie immer hatte er sich völlig auf ihr Urteil verlassen. »Sein Kantor mit den dicken Augenbrauen« half ihm über Unsicherheiten hinweg, hatte bei allen musikalischen Entscheidungen stets des letzte Wort. Nach der Aufführung hatte Zelter den größten Teil der Mitwirkenden zu sich eingeladen. Fanny und Wilhelm Hensel saßen nebeneinander, während Zelters Tochter Doris den Platz neben Felix Mendelssohn für Therese Devrient reserviert hatte. Diese hatte Mühe, an ihren Platz zu gelangen:

»*Felix war aufgestanden und half mir, wie der Herr zu meiner linken Seite, mich hineinzuklemmen, denn es war sehr eng. Felix war in sprudelnder Laune, wir schwatzten und lachten viel miteinander, so daß ich den mit der Schüssel wartenden Diener nicht bemerkte, bis mein Nachbar zur Linken mich bat, mir vorlegen zu dürfen; ebenso wollte er mich fortwährend überreden, Wein zu trinken, und mir einschenken, was ich verweigerte, bis die Gesundheit der Künstler ausgebracht wurde, an deren Anteil, wie er affektiert flüsterte, ich mich nicht ausschließen dürfe, worauf er sehr feierlich mit mir anstieß. Meinen weiten Spitzenärmel hielt er krampfhaft fest, um ihn zu schützen, wie er behauptete, in dem er sich angelegentlich zu mir bog; kurz, er belästigte mich so mit seiner Galanterie, daß ich mich zu Felix hinneigend fragte: ›Sagen Sie mir doch, wer* ist der dumme Kerl hier neben mir?‹ *Felix hielt einen Augenblick sein Taschentuch vor den Mund, dann flüsterte er: ›Der dumme Kerl da neben Ihnen ist der berühmte Philosoph Hegel!‹ — ›Herr Gott‹, rief ich erschrocken, ›wie komm ich denn aber auch zu dieser unpassenden Ehre, da steckt gewiß eine Malice von Doris dahinter.‹«*

Noch einmal dirigierte Felix die Matthäuspassion vor ausverkauftem Saal, schon munkelte man, der allmächtige Gasparo Spontini habe vor lauter Eifersucht auf den Erfolg beim König eine zweite Aufführung verhindern wollen. Auch Fanny hörte davon und reagierte höchst empört, sie nahm sehr erleichtert zur Kenntnis, daß auch die zweite Aufführung wieder ausverkauft war. Unmittelbar darauf trat Felix seine erste Reise nach England an. Für Fanny war das ein schwerer Schlag, den Bruder, den engsten Vertrauten der Kindheit und Jugend, zum ersten Male auf längere Zeit entbehren zu müssen. Die Trennung fiel ihr schwerer, als sie irgendeinem Menschen sagen konnte. Dabei war sie mit Wilhelm Hensel so glücklich, glücklicher noch, als sie selbst bei ihrer Verlobung zu werden gehofft hatte.

Sie sah aber auch, daß die vielen gesellschaftlichen Verpflichtungen, die ihr das Leben in ihrer Familie auferlegte und an die sie von frühester Kindheit an gewöhnt war, für Wilhelm Hensel nur schwer zu ertragen waren. Immer wieder überfiel sie gerade jetzt die Angst, Wilhelm und Felix nicht gleichermaßen gerecht zu werden, die Ansprüche, die nun beide an sie stellten, nicht erfüllen zu können. Der Bruder schrieb ellenlange Briefe von der Reise, getreulich suchte er jeden Schritt, den er machte, den Daheimgebliebenen zu beschreiben, eine zweite Reise für die Familie. Rebecka und Fanny schrieben ihm, auf dem geliebten Türplatz am Gartensaal sitzend, was sich zu Hause ereignete, von den Szenen mit der Mutter, die mit vielen Ideen Fannys für ihre Hochzeit nicht einverstanden war. Sie hatte sich diesen Schwiegersohn gewiß nicht ausgesucht. Es war für Fanny kein Trost, daß die Mutter jetzt, da sie sich für Wilhelm Hensel entschieden hatte, in den Verehrern ihrer jüngeren Schwester Rebecka genau so »herumstocherte« und sie in die Flucht trieb. Fanny begann sich damit abzufinden, daß Lea wohl eine hinreißende Mutter, aber eine ziemlich unerfreuliche Schwiegermutter sein würde. Jetzt, als sie erkannte, daß nicht nur ihr Hensel attackiert wurde, konnte sie die Ausfälle leichter ertragen, aber manchmal konnte sie es doch nicht unterlassen, Felix davon zu berichten.

Gedankenverloren ging Fanny durch die Zimmer ihrer künftigen Wohnung an der Seite des Gartensaales, die Wohnung gegenüber würden Eduard und Therese Devrient mit ihrer ständig wachsenden Kinderschar beziehen, Fanny freute sich schon sehr auf dieses Zusammensein. Dort, im Gartensaal, würden weiter die Sonntagsmusiken stattfinden. Sie würde komponieren, und auch ihre Musik würde sie dort aufführen können, denn Wilhelm Hensel verstand zwar nicht viel von Musik, aber gegen künstlerische Aktivitäten seiner Frau hatte er nichts einzuwenden.

Im Garten hatte Hensel das große Porträt, das er von Felix begonnen hatte, aufgestellt, um den Hintergrund zu malen. Fanny strahlte, Felix und Hensel – die beiden Menschen, die sie von allen am meisten liebte. Sie hatte gespürt, wie die Sitzungen zu dem Porträt und die Gespräche, die die beiden dabei in aller Ruhe führten, sie einander näherbrachten, daß ein wenig von der nervösen Unruhe, die Felix beim Anblick des Schwagers befiel, verschwand.

Lange grübelte Fanny darüber nach, was sie dem Freund Karl Klingemann auf seine Karte zu ihrer Verlobung antworten sollte, als sie endlich zur Feder griff, verzog sie den Mund und begann: »*Beinahe hätte ich vergessen, Ihnen zu danken, daß Sie erst aus meiner Verlobungskarte geschlossen haben, ich sei ein Weib wie andere, ich meinesteils war darüber längst im klaren, ist doch mein Bräutigam auch ein Mann wie andere. Daß man übrigens seine elende Weibsnatur jeden Tag auf jedem Schritt seines Lebens von den Herren der Schöpfung vorgerückt bekommt, ist ein*

Punkt, der einen in Wut und somit um die Weiblichkeit bringen
könnte, wenn nicht dadurch das Übel noch größer würde.«

Klingemann war in London, hatte sich dort als Legations-
rat an der Hannoverschen Gesandtschaft eingelebt, Felix war
jetzt bei ihm. Gemeinsam lernten sie ein neues Land kennen,
das Land Shakespeares.

Zusammen hatten sie während der vergangenen Jahre an
schönen Sommerabenden Passagen aus der Schlegel-Tieckschen Shakespeare-Übersetzung gelesen und aufgeführt, niemals vorher hatten sie so die Kraft der Sprache gespürt. Dort
im Park hatte Felix »gesessen, zu träumen und zu komponieren«, dort hatte er die Ouvertüre zum »Sommernachtstraum«
begonnen und vollendet, das Werk, das ihn weithin bekannt
gemacht hatte, und sie hatte jeden Ton, jede Note vor allen
anderen gekannt. Ein verschworener Kreis von Freunden,
und Felix, der Begabte, Vorwärtsstürmende im Mittelpunkt.
Hier war in den Sommern die ›Gartenzeitung‹ entstanden, in
den stilleren Wintern die ›Thee- und Schneezeitung‹. Alle
Besucher, so berühmt sie auch sein mochten, hatten dabei
mitgemacht, Hegel und Heine, Alexander von Humboldt,
Varnhagen von Ense und Rahel, seine Frau.

Fanny dachte an Heinrich Heine, der wohl zuerst ein
Auge auf sie geworfen hatte. Aber der Dichter, der selbst so
gerne Hiebe gegen seine Mitmenschen austeilte, hatte um
Fanny und ihr loses Mundwerk sehr schnell einen Bogen
gemacht. Gemeinsam hatten sie, von Karl Klingemann angeregt, Jean Paul gelesen. Heine hatte zugehört, und nach einer
Weile spöttisch eingeworfen, was wohl von jemandes Natur-
schilderungen zu halten sei, der noch nicht einmal an der
Nordsee gewesen sei. Dabei hatte er Fanny herausfordernd
angeschaut. Die hatte die Herausforderung angenommen.
»So ein junger Flegel«, hatte sie gedacht, und noch schneller
war ihre Antwort gekommen: »Vermutlich hat er keinen
Onkel Salomon, der ihm die Reisen bezahlt.« Heine war bei
der Erwähnung seines ungeliebten Onkels Salomon Heine

spürbar zusammengezuckt, nie mehr hatten die beiden diesen wunden Punkt berührt, aber Heines Sympathie für Fanny war merklich abgekühlt, und er hatte sich Beckchen zugewandt, deren Mundwerk allerdings dem ihrer Schwester überhaupt nicht nachstand, es war ihm nur noch nicht zu nahe gekommen. In seinem letzten Brief nun hatte sich der Dichter an ihre wunderschönen Augen erinnert, allerdings den Mund, der ihm solche Pein hatte zuteil werden lassen, erwähnte er nicht.

Wilhelm Hensel hatte Fanny am geöffneten Fenster entdeckt und winkte ihr zu kommen. Sie schloß das Fenster und ging hinaus auf den Hof. Schweigend betrachtete sie das Bild des Bruders, das schmale Gesicht, die lebendigen Augen, die schönen, schlanken Hände; als Hintergrund hatte Hensel den Garten gewählt mit seinen blühenden Fliederbüschen. Hensel hatte den Arm um ihre Schultern gelegt, mit der Linken beschattete er seine angestrengten Augen: »Da hast du ihn, den Nabel der Welt – wenigstens als Bild ist er nun in unserer Mitte.« Ruhig entnahm er einer Mappe eine Zeichnung, die er verschmitzt lächelnd Fanny überreichte. Entzückt betrachtete sie sie, Hensel hatte die »Radgesellschaft« abgebildet, jene Gemeinschaft der Mendelssohnschen Kinder und ihrer Freunde, von der Johann Gustav Droysen an seine Schwestern geschrieben hatte, *»wie ungeheuer darin geklatscht wurde, und die Damen unserer Bekanntschaft noch weit klatschhafter wieder durchklatschten, was wir geklatscht hatten und wovon sie mit bewunderungswürdiger Schnelligkeit fast jeden Augenblick unterrichtet waren.«*

Hier nun war das »Rad«, das viel beklatschte, zum erstenmal im Bilde festgehalten. In der Mitte, sozusagen als Nabe, saß Felix, der Mittelpunkt des Freundeskreises, um den sich das Rad, so wie es sich gehörte, drehte. Sie und Rebecka hielten sich als eine Speiche des Rades eng umschlungen. Felix nannte sie oft liebevoll »die Fischottern«, Hensel hatte das aufgegriffen und sie beide mit Fischotternschwänzen abgebildet. Caroline und Albertine Heine, die als Pauls Schwarm galt, Paul selber und Johann Gustav Droysen bildeten weitere Speichen. Auf dem Rand des Rades aber versuchte Wilhelm Hensel die Balance zu halten und bemühte sich, in das Rad hineinzugelangen; eine lange Leine verband ihn mit Fanny und gab ihm die Sicherheit bei seiner nicht ungefährlichen Kletterpartie.

Erschrocken sah Fanny ihn an: »Aber das stimmt doch gar nicht, du gehörst doch längst dazu, eigentlich immer schon, seit deiner Ausstellung damals ...« Hensel überlegte, dann lächelte er: »Ja, ich gehöre dazu, aber bedenke, was es mich für Anstrengungen gekostet hat, fünf Jahre in Rom, ohne Nachricht von dir, manches Mal habe ich gedacht, es nimmt kein Ende mehr, ihr seid eingesponnen in einer eigenen Welt, ich gehöre dazu, weil ich zu dir gehöre, aber einer von euch bin ich deshalb noch lange nicht!« Er zeigte auf das Bild des Bruders: »Um ihn dreht sich alles hier im Haus, mit Recht, aber andere haben auch Rechte und kommen zu kurz, ich rede nicht von mir, sondern von dir und auch von Rebecka und Paul!« Fanny starrte Hensel an: »Das ist doch so nicht wahr, komm, laß uns ein Stück gehen!« Während des Spaziergangs löste sich die Spannung, Hensel gab zu, oftmals überempfindlich zu reagieren und jedes Wort auf die Waagschale zu legen. Zärtlich hielt er Fanny fest: »Vieles wird sich einspielen, wenn wir erst verheiratet sind, wenn ich meine Arbeit an der Akademie aufgenommen habe, wenn wir uns unser Heim eingerichtet haben. Wenn du erst die Frau Professor Hensel bist, wird alles viel einfacher sein!« Fanny lachte: »Hüten Sie sich, Herr Professor, bis jetzt bin ich der Meinung, daß der Brautstand meiner Musik nicht geschadet hat, ich habe solche Lust zu komponieren, und die sechs Lieder für Felix, weißt du, die, für die Droysen mir die Texte gemacht hat, gehören mit zum besten, was ich bisher geschrieben habe, findest du nicht auch?« Erwartungsvoll sah sie Hensel an, der nickte: »Von Musik versteh ich nicht viel, aber komponier du nur, soviel es dir Spaß macht, solange ich nicht singen muß und du mich nicht am Malen hinderst, macht es mir nichts aus.« »Erst muß ich mal den Hausstand einrichten, aber dann, wenn ich erst ein gutes Stück im Ehestand zurückgelegt habe, dann werde ich neue Arbeiten machen und bestimmt noch bessere ...« Sie schwieg verlegen. »Ach, du weißt ja gar nicht, wie viele Rosinen mir noch im Kopfe herumschwirren.«

Johann Gustav Droysen hatte Fanny vor einiger Zeit den ersten Teil zu einem Liederspiel, ›Loreley‹ betitelt, gebracht, sie trug sich mit dem Gedanken, den Stoff zu komponieren, aber je länger sie sich damit beschäftigte, desto klarer wurde ihr, daß sich die Dichtung dazu wenig eignete. Die Vorlage war zu »*wenig dramatisch für ein Stück, zu dramatisiert für eine Sage, kurz nicht so recht Fisch und Fleisch.*« Außerdem wollte sie unbedingt an so einer großen Arbeit auch Wilhelm Hensel beteiligen, hatte er doch als junger Mann lange zwischen seiner Doppelbegabung als Schriftsteller und Maler geschwankt und sich erst spät ganz der Malerei zugewandt.

Inzwischen war das Liederspiel schon zu einem beachtlichen dreiteiligen Werk angewachsen, aber noch immer nicht vollendet. Die vielen Vorbereitungen für die Hochzeit, die für den 3. Oktober 1829 angesetzt war, und das vielleicht noch größere Ereignis der Silberhochzeit der Eltern an Weihnachten erforderten umfangreiche Besprechungen. Da war an das Vollenden und Komponieren größerer Werke überhaupt nicht zu denken.

Ins Haus zurückgekehrt, hielt Fanny immer noch die Zeichnung in der Hand. Behutsam legte sie das Blatt neben ihr Stammbuch, und während sie einen Brief an Felix, den sie gestern schon begonnen hatte, weiterschrieb, betrachtete sie immer wieder das kleine Bildchen. Plötzlich wurde die Tür aufgerissen, und Rebecka stürzte ins Zimmer: »Komm schnell, Post von Felix ist gekommen, aber ..., ach komm schnell, du wirst schon selber sehen.« Blaß geworden folgte

Fanny der aufgeregten Schwester ins Wohnzimmer. Die Mutter las aus einem Brief des Sohnes vor, die Sehkraft des Vaters hatte in letzter Zeit immer mehr nachgelassen, am liebsten ließ er sich daher vorlesen, er genoß wohl auch die Gemütlichkeit, das Beieinandersein im Familienkreis.

Abraham hielt einige Konzertprogramme und Zeitungskritiken in der Hand, Felix mußte sie seinem Brief beigelegt haben. Jetzt warf er die Papiere erregt auf den Tisch: »Er heißt nicht Felix Mendelssohn, Mendelssohn Bartholdy ist der Name, den ich für die Familie angenommen habe, ich hätte den ersten Namen ganz fallenlassen sollen, aber dazu war ich zu schwach.« Seufzend barg er das Gesicht in den Händen. Hensel stand in der Tür, Lea versuchte zu beschwichtigen und den Vater zu beruhigen, während Rebecka trotzig den Mund zusammengepreßt hielt. Sie schoß Fanny einen warnenden Blick zu: »Sag bloß nichts«, sollte das heißen.

Fanny nahm die Kritiken zur Hand, überall stand nur Felix Mendelssohn. Der Vater redete sich seinen Zorn und seine Erbitterung von der Seele. Fanny begann zu weinen, Hensel schüttelte den Kopf und bedeutete ihr, mit ihm das Zimmer zu verlassen. »Du mußt Felix schreiben, und zwar sofort. Der Vater wird es auch tun. Trifft ihn das Schreiben, und ein angenehmes wird es nicht sein, unvorbereitet, kann daraus leicht ein ernsthaftes Zerwürfnis entstehen. Das mußt du verhindern!« Fanny wischte sich die Tränen vom Gesicht und setzte sich an ihren Sekretär, Hensel drehte ihren Kopf so, das er ihr ins Gesicht sehen konnte: »Heute abend wirst du nicht mehr schreiben können, aber gleich morgen früh, ich bringe dann den Brief selber auf die Poststation. Auch der Vater wird heute nicht mehr ans Schreiben denken, dazu ist er viel zu erregt …«

Nach einer Weile gingen sie zusammen ins Wohnzimmer zurück, Abraham hatte inzwischen wenigstens äußerlich seine Ruhe wiedergefunden, und Lea nickte der Tochter dankbar zu, als die sich ans Klavier setzte und einige Präludien aus dem ›Wohltemperierten Klavier‹ zu spielen begann.

Danach trat sie einfach zum Vater und umarmte und küßte ihn, der Vater sagte nichts, nur an der Art, wie er den Mund zusammenpreßte, merkte sie, wie sehr er litt.

Paul kam nach Hause, seit seiner Einsegnung hatte er eine Ausbildung in einem Berliner Bankhaus begonnen, er war seinem Traumberuf von einst, dem Bankier, treu geblieben, am liebsten wäre er schon jetzt zum Onkel Joseph gegangen und in die Mendelssohnsche Bank eingetreten, aber die Zwistigkeiten zwischen dem Vater und seinem Bruder hatten das bisher unmöglich gemacht. Beim Abendessen wurde das leidige Thema nicht mehr berührt, jeder am Tisch bemühte sich, heiter darüber hinwegzugehen und hing doch seinen Gedanken nach.

Am anderen Morgen setzte sich Fanny so früh sie konnte hin und schrieb an Felix: *»Es ist Vater plötzlich aufgefallen, daß in mehreren englischen Blättern Dein Name bloß Felix Mendelssohn genannt worden, und er glaubt eine Absicht darin zu erkennen, und ich will Dir heut darüber schreiben, wie uns Mutter gestern sagte, die es ihm auszureden versucht hat. Ob er es nun noch ausführen wird oder nicht, weiß ich nicht, bin aber gestern abend mit Hensel überein gekommen, Dir in jedem Fall diesen Brief zu schreiben, ist er unnütz, so schadet es auch nicht, möglicherweise kann er Dir lieb sein, und ist er Dir unangenehm, so vergißt Du ihn mir. – Ich kenne und billige Deine Absicht, diesen Namen, den wir alle nicht lieben, einst wieder abzulegen, aber jetzt kannst Du es noch nicht, da Du minorenn bist, und ich habe nicht nötig, Dich auf die unangenehmen Folgen aufmerksam zu machen, die es für Dich haben könnte, es wird Dir genug sein zu wissen, daß Du Vater dadurch betrübst. Du kannst es jetzt leicht, auf Befragen, für ein Versehen gelten lassen, und Deinen Vorsatz zu gelegenerer Zeit ausführen. – Die eigentliche Absicht dieses Briefes ist, Dich einigermaßen über die Sorge der Zeit und Entfernung hinwegzuheben, die Dir Vaters Schreiben machen möchte. Wie Du selbst noch neulich schriebst, die Buchstaben sind so kalt und tot, und es ist so leicht, den richtigen Vortrag zu verfehlen, Vater namentlich schreibt immer weniger angenehm als er*

denkt, so daß wir Dir gern über diesen Gegenstand noch einige freund-
lichere Worte wollten zukommen lassen. Es kann sein, daß es Dich
herzlich verdrießt, wenn Du hier zum drittenmal lesen sollst, was
der Vater auf eine und vielleicht die Mutter auf eine andere Weise
schreibt, aber dann, wie gesagt, verzeihst Du uns eine übel ausge-
führte gute Absicht, wir kennen uns, denk ich, und alles bleibt beim
Alten. Es macht mir wenig Spaß, daß Du, der Du uns nur Gutes
zukommen läßt, so oft von hier aus Unangenehmes zu erfahren hast
und daß sich Dir gerade in dieser Beziehung das häusliche Leben in
der Fremde fortsetzt; ich wollte stark, es wäre anders, es ist nun aber
einmal so, und Gottlob, es geht in vielem Guten auf. – Wie wird es
nun auf Deiner bevorstehenden Reise werden? Werden wir Briefe
erhalten, so regelmäßig wie bis jetzt? Ich denke mit Schrecken an den
ersten Mittwoch, wo einer ausbleibt, denn wenn Mittag herankommt
und noch keiner da ist, fangen wir an, uns sehr ungebärdig zu betra-
gen. Nun, Du wirst schon sorgen. Adieu, mein Felix, ich schicke die-
sen Brief an Hensel, der noch einige Zeilen dazusetzen und ihn
selbst auf die Post bringen will, Du weißt, wie es Dich immer ver-
droß, wenn die Eltern Dir ihre Zufriedenheit verbargen, denselben
Verdruß setzt uns Vater fort, indem er gleichgültig und stoisch tut,
und wir ihn dann darüber ertappen, wie er Deine Briefe zu drei, vier
Mal liest, und wie alle Leute wissen und sehn, wie er sich über Dich
und alles was Dir begegnet, freut, nur wir sollen es nicht wissen. Wir
wissen es aber doch. Und so lebe wohl, und froh und glücklich. Es
sind mir, während ich hier schrieb, zwei Augenwimpern aus und aufs
Papier gefallen, wenn die bis London kämen, würdest Du wissen,
von wem der Brief ist.«

Aufatmend legte Fanny die Feder beiseite und bestreute
den Brief mit Sand. Ohne noch einmal nachzulesen schickte
sie den Brief mit einem Boten hinüber zu Hensel in dessen
kleine Wohnung. Wilhelm Hensel überflog Fannys Briefteil
und nahm dann seine Feder zur Hand: *»Es sind auch gestern*
mehr als zwei Tränen aus denselben Augen für Dich gefallen, und
daß ich sie Dir gönnte, muß mir ein heilig Recht auf liebevolle Auf-
nahme dieser Zeilen geben. Felix! ich will mich nicht unberufen in

Deinen Rat drängen, aber ich fühle Beruf, Dir ein Wort zu sagen, das Dir nur als Material zu eignem Entschluß dienen soll. Der muß, wird frei sein, wir können es nicht einmal anders wünschen von Dir. Was in Rede steht, wie sie darüber denkt, hat Dir Fanny gesagt. Daß sie mit Dir einig ist, wirst Du daraus sehn, daß ich es mit Euch bin. Glaube meinem Wort. Da wir nun treu mit Dir stehn, dürfen wir auch frei mit Dir reden und so hat Fanny angedeutet wie jetztige Ausführung eines an sich schönen Vorhabens, außer dem schädlichen für Dich, was sie natürlich mehr berücksichtigt, als Du tun würdest, wenn Du nicht wieder ihre liebevolle Sorge zu beachten hättest, ein Betreiben des Vaters herbeiführen müßte. Höre, Felix, stehe länger als Cäsar am Rubicon. Tust Du es nicht, würden wir Dich nicht weniger lieben, aber wir würden mit Dir zu leiden haben, denn es müßte Dir selbst leid tun, nachher. Bedenke, daß öffentliche Ablegung eines Namens Kritik der Annahme wird und daß sie, wenn auch nicht bitter gemeint, dem Vater vom Sohn doch bitter entgegentreten muß. Dein Vater leidet gerade jetzt körperlich viel (krank ist er aber auf Ehre nicht!). Die Freude, welche Dein rüstig und glücklich Greifen in Leben und Kunst ihm gab, hob ihn oft sichtbar darüber hinweg, wie er es auch verhehlen mochte, könntest Du ihm nun anderes als Erleichterungen geben wollen? Ja, Du hast noch mehr zu bedenken, einen Umstand, den Fannys opferndes Gemüt wohl kaum gedacht und viel weniger auf die Waage legen konnte, auf den ich aber nach Pflicht und Wahrheit deuten muß. Jede Spitze, die den Vater trifft, werden geschärfter Deine Schwestern empfinden. Er betrachtet sie als natürliche Bundesgenossen von Dir und sie hehlen's auch nie, da müßte nun seine ganze Gereiztheit gegen sie sich wenden und ließen sie sich auch willig schelten, wie könnten sie ohne tiefen Schmerz anhören, wenn Du gescholten würdest? – Denk auch an die silberne Hochzeit, möge sie heiter, wahr und freudig gefeiert werden! Was der Mensch heilig will, erfüllt sich leise und sicher wie das Leben in der Natur. Lebe wohl! Dein treuer Bruder Wilhelm Hensel.«

Hensel trug den Brief selber auf die Poststation, damit er Felix auf jeden Fall vor einem Brief des Vaters erreichte. Hensel wußte, daß alles, was das Verhältnis des Bruders zum Vater belastete, auch für Fanny Belastungen mit sich brachte. Sie wollte ausgleichen, brauchte auch ihr inneres Gleichgewicht, um komponieren zu können. Das war ihre Stärke. Für Fanny war Hensel in seiner ruhigen, bedächtigen Art ein Gegenpol zu Felix mit seinem übersprudelnden Temperament und seiner Schnelligkeit, die das Familienleben prägte, ihm Takt und Rhythmus vorgab. An Hensels Seite lernte Fanny auch Mußestunden zu genießen, einmal nichts zu tun, aber zu allzu langem Stillsitzen konnte er Fanny doch nicht verleiten, in komischer Verzweiflung versprach er, sein Tempo ein wenig zu erhöhen, wenn sie ihres im Gegenzug ein wenig drosseln könnte.

Der Vater war auf Geschäftsreise in den Niederlanden und in Frankfurt. Von jeder Station seiner Reise trafen die schönsten Stoffe, Spitzen und Tücher für die Aussteuer seiner Tochter gleich ballenweise ein. Besonderes Aufsehen erregte ein wunderschöner Spitzenschleier, den Fanny sehr gerne zur Hochzeit getragen hätte, weil er so schön war und auch ein bißchen aus verständlicher Eitelkeit, würde er doch ihren etwas geröteten Hals verdecken. Auch Wilhelm riet ihr zu, und Rebecka meinte, selbst wenn Brautschleier in Berlin im Augenblick jenseits aller Mode waren, so wäre Fanny zwar die erste, die einen trüge, aber mit dem Schleier und der Wirkung bestimmt nicht die letzte. So schnell konnte sich aber die Schwester nicht entschließen, schließlich hatte sie auch noch einige Wochen Zeit zu überlegen.

Aber ein hübsches kleines Tuch, das der Vater geschickt hatte, und das sie selbst schon getragen hatte, sandte sie mit einem ihrer morgendlichen Briefe an Hensel: »*In großer Eil. Hier das Tuch, das Du mir zuliebe tragen mußt, wie Du wolltest, nämlich morgens zu Deiner Bequemlichkeit. Ich habe es so verknudelt und zusammengelegt gelassen, wie ich es trug. Hier auch Dein Taschentuch, das ich gestern wiederzugeben vergaß. Mittags sehn wir uns.* «

Fanny wartete geduldig auf die versprochene Hochzeitsmusik von Felix, sie kam und kam nicht. In einem früheren

Brief hatte er sich pikiert darüber geäußert, daß ihm die Schwester den genauen Termin nicht mitgeteilt habe. Sie erschrak, sollte sich ihr Verhältnis zu Felix mit der Heirat doch ändern? Es war schwer, alles im voraus zu bedenken und so zu ordnen, daß es eine vollendete Harmonie gab, wie es Fanny eigentlich vorschwebte. Mit Wilhelm Hensel schien ihr das zu gelingen, hier versuchte sie auch ein liebevolles Verhältnis zu seiner Mutter und den beiden Schwestern herzustellen. Hensels Mutter liebte ihre Schwiegertochter, und auch seine Schwester Minna war anhänglich und nett. Nur mit Luise, der exaltierten Dichterin, fiel Fanny ein schwesterliches Verhältnis schwer, Luise wäre es viel lieber gewesen, wenn der Bruder überhaupt nicht geheiratet hätte und zum Katholizismus konvertiert wäre. Seit ihrer frühesten Jugend hatten die beiden Geschwister ein ähnlich enges Verhältnis wie Fanny und Felix gehabt, jetzt konnte Luise ihre Eifersucht auf die Schwägerin nicht immer unterdrücken. Fannys Stärke, zu vermitteln und Brüskierungen die Spitze zu nehmen, bewährte sich auch in diesem heiklen Fall.

Mitte September wurden die Verlobten aufgeboten, und bereits am nächsten Morgen bekam Fanny von ihrem Wilhelm die Aufgebotsanzeige, mit Sternen verziert, zugeschickt, dabei lag ein Brief: »*Es ist hübsch, daß die Sterne darüber stehn. Guten Morgen, liebe Fanny. Wenn Du doch gut geschlafen hättest und in dem Sinne, als ich Dir abends sang: Schlafe, schlaf!*

Schließe Deine Augenlider,
Öffne Deinen süßen Mund
Und in Träumen gib mir kund
Alles, was ich kenne wieder.
Schlafe, Schlaf!
Wie sich Aug' in Auge traf,
Wie sich Mund an Mund bekannten
Und die Herzen einig brannten, sage wie sich alles traf:
Schlafe, schlaf!

Ich frage nichts, Du kannst mir ja alles sagen, o sage mir alles immer.
Dein Wilhelm.«

Lea war in einen regelrechten Kaufrausch geraten, die schönsten Läden Unter den Linden suchte sie zusammen mit Fanny auf, und die staunte nicht schlecht, nichts war der Mutter zu teuer, die Wohnung ihrer Ältesten auszuschmücken und herzurichten. Um die gleiche Zeit verletzte sich Felix das Knie beim Unfall mit einer umstürzenden Postkutsche schwer, wochenlang wurde er von Klingemann und anderen Freunden in London mit rührender Hingabe gepflegt. Fanny hätte seinetwegen sogar die Hochzeit verschoben. Aber Felix wollte nicht, er befürchtete, »daß Hensel dann vor Ungeduld sterben würde«. Doch auch das versprochene Musikstück traf nicht ein. Wie immer bei solchen Gelegenheiten ärgerte sich Fanny nicht lange, sondern sie komponierte sich selbst ein Orgelstück für ihren Hochzeitstag.

Sie sehnte sich nach Felix, und Rebecka konnte es nicht unterlassen, ironische Bemerkungen über die innigen Briefe, die Fanny dem Bruder schrieb, zu machen. Darüber ärgerte sich Fanny, weniger über die Witze, die in der Berliner Gesellschaft die Runde machten und in denen es hieß: »Haben Sie schon gehört – Fanny Mendelssohn hat sich verlobt – aber wider Erwarten nicht mit Felix!« Besonders weh tat ihr, daß auch ihre Freundin Lili Parthey an der Verbreitung dieser Klatschgeschichten beteiligt war. Aber über Lili hatte sie sich schon einmal ziemlich geärgert, als sie von einem Romaufenthalt nach Hause geschrieben hatte, daß »*Hensel mit drei seiner Stammbücher kam mit einer Menge Porträte, unter denen F. Mendelssohn, Fanny, sehr idealisiert und wirklich reizend – so auch Agnes Rauch, die kein Mensch erkennen kann, denn sie ist in Wirklichkeit überirdisch schön. Wir fanden eine große Menge Bekannte und amüsierten uns sehr. Einige sind sehr gut und ähnlich, so Schinkel und Rauch, Tieck und die Herz, aber die meisten sind so geschmeichelt, daß sie schwer zu erkennen sind. Zum Glück sagt er immer gleich selbst, wer es ist.«*

Bei der Sitte der Zeit, Briefe abzuschreiben und weiterzureichen, dauerte es meistens nicht allzu lange, bis die niedergeschriebenen Schmeicheleien zu den Beschriebenen zurückfanden. Aber Hensel winkte nur ab, er ging seinen Weg, und niemand würde ihn davon abbringen. Und er wußte sich einig mit seinem Schwiegervater, der eisern den Standpunkt vertrat, sich nicht durch Gerüchte oder Veröffentlichungen provozieren zu lassen, so schmerzlich sie einen auch treffen mochten.

Felix wurde in England heftig von Mädchen umschwärmt, und er ließ keine Gelegenheit aus, die Schwester eifersüchtig zu machen, Fanny konnte sich auch noch so oft sagen, daß alle Brüder der Welt ähnlich mit ihren Schwestern umspringen würden – für sie war das, zu einem Zeitpunkt, an dem in ihrem Leben nichts blieb, wie es war, sehr schmerzlich. Felix würde schon bald als fertiger Musiker in die Welt hinaustreten, Rebecka war jetzt, vor Fannys Hochzeit, eine umschwärmte, sehr gute Partie, und selbst Paul, der kleinste, würde das Elternhaus bald verlassen, um seine Ausbildung zu vervollkommnen. Immer wieder spielte Fanny das ›Hora est‹ des Bruders auf dem Klavier, Musik half ihr immer noch am besten, ihre Unruhe zu überwinden, und sie schrieb ihm: »*Ich spiele Dein ›Hora est‹, halte vor dem Bild inne und küsse es alle fünf Minuten ...*« Kein Wunder, daß Rebecka, unverschämt wie alle jüngeren Schwestern und in der Vergangenheit stets eifersüchtig auf die enge Beziehung der beiden größeren Geschwister, hier ihre Chance erkennt und dem Bruder spontan die Mitteilung zukommen läßt: »*Gestern abend ist Fanny an der Seite des Heißgeliebten eingeschlafen ... Warum? Weil Du nicht hier bist.*«

Liebevoll schrieb Felix aus London an die Familie, die sich zur glanzvollen Hochzeit rüstete: »*Dies ist denn der letzte Brief, der vor der Hochzeit nach Euch gelangt, und zum letzten Male rede* ich *Fanny Mendelssohn Bartholdy* an, und wohl viel hätte ich zu sagen … *Lebt und webt, heiratet Euch und seid glücklich, baut Euch das Leben zu, auf das ich es schön und wohnlich finde, wenn ich zu Euch komme (und das geschieht ja nun recht bald) und bleibt Ihr dieselben, dann laßt es draußen rütteln wie's mag; übrigens kenne ich Euch beide ja, und somit gut. Ob ich nun die Schwester dann Fräulein oder Madame anrede, bedeutet wenig.«*

An ihrem Hochzeitsmorgen, dem 3. Oktober 1829, setzte sich Fanny hin, während Rebecka am Fenster die Blumensträußchen für die Kronenmädchen band, um Felix zu schreiben. Der Organist August Grell hatte ihr einen Tag zuvor in der Parochialkirche ihr Hochzeitsstück vorgespielt, es hatte so schön geklungen. Gleich hatte sie sich wieder an den Tag erinnert, als sie zusammen mit Felix auf der gleichen Orgel gespielt hatte – das war jetzt schon viele Jahre her. Es erfaßte sie eine unbändige Lust, sich auf die Orgelbank zu setzen und zu spielen, nur leider ging es nicht, die Zeit war viel zu knapp.

Zu allem Überfluß mußte sie noch mit Minna Hensel deren Festtagskleid einkaufen und dann auch noch die Schuhe, einen Pompadour hatte sie auch nicht, der ganze Tag war so mit Lauffereien hingegangen. Erst beim Abendessen war Fanny aufgefallen, daß sie noch kein Musikstück zum Hinausgehen aus der Kirche ausgesucht hatten. Der Vater hatte die Pastorella vorgeschlagen, aber Fanny konnte die Noten nicht finden, und Grell kannte das Stück nicht auswendig. Fanny war den Tränen nahe. Da prostete ihr Hensel zu und sagte schlicht: »Dann komponier' uns doch selber was.« Das war am Abend um neun gewesen, bis halb eins hatte sie dann gesessen, natürlich war die ganze Gesellschaft beisammengeblieben, endlich war Fanny fertig, und ihr Werk gefiel ihr sogar: »*… es geht aus G-Dur, das Thema wußte ich schon, weil ich, ehe Du eins zu schicken versprachst, mir schon eins ausgesonnen hatte, aber die Ausführung ist ganz von gestern.*

Nun fängt es an, bunt um mich her zu werden, es ist bald 11, um eins fängt meine Krone an, nach 3 die Trauung. Ich denke fort an Dich, so ruhig wie sonst, Hensel, der eben hier war, läßt Dir manches sagen, und ich bin über alles ruhig, weil ich weiß, daß er Dich liebt.«

Fanny hatte sich jetzt doch für den Schleier des Vaters entschieden, sie strahlte und war so schön, daß Hensel schlucken mußte, als sie am Altar standen und das von Fanny komponierte Orgelpräludium verklang. Alles, was Rang und Namen hatte, traf sich nach der Trauung zum festlichen Beieinandersein in der Leipziger Straße 3. Es war ein milder, sonniger Tag, und in Fannys aufgeregter Freude – bei der Trauung durch Pastor Wilmsen hatte sie weinen müssen – wurden die Eindrücke des Tages zu einem einzigen wundervollen Augenblick.

Hensel ließ ihre Hand keinen Augenblick los, so als fürchte er, sie könnte jetzt noch im Garten ihres Elternhauses verlorengehen. Fünf Jahre hatte er um sie geworben, jetzt war er am Ziel seiner Wünsche. Er ließ sich nicht aus der Ruhe bringen, auch wenn er die heftigen Gefühlsausbrüche Fannys, das innige Miteinanderverflochtensein der für ihn immer noch undurchschaubaren Freundschaften und Familienbande manchmal ein wenig strapaziös und verwirrend fand, war es ihm doch in kurzer Zeit gelungen dazuzugehören. Er war als Schwiegersohn anerkannt, auch wenn er kaum Leas Adelsvorlieben entsprach.

Er ließ Fanny in jeder Hinsicht alle Freiheiten bei ihrer künstlerischen Arbeit und auch beim Haushalt. Um mehr Zeit für seine Frau zu haben, versuchte er sein weit entfernt liegendes Atelier gegen eines im Prinz-Albrecht-Palais einzutauschen, bis jetzt noch ohne Erfolg. Wilhelms Schwester Minna zog zu ihnen in das Gartenhaus, im Innenhof und im vorderen Teil des Gartens spielten die Kinder Therese und Eduard Devrients mit ihrer Kinderfrau. Die Sonntagsmusiken zogen wie eh und je Freunde und Bekannte an. Fanny liebte ihre Wohnung, das hübsche blaue Wohnzimmer, in der die Skizze zu Hensels Bild von Felix über dem Klavier hing, die zartgetönten Wände der anderen Räume. Aber jetzt zu Beginn der kälteren Jahreszeit begannen sich auch die Schattenseiten der Gartenhauswohnung zu zeigen, sie war kalt und zugig, kaum zu beheizen und bei Eis und Schnee kalt und ungemütlich.

Aber sie hatte auch wieder so viele Vorteile: die Nähe zur Familie, zum Gartensaal – für Fanny war und blieb es die ideale Wohnung. Und Hensel, der seine vor Kreativität und Einfällen übersprudelnde Frau über alles liebte, war zufrieden mit dem, was ihr Freude machte. Obwohl es ihm manchmal fast zuviel wurde, wenn Rebecka zum hundertsten Mal an einem Tag über den Hof gerannt kam, um etwas mit der Schwester zu besprechen; die Mutter kam seltener und Abraham fast nie, aber Fanny war eigentlich immer, wenn er sie während des Tages suchte, gerade mal hinüber gesprungen ins Haupthaus. Zur Ruhe kamen sie auch abends nicht, denn schon begannen die Vorbereitungen für die Silberhochzeit der Eltern. Hensel hatte das Porträt des Schwagers beendet, neben anderen Porträtaufträgen hatte er auch ein Bild seiner Frau begonnen, das den Eltern sehr gut gefiel und von dem er auch Felix eine Skizze nach England geschickt hatte.

Aber dem hatte das Bild nun überhaupt nicht gefallen, in einem langen Brief setzte er Hensel seine Gründe auseinander: »Und bei der Gelegenheit werde bezeugt, o Hensel, daß Du ein großer Mann bist. Deine Zeichnung ist ganz himmlisch und macht mir wahre Freude, wenn sie mich anguckt: denn das tut sie; es ist genial und schön und doch ähnlich und doch komisch und so fort, wo, Teufel, kriegst Du solche Einfälle her? Auch Fannys großes Porträt ist schön, aber es gefällt mir nicht. Ich sehe, wie herrlich es gezeichnet, wie sprechend ähnlich es ist; aber in der Stellung, Kleidung, im Blick, in der ganzen sybillischen Prophetenhaftigkeit oder schwärmenden Begeisterung ist mein Kantor nicht getroffen! Da liegt die Begeisterung nicht so obenauf, mehr innen drin, und zeigt sich nicht in gen Himmel sehn, oder im Ausstrecken des Armes, oder im*

wilden Blumenkranz, denn alles das sieht einer auf den ersten Blick!
Das muß er aber nicht, sondern erst nach und nach draus klug wer-
den. Nimm mir das nicht übel, Hofmaler, aber ich kenne meine
Schwester doch länger als Du, habe sie als Kind in meinen Armen
getragen (Übertreibung!) und bin nun einmal ein ungeleckter,
undankbarer Brummbär, der Dir für die Sonnenstrahlen, die Du mir
so von Zeit zu Zeit herüberwirfst, nicht einmal genug kann; wenn
Du mich sehn könntest, wie ich oft still Deinen Zeichnungen gegen-
übersitze und dann in ihrer Gesellschaft bin und nirgends weniger
als in London ...«

Fanny stand hinter ihrem Mann, hatte die Hände auf seine
Schultern gelegt und das Kinn auf seinen Kopf gestützt:
»Ärger Dich nicht, Felix meint es ja nicht so!« Hensel ließ den
Brief sinken und legte seine Hände auf die ihren: »Mein
Schatz, er meint es so, und das ist auch ganz normal, er ist
nämlich eifersüchtig!« Er lächelte, während er sie an sich zog:
»Ich an seiner Stelle wäre das nämlich auch, aber hör mal zu,
er macht einen Vorschlag, den wir in aller Ruhe mit
Beckchen bereden sollten, bevor wir ihn dann häppchen-
weise deinen Eltern mitteilen – eine Reise der ganzen Familie nach Italien, mit einem langen Erholungsaufenthalt in der
Schweiz!« Fanny lachte: »Dazu wirst du Mutter niemals
bewegen können, sie liebt den Garten, das Haus und Berlin,
schon nach Doberan ist es für sie eine Weltreise. Der Vater
würde schnell mitmachen, aber ohne Mutter? Allein fährt er,
glaub ich, viel lieber nach Paris!«

Sie schwieg und nahm sein Gesicht zwischen ihre Hände:
»Ich würde es vielleicht vorziehen, auch einmal mit Dir
alleine zu sein, wenigstens in einer Postkutsche zwischen
Weimar und Würzburg!« Hensel schüttelte den Kopf: »Du
kennst die Straßenverhältnisse in der Gegend nicht – das ist
wahrhaftig kein Zuckerschlecken, allein oder in Gesellschaft.« Er seufzte auf: »Allein sein – das wünsch ich mir auch,
aber, glaub mir, das wird uns niemals gelingen!« Fanny wurde
lebhaft: »Wir können die anderen ja auf der Reise immer

wieder treffen, aber wir suchen uns unsere eigene Route aus!«

Es klopfte. Therese und Eduard Devrient kamen und brachten Rebecka mit, das Fest der Silberhochzeit zu besprechen. Felix hatte die Zeit seiner Krankheit benutzt und zusammen mit Karl Klingemann ein Liederspiel für den Abend konzipiert und schlug insgesamt drei kleine einaktige Opern vor. Zuerst sollte die ›Soldatenliebschaft‹, ein von den Eltern besonders geliebtes Frühwerk des Sohnes, in der ursprünglichen Besetzung noch einmal aufgeführt werden. Danach ein Stück von Fanny mit einem Text von Wilhelm Hensel, an dem sie schon arbeitete. Und am Schluß dann das neue Stück, »eine Idylle« schrieb Felix »zu der mir vieles im Kopf herumfährt; es muß hübsch werden und soll ein gesetztes Ehepaar darin vorkommen, das Ihr beide Hensels agieren müßt, ferner eine Nachbarstochter, ein toller Flurschütz, ein verkleideter Seemann oder was weiß ich? Ein Bauernzug in A-Dur über und über. Dazwischen kann dann Eis und Kuchen, und Allegorie und Pro- und Epilog passend stattfinden; ich denke, es amüsiert die Eltern weit mehr als ein bloßes Instrumentalkonzert.«

Fanny nickte:»Recht hat er, die Eltern werden sich freuen, aber für uns ist das eine ziemliche Arbeit, und der Schlingel selbst treibt sich in der Weltgeschichte herum.« Fannys eigenes Stück stellte die Grüne, die Silberne und die Goldene Hochzeit als drei Schwestern dar, die das Glück der Liebe und der Ehe schilderten. Drei Herolde kündigten die Damen an und stimmten während des Stückes auch mit in den Gesang ein. Therese stimmte zu, den 1. Sopran zu singen. Schon am nächsten Vormittag brachte Fanny die ausgeschriebene Stimme des 1. Soprans über den Hof hinüber zu Therese, und obwohl sie es sehr eilig hatte, spielte sie eine Weile mit Gustav, Thereses jüngstem Sohn.

Therese sah ihr kopfschüttelnd nach, wie sie plötzlich Gustav wieder in seinen Laufstall setzte und ihrer nächsten Beschäftigung zurannte. Sobald wie möglich setzte sich Therese ans Klavier, um ihre Partie durchzuproben. Zuerst kam ihr die Komposition etwas schwerfällig vor, aber als dreistimmiger Satz müßte sie sehr schön klingen. Eine Kantilene, die als langsam aufsteigende Skala ohne Begleitung bis hinauf zum hohen B führte, jagte ihr zwar einen kleinen Schrecken ein. Aber hier sollte dann das volle Orchester einfallen und die Sängerin aus ihrer schwindelnden Höhe erlösen. Therese überlegte, leicht zu singen war das nicht, aber schließlich hatte sie schon öfter solche Kunststückchen mit Bravour hinter sich gebracht, bisher war immer alles gutgegangen, und so würde es auch diesmal wieder sein.

Beruhigt setzte sie sich mit einer Näharbeit zu den Kindern. Plötzlich durchfuhr sie ein eisiger Schrecken, diesmal mußte sie nicht nur singen, sondern sie mußte auf einer erhöhten Bühne stehend auch agieren, sie sollte spielen, während aller Augen auf sie gerichtet waren. Das konnte sie nicht. Unruhig wartete sie auf Eduard, auch der hatte seine Bedenken, riet ihr mehr ab als zu.

Aber konnte sie die Freundin so enttäuschen? Nach zwei schlaflosen Nächten ging sie hinüber zu Hensels und sagte, daß sie das einfach nicht könne. Fanny stand fassungslos da, Rebecka schimpfte und drohte, und selbst Hensel wußte sich keinen Rat und konnte keinen Ton zu ihrer Verteidigung herausbringen. Niemand aber war unglücklicher als Therese selbst.

Fanny murmelte tonlos: »Ich werde erst mal auf Felix warten, vielleicht weiß er eine Lösung«, dann fiel sie weinend ihrem Mann um den Hals. Nur wenige Tage später kam der Langersehnte endlich heim. Niemand konnte sich der Freude über seine Rückkehr entziehen, es war ein Kommen und Gehen. Doch seine Knieverletzung war immer noch nicht ganz ausgeheilt, und das Ohrensausen, das ihm von der Kopfverletzung geblieben war, meldete sich immer dann wieder, wenn er sich sehr angestrengt hatte. Aber er war in heiterster Laune und sehr fidel, so daß es ihm gar nicht auf-

Mendelssohns Gartenhaus in Berlin
Wohnhaus von Fanny und Wilhelm Hensel

fiel, wie gedrückt die Stimmung bei Hensels war. Schon am ersten Abend nach seiner Rückkehr spielte er bei Devrients sein Liederspiel vor, er sang selber alle Partien und spielte die Charaktere mit viel Einfühlungsvermögen.

Vergnügt erkundigte er sich nach dem Spiel der Schwester, in seiner Freude merkte er gar nicht, wie ausweichend die anderen ihm antworteten, wie verzweifelt Fanny war. Die Spannung wich ein wenig, als ihm Eduard seine Vorschläge über die Aufbauten des kleinen Theaters, über die Dekorationen und die Verteilung der Rollen unterbreitete. Felix hatte die beiden Frauenrollen für seine Schwestern, den alten Schulzen für Wilhelm Hensel und die komische, aber auch interessanteste Rolle für Eduard vorgesehen. Felix hatte angenommen, daß sich der Freund in seiner Abwesenheit um die Beschaffung von Chor und Orchester und auch um den fehlenden Tenor kümmern würde.

Und da hatte er Glück gehabt, durch Zufall stellte sich bei Eduard ein junger Jurist vor, der die Absicht hatte, seinen Beruf aufzugeben und Sänger zu werden. Er wollte zum Theater gehen, »*wenn der als sachverständig und wohlwollend bekannte Herr Devrient ihn dafür befähigt hielte und ihm mit Rat und Tat beistehen würde*«. Devrient nahm seine Aufgabe sehr ernst und war verblüfft über die Schönheit der Stimme und die glänzende Ausbildung. Devrient bat nun seinen Prüfling, in Mendelssohns kleinem Festspiel die Tenorpartie zu übernehmen und sich auf diese Weise gleich dem ausgewähltesten und einflußreichsten Publikum von ganz Berlin vorzustellen. Er versprach dem Zögernden jede erdenkliche Hilfe, und so gab der später in Berlin so gefeierte Sänger Mantius sein allererstes Debüt in Felix Mendelssohns kleiner Oper ›Heimkehr aus der Fremde‹.

Aber noch war die Frage der Sopranpartie in Fannys Singspiel nicht geklärt. Therese erschrak heftig, als sie Felix am nächsten Morgen schon in aller Herrgottsfrühe auf ihre Wohnung zusteuern sah. In der Hand hielt er den von ihr so gefürchteten Sopranpart. »Ach Gott, ich weiß schon, was Sie wollen«, rief sie ihm entgegen, »aber ich kann nicht, ich kann wahrhaftig nicht singen, so weh es mir auch tut.« »Daß Sie sich ängstigen«, erwiderte er, »sehr ängstigen, weiß ich, denn ich kenne Sie lange genug, aber ich weiß auch, daß Angst und Aufregung niemals Ihrer Stimme Abbruch tun oder sie schwankend machen, ja, Sie selbst haben mir schon gesagt, daß Sie dann eigentlich am besten singen.« – »Ach, Sie denken jetzt durch Schmeicheln mich zu bewegen, und das gerade bei mir …« »Das denke ich nicht«, fiel er ein, »aber Sie wissen, daß wenn Sie nicht singen, Fanny die Freude, ihre Eltern an dem Tag zu überraschen, ganz aufgeben muß, was nicht allein ihr und Hensel, sondern auch mir, dem Bevorzugten, so weh tut, daß ich gern gleich zurücktreten möchte, wenn ich es der Eltern wegen dürfte. Die Lust an dem ganzen schönen Fest wäre uns allen gestört, und durch Sie gestört, die stets Anteil an allem, was uns begegnet ist, genommen hat. Das können Sie nicht und das wollen Sie auch nicht«, sagte Felix lebhaft. Therese mußte trotz ihres Ärgers lachen und nahm die Noten ab: »Ich will singen, aber ich bin ganz wütend auf Sie.«

Felix lachte hell auf, nickte Therese zu und lief hinüber zu Hensels, den Geschwistern die frohe Botschaft zu verkünden. Therese probte jetzt in jeder Minute, selbst wenn sie den kleinen Gustav auf dem Schoß hatte, sang sie nicht wie gewohnt vom schwarzen und vom weißen Schaf, sondern von Lotoskelchen und vom Glück der Liebe. Oft erschreckte sie den unschuldigen kleinen Gustav durch ein lang gehaltenes hohes B, dabei kam sie sich wie eine Rabenmutter vor, wenn er dann die Luft anhielt und durchdringend losbrüllte.

Allerdings wurde die Sängerin wider Willen durch die Freude am Musizieren, die sie alle zusammen hatten, reichlich für das Lampenfieber, das sie plagte, entschädigt. Fannys kleines Spiel gelang von Mal zu Mal besser. Den allermeisten Spaß aber hatten alle Beteiligten an der für sie unvorstellbaren Unmusikalität Wilhelm Hensels. Felix hatte die Rolle des alten Schulzen in weiser Voraussicht nur auf einen Ton gesetzt, aber auch wenn es keiner so recht glauben mochte, trotz allen Übens traf Hensel ihn so selten, daß Felix schier verzweifelte und die anderen Künstler in nicht enden wollende Lachsalven ausbrachen. Fast ebenso bewunderten sie allerdings Wilhelms Humor und seine Gutmütigkeit, er nahm den Spott und das Gelächter ohne Unmut hin.

Noch einmal geriet die Aufführung in große Gefahr. Eduard Devrient wurde für den Festtag zum Hofkonzert beim Kronprinzen befohlen, er bat darum, die Aufführung bei Mendelssohns ein wenig später anzusetzen, so könne er dann ohne viel Aufhebens an beidem teilnehmen. Aber Felix, noch angestrengt von der Reise, übermüdet von den Proben und immer noch nicht ganz gesund, war zu keinen Kompromissen mehr bereit. So wie abgesprochen sollte der Abend nun auch verlaufen, Eduard sollte beim Hofkonzert absagen. Fast wäre es zum Streit gekommen, denn ein Sänger der Hofoper konnte nicht gut beim Kronprinzen absagen, um einen anderen Termin wahrzunehmen, und eben das wollte Felix trotz aller Einwände Eduards nicht einsehen. Felix steigerte sich in eine Erregung hinein, die den anderen Angst zu machen begann, er hielt sich den Kopf, der ihm schrecklich weh tat, beschimpfte alle und rannte hinüber in die Wohnung der Eltern. Abraham machte dem Spuk ein Ende, indem er den aufgebrachten Sohn in sein Zimmer und zu Bett schickte. Erschrocken hatte Fanny dem Auftritt zugesehen. Felix schlief volle zwölf Stunden den Schlaf der Erschöpfung, danach war er wieder ganz der Alte, heiter und liebenswürdig. Eduard Devrient bat darum, daß das Hofkonzert eine Stunde früher als gewöhnlich begann, und so konnte er bei beiden Terminen singen.

Endlich war der große Tag herangekommen. Schon um acht Uhr morgens versammelten sich die Kinder im Flur vor dem Wohnzimmer. Zusammen mit Devrients gratulierten sie den Eltern, und Fanny lud sie im Namen aller Kinder ein, am Abend um acht Uhr im blauen Saal einer kleinen Festlichkeit beizuwohnen. Frühzeitig versammelten sich die Künstler in der eigens für sie eingerichteten Garderobe im Schlafzimmer der Eltern. Alle schwatzten durcheinander, im Nebenzimmer probten die Musiker des kleinen Orchesters noch einmal die schwierigen Stellen, Felix war überall zugleich, um zu helfen, kleine Schwierigkeiten aus dem Weg zu räumen und vergessene oder im allgemeinen Trubel verlegte Noten aufzutreiben.

Fanny trug ein mit Goldfäden besticktes weißes Seidenkleid, dazu den langen, golddurchwirkten Schleier, der schon bei ihrer Hochzeit für Aufsehen gesorgt hatte, er wurde von einem goldenen Kranz gehalten. Ihre strahlenden dunklen Augen spiegelten all das Glück und die Zufriedenheit wieder, die sie empfand, lebhaft nickte sie Rebecka zu, deren Kleid aus silberdurchwirkter Seide fast den gleichen Schnitt hatte wie das der Schwester. Therese Devrient hatte ihr Hochzeitskleid angezogen, es war über und über mit Rosen geschmückt, die frisch aufgedrehten Locken wurden von einem Rosenkranz zusammengehalten. Immer wieder betrachtete sie sich im Spiegel, voller Stolz, daß sie auch noch als Mutter von vier Kindern ihr Brautkleid ohne Änderung – wie sie jedem, der es hören wollte, verkündete – tragen konnte.

Der ebenso gefürchtete wie sehnlich erwartete Augenblick war gekommen: Der Vorhang öffnete sich, die Herolde erschienen, dann kamen die Sängerinnen, Therese sang ihr Solo mit Bravour und lehnte dann den Kopf wie vorgesehen an Fannys Schulter. »Das war schon mal sehr gut«, flüsterte die erleichtert, und zusammen blickten sie hinunter in den hell erleuchteten Saal mit den vielen festlich gekleideten Gästen, die Eltern saßen stolz und erwartungsvoll in der ersten Reihe. Jetzt kam die von Therese so gefürchtete Fermate auf dem hohen »B«. Die Augen fest auf Felix gerichtet, folgte Therese den Bewegungen seines Taktstöckchens und hielt sich daran wie an einer Balancierstange fest, mühelos erreichte sie das hohe B, und schon setzte das Orchester voll ein, Fanny streichelte den Arm der Freundin, und Felix nickte zufrieden und lächelte kaum merklich. Nach dem abschließenden Terzett setzte der Beifall ein, immer wieder wurden die Künstler vor den Vorhang gerufen.Vergnügt verneigten sie sich, um dann in der Garderobe zu verschwinden und sich für das nachfolgende Spiel ›Die Heimkehr aus der Fremde‹ umzuziehen.

Diese kleine Oper hielt Felix für eines seiner besten Werke, er, der sich so schwertat, einen Operntext zu finden – nach Meinung des Theaterdichters Karl von Holtei war er viel zu intelligent und nicht naiv genug, an einem Text Gefallen zu finden –, hatte sich in die Textvorlage Karl Klingemanns regelrecht verliebt. Bei der ersten Probe schon hatte er den Inhalt mit der ihm eigenen Schnelligkeit so erklärt: »Hensel und Fanny sind ein altes Ehepaar, Hensel haßt die Musik, Fanny haßt die Soldaten, und ihr Sohn kommt nun, in einen fahrenden Musikanten verkleidet, zurück, ist aber eigentlich Soldat und vergißt sich alle Augenblicke und läßt den Kriegsmann durchgucken; nun mag ihn der Vater nicht wegen der Verkleidung, die Mutter nicht wegen der durchguckenden Wirklichkeit, beide haben ihn doch aber lieb, und der Flurschütz macht sich alles zunutze; er ist auch ein Fremder, und da die alten Schulzen Nachricht vom Wiederkommen des Sohnes erhalten, so halten sie diesen für ihren Sohn und sparen sich gegenseitig die Überraschung für den folgenden Tag auf, wo Geburts- und Amtsjubiläumstag von Hensel ist, sie bemühen sich auch, den Rüpel liebzuhaben, versperren aber ihrem Sohn die Gelegenheit, zur Nachbarstochter zu kommen, und klemmen immer den Flurschützen ein, der dann statt des Soldaten ihr ein tolles Ständchen auf seiner Fiedel bringt – am anderen Morgen klärt sich dann alles auf …«

Fanny verwandelte sich in die derbe Pächterin, die an der

Seite ihres Mannes auf den Sohn wartet. Rebecka stellte die Nachbarstochter Liesbeth dar, genau wie Therese trug sie einen Bauernrock und ein Mieder, nur von dem Rosenkranz im Haar hatte sie sich nicht trennen wollen. Die kleine Oper riß die Zuschauer zu Beifallsstürmen hin, Lea hatte Tränen in den Augen, während Abraham wie immer bei solchen Gelegenheiten seinen Stolz und seine Freude hinter einer undurchdringlichen Maske versteckte. Das hübsche Duett zwischen Eduard Devrient als Flurschütz und dem unerkannt bleibenden Sohn Hermann, den Mantius sang, gehörte zu den schönsten Stellen des kleinen Werkes, leise wie ein Hauch untermalte das Orchester das Duett, stürmisch verlangten die Zuhörer einige Wiederholungen.

›Die Heimkehr aus der Fremde‹ wurde in der Folgezeit immer wieder im Familienkreise aufgeführt, um den Eltern diesen für sie im Kreise ihrer Kinder, Verwandten und Freunde so glücklich verlebten Tag noch einmal ins Gedächtnis zurückzurufen. Aber so sehr ihn die Kenner das Werkes auch baten, es einmal in der Öffentlichkeit aufzuführen, es für eine größere Bühne einzurichten, Felix ging darauf nicht ein. Das kleine Liederspiel gehörte seinen Eltern, dem intimen Familienkreis, und er war nicht bereit, es über den engeren Kreis der Sonntagsmusiken hinaus bekannt werden zu lassen. Selbst Fanny, die für die ›Heimkehr‹ bat und sich auch bereit erklärte, die für die Drucklegung notwendige Bearbeitung vorzunehmen, konnte ihn nicht umstimmen.

Kapitel 9

Der neue Sebastian

Dem großen Fest folgten stille Tage, der Jahreswechsel kam. Wie Fanny vorausgesehen hatte, setzte die Mutter der geplanten Italienreise heftigen Widerstand entgegen, freiwillig würde sie weder Berlin im allgemeinen noch die Leipziger Straße 3 im besonderen verlassen, auch wenn Felix sie mit seinem Ausspruch: »Unser Haus ist eben eine Welt für sich – warum da noch reisen« fuchsteufelswild machte. Aber Felix hatte keine Zeit, lange der nicht zustande gekommenen Familienreise hinterherzutrauern, er begann nun den zweiten, längeren Teil seiner Reise zu planen, der ihn auf viele Monate, wenn nicht Jahre von zu Hause fortführen sollte.

Fanny und Wilhelm Hensel hatten ihre Reisepläne zwar reduziert, aber noch nicht ganz aufgegeben, zu sehr freute sich Fanny darauf, wieder einmal in die Schweiz zu fahren, die Berge zu sehen und die wunderschönen Inseln im Lago Maggiore, die sie bis heute nicht vergessen hatte. Und Venedig wollte sie erleben, von dessen Schönheiten Hensel soviel berichtete, Florenz und Rom kennenlernen. Dazwischen konnten sie dann immer wieder Treffen mit Felix einplanen und wohl auch über weite Strecken zusammen reisen, das würde Mietkutschen sparen und auch die Sicherheit erhöhen. Hensel schwelgte im Erzählen und Beschreiben all der Kunstgenüsse, die er seiner Frau in Italien bieten wollte. Die Mutter hatte sich, froh, nicht verreisen zu müssen, bereit erklärt, den Haushalt während der Abwesenheit von Tochter und Schwiegersohn zu versorgen, »… wenn es denn zur Reise käme!«, wie sie formulierte. Abraham hatte einen zwingenden Grund für eine weitere Paris-Reise entdeckt,

Felix Mendelssohn Bartholdy im Alter von 20 Jahren

die er trotz seiner immer noch angeschlagenen Gesundheit einfach machen mußte. Felix konnte den Frühling und den damit verbundenen Reiseantritt kaum noch erwarten.

Devrients hatten sich nach einer neuen größeren Wohnung umgesehen und zogen nun aus. Für Fanny war der Wegzug der Freundin ein schwerer Verlust, aber sie sah ein, daß die schlecht zu heizende Wohnung im Winter nicht ideal für eine Familie mit mehreren Kleinkindern war. Außerdem hatte ihr der Vater versprochen, anstelle der nur schwer zu vermietenden Wohnung ein Atelier für den Schwiegersohn und seine Schüler zu errichten, so daß der Weg ins Atelier zukünftig nur über den Hof führte. Als Wilhelm Hensel an diesem Abend nach Hause zurückkehrte, saß Fanny am Klavier, vor ihr lag das Manuskript einer gerade begonnenen Ouvertüre in C-Dur für Orchester. Bei seinem Eintritt in das blaue Wohnzimmer sprang sie auf und flog ihm um den Hals, die Schreibfeder noch in der Hand: »Soll ich dir ein Geheimnis verraten?« Er sah ihre strahlenden Augen, nahm ihr die Feder aus der Hand und küßte sie: »Falls es möglich ist, mich nicht aus lauter Begeisterung dabei zu erstechen …!« Fanny hielt ihm den Mund zu: »Wir werden nicht nach Italien fahren, wenigstens jetzt nicht!« Erwartungsvoll sah sie Hensel an, dem blieb der Mund offen stehen: »Und das freut dich so?« Verständnislos schüttelte er den Kopf, Fanny rang die Hände in gespielter Verzweiflung: »Also, jetzt rat es doch!« Und dann begriff sie, daß ihr Wilhelm nicht nur unmusikalisch, sondern scheinbar auch besonders unbegabt im Raten weltbewegender Geheimnisse war: »Weil sonst unser Kind in Rom zur Welt kommt!« Und Hensel erwies sich dem in Berlin umgehenden Bonmot, er sei der ruhende Pol der Verbindung, als gewachsen. Zerstreut entgegnete er: »Und was ist dagegen einzuwenden?« Fannys Augen wurden immer größer, jetzt endlich begriff Hensel.

Es fiel beiden nicht schwer, sich mit der so unvermutet geplatzten Reise abzufinden, Italien würde ihnen nicht weglaufen, es gab jetzt soviel in Berlin zu tun, die Bauarbeiten für die Atelieranbauten mußten überwacht werden, und auch für den zu erwartenden neuen Erdenbürger wurden so umfangreiche Vorbereitungen getroffen, daß Rebecka schon witzelte, sie bekomme nicht nur einen Neffen oder eine Nichte, sondern ein ganzes Schock voll auf einmal.

Im März sollte Felix seine große Reise antreten, am Tage vor seiner Abreise erkrankte Rebecka an Masern, und Felix weigerte sich, ohne Abschied von der kleinen Schwester abzufahren. Es kam, wie es kommen mußte, Rebecka steckte nicht nur Felix, sondern auch Paul an. Fanny behauptete, die kranken Geschwister unbedingt sehen zu müssen, die Mutter hielt sie von den Krankenbetten fern, um die Tochter und ihr Kind keiner Gefahr auszusetzen. Zelter sah dieser familientrunkenen Phase seines Lieblingsschülers mit unverhohlenem Ärger zu, der alte Polterer konnte sich unwilliges Murren nicht verkneifen: »*Ich kann die Zeit nicht erwarten, daß der Junge aus dem vertrackten Berliner Klimperwesen und nach Italien kommt, wohin er nach meinem Dafürhalten gleich zuerst hätte kommen müssen.*«

Anfang Mai endlich reiste Felix ab. Und während der Bruder über Leipzig und Weimar, wo noch einmal ein längerer Aufenthalt bei Goethe eingelegt wurde, nach München weiterfuhr, um von dort über Salzburg und Wien nach Venedig zu gelangen, bereitete sich Fanny auf die Geburt ihres ersten Kindes vor. Die Schwangerschaft war schwierig, Mitte Mai drohte eine Fehlgeburt, die nur durch ständiges Liegen verhütet werden konnte. Wasser schwemmte Fanny auf, und sie litt unter ihrer Unbeweglichkeit, hatte den Kopf voller musikalischer Ideen, die sie aber nicht niederschreiben durfte, der Arzt hatte ihre jede Anstrengung verboten. Aber trotz aller Vorsichtsmaßnahmen kam das Kind am 16. Juni 1830, zwei Monate vor dem errechneten Termin, zur Welt.

Sebastian Ludwig Felix nannte Fanny ihren kleinen Sohn und stand dabei ihrer eigenen Mutter, die ihren Kindern mit den Namen auch gleich die Familienwünsche auf den Leib schneiderte, in nichts nach. Der stolze Vater fand die großen Ansprüche, die seine Frau mit der Namensgebung dem kleinen Sohn in die Wiege legte, ziemlich vermessen, denn schließlich sei er auch sein Sohn, und bei seiner stadtbekannten Unmusikalität …

Fanny erholte sich schnell, Minna Hensel nahm ihr einen Teil des Haushalts und auch die aufwendige Pflege des Winzlings Sebastian ab, der stolze Onkel Felix, zum Paten bestellt, gratulierte aus München: *»O, Schwesterlein, ich weiß alles! Eben habe ich einen Brief erhalten, der ist vom 16ten, darin steht viel vom neuen Sebastian, und sie gratulieren mir zum Onkel und sind froh und machen viel Lärm, und mir brummt der Kopf. Wäre nur erst der Brief von morgen da, und Du über alle Besorgnis hinweg, quite charming. Aber was? Mir wollen sie gratulieren? So wünsche ich denn Dir Glück, aber ein Glück, noch lieber und heitrer, als ich es mir sonst denken kann; und Dir, das heißt jetzt nicht mehr Dir allein, sondern da ist noch eines mit einbegriffen, außer uns allen, die wir sonst mit einbegriffen sind; nur Glück und frohes Dasein und möge Euch das gütigste Wesen, die innerste Freude und Ruhe schenken, und mögt Ihr Euch das wartenden Onkels viel dabei erinnern, und so fort. Und was sprechen sie viel von neuer Würde und Onkel? Wir sind alle promoviert! …«*

Fanny war zufrieden, die Angst der ersten Tage war verflogen, das Kind gedieh gut und wurde mit jedem Tag kräftiger. Die Atelieranbauten machten Fortschritte, Hensel würde bald seine Stelle an der Akademie antreten können, dann würden seine Schüler Hof und Garten mit Beschlag belegen. Das Leben hatte sich verändert, aber die Veränderungen brachten Bereicherungen und Gewinn, das beste aber war, auch Hensel war glücklich und zufrieden mit den neuen Entwicklungen. Übermütig beschrieb sie dem Bruder ihr Leben: *»… übrigens bin ich im Vorderhaus eingeregnet und schreibe an Beckchens Sekretär … Mann und Kind schreien nach mir, aber ersterer ist nicht zu Hause und letzterer schreit wohl wahrscheinlich,* *aber nicht nach mir. Diese drei Tage hindurch hat sichs kleine Brät-chen in der Sonne sehr wohl sein lassen, und rote Bäckchen erlangt, heut ist's wieder in die Stube gebannt, aber ich bade es jetzt selbst, und ich nehme mich dabei sehr mütterlich aus.*« Sie genoß es, der Aufsicht des Arztes und seinen strengen Auflagen fürs erste entronnen zu sein, es wurmte sie, daß sie noch keine Lust zum Komponieren hatte, die Ideen, die sie während der Wochen auf dem Kanapee gehabt hatte, wollten nicht wie-derkommen. Allerdings meinte der Hausarzt der Familie, August Wilhelm von Stosch, die Einfälle würden schnell wie-derkommen, wenn sie nicht mehr alle zwei Minuten hin-überliefe, den schlafenden Sebastian anzugucken.

In dieser Zeit, in der sie über Ideenmangel und Isolation klagte, begann sie an dem Lobgesang ›Meine Seele ist so stille‹, einer Kantate für Sopran, Alt, vierstimmigen gemisch-ten Chor und Orchester zu arbeiten. Einem Rezitativ dieser Kantate unterlegte sie die Worte aus Johannes 16, Vers 21: »Ein Weib, wenn sie gebieret, so hat sie Traurigkeit, denn ihre Stunde ist gekommen, wenn aber das Kind geboren ist, denkt sie nicht mehr an die Angst um der Freude willen, daß der Mensch zur Welt geboren ist.«

Abraham erlebte die Märzrevolution in Paris hautnah mit, Fanny, obwohl politisch viel weniger engagiert als Rebecka, ließ sich vom revolutionären Eifer anstecken und schmückte das Steckkissen Sebastians mit niedlichen französischen Kokarden. Das aber konnte der königstreue, konservative Wilhelm Hensel nun doch nicht mit ansehen, augenblicklich mußte der Schmuck entfernt werden. Der Gedanke, seinen kleinen Sohn als angehenden Revolutionär herausgeputzt zu sehen, war ihm höchst zuwider. Fanny küßte ihn leicht auf die Wange: »Komm, verdirb mir doch nicht die kleine Freude!«

Zusammen mit ihrem Haushalt wuchsen auch die Pflich-ten Fannys, die Schüler ihres Mannes hatten das Atelier bezo-gen und von Garten und Hof Besitz ergriffen, Fanny bezog sie in alle Familienfeste, in die Sonntagsmusiken, zu Weihnachten und Ostern mit ein, und sie dankten es ihr, indem sie die Frau Professor Hensel hoch verehrten, ihr Zeichnungen, Bilder und Ovationen darbrachten. Paul war nach England aufgebrochen, um im Bankhaus B. A. Goldschmidt in London seine Ausbildung zu vervollkommnen. Aber er hatte kaum in London, das ihm auch nicht halb so gut gefiel wie seinem Bruder Felix, Fuß gefaßt, als das bedeutende Bankhaus, in das auch sein Vater eine stattliche Summe Geld investiert hatte, zur allgemeinen Überraschung bankrott machte und er auf der Straße stand. Seinen Wunsch, »zu Onkel zu gehen«, also in das Bankhaus Mendelssohn einzutreten, wagte er dem Vater immer noch nicht zu beichten. So war er denn froh und dankbar, als er in Paris bei einem Geschäftsfreund Abrahams ein Unterkommen fand. Der Vater hatte der neuen Stelle unter der Bedingung, daß er sich so schnell nicht wieder in Berlin sehen lasse, zugestimmt. Denn Paul zogen zarte Bande zurück in die Stadt an der Spree. Schon seit einiger Zeit war er heimlich verlobt mit Albertine Heine, einer Cousine des Dichters. Allerdings war Abraham gegen die Verbindung, einmal war er mit dem Vater der Auserkorenen seines Sohnes zerstritten, zum andern hielt er Paul für viel zu jung, sich schon jetzt zu binden.

Der arme Paul wandte sich an seinen Vetter Alexander, zusammen mit seinem Vater Joseph Inhaber des Bankhauses Mendelssohn, und bat ihn um eine angemessene Stellung bei der Bank. Was Paul nicht zu hoffen gewagt hatte, geschah, Onkel und Vetter freuten sich auf seine Mitarbeit, eine schwierige Hürde allerdings war die von ihnen geforderte Zustimmung des Vaters zu diesem Schritt. Nun saß Paul in der Patsche, und wie jeder in der Familie, der ein Problem hatte, wandte er sich an seine Schwester Fanny als Mittlerin. Fanny überlegte lange und begann die Lage zu sondieren, sie übernahm es auch, den Vetter von der Stimmung des Vaters zu unterrichten. Sowie sie aber, vorsichtig genug, vom möglichen Eintritt des Bruders in die Berliner Bank zu sprechen begann, fuhr Abraham auf, niemals würde er dazu seine Zustimmung geben, und auch eine vorzeitige Rückkehr des Sohnes aus Paris kam für ihn nicht in Frage. Die Mutter hatte gegen einen Eintritt Pauls in die Familienfirma nichts einzuwenden, sie freute sich, wenigstens einen Sohn bei sich behalten zu können.

Lange brütete Fanny über einer Lösung, die es allen Seiten leichtmachen würde, miteinander zu reden. Immer wieder legte sie die Feder hin, plötzlich hatte sie die Lösung gefunden. Sie schrieb Alexander, die Mutter sei wild gegen den Eintritt Pauls in die Bank, während der Vater sich dafür ausgesprochen hätte. Das daraufhin vereinbarte Treffen zwischen Vater und Onkel verlief günstig, und so stand einer glücklichen Zukunft Pauls nichts mehr im Wege.

Längst schon hatten Hensels gegessen, war Sebastian versorgt, und noch immer saßen sie am Wohnzimmertisch, ein wenig ratlos, denn bei ihnen saß Rebecka und weinte, so wie Fanny sie noch nie hatte weinen sehen. Fanny redete der Schwester gut zu: »Du kennst doch Mutter, wenn ich ihr nachgegeben hätte, dann wäre ich heute nicht mit meinem Mann verheiratet, also, wenn alles normal verläuft, dann bist du schneller verlobt, als du dir vorstellst!« Rebecka schüttelte den Kopf: »Bestimmt nicht, mein Fall ist hoffnungslos!«

Rebeckas hoffnungsloser Fall war der junge Mathematiker Peter Gustav Lejeune Dirichlet, den Alexander von Humboldt eines Tages mit in das Mendelssohnsche Haus gebracht hatte. Er war im gleichen Jahr wie Fanny geboren und hatte sechzehnjährig die Hochschulreife erlangt, mittellos ging er nach Paris, um dort Mathematik zu studieren und lernte Alexander von Humboldt kennen. Der hielt große Stücke auf den jungen Mann, der sich seinen Lebensunterhalt als Hauslehrer bei der Familie des Grafen Foy verdiente. Die Frau des Generals erinnerte sich später an Dirichlet als einen ungemein dünnen, langen und hageren Menschen, der tagelang auf dem Ofen saß und abwechselnd die Kinder unterrichtete und sein eigenes Studium betrieb. Als Humboldt nach Berlin zurückkehrte, nahm er den bedürfnislosen Dirichlet mit. Die brillante Denkweise und die Fähigkeit Dirichlets, auch schwierigste mathematische Probleme in einfachen Worten darstellen zu können, machten aus ihm in den Augen Humboldts einen guten Lehrer. Nach einem Zwischenspiel in Breslau, wo sich der Rheinländer aber nicht wohl fühlte, zog ihn Humboldt ganz nach Berlin, zuerst als Lehrer an die Kriegsschule. Später wurde sein Lehrauftrag auf die Universität ausgedehnt. Der erfolgreiche Mathematiker war bei seinen Studenten ausgesprochen beliebt und verliebte sich schon bei seinem ersten Besuch in Rebecka, die seine Neigung erwiderte.

So war der Stand der Dinge. Aber auch Dirichlet war mittellos, zwar konnte er das von Lea geforderte Einkommen nachweisen, doch er war auch noch katholisch, ein schier unüberwindliches Hindernis. Aber er hatte einflußreiche Fürsprecher, nicht nur Fanny und ihren Mann, auch Alexander von Humboldt setzte sich für seinen Schützling und dessen Liebe ein. Endlich stand auch diesmal einer Verlobung nichts mehr im Wege.

Am Abend nach der Feier saßen Fanny und Wilhelm Hensel noch eine Weile auf dem idyllischen Platz neben der Tür im Innenhof zusammen, Hensel hatte den Arm um ihre Schultern gelegt und schwieg. »Einen Taler für deine Gedanken!« versuchte ihn Fanny aus aus seinen Gedanken zu reißen. Er lächelte: »Ich dachte gerade an Felix und was passiert, wenn er eine Braut ins Haus bringt, dann brechen hier Kämpfe aus, gegen die sind die Freiheitskriege nur eine Wanderung durch die Mark Brandenburg.« Fanny drückte sich an ihn: »Warum sollte es ihm anders gehen als uns, außerdem hat Vater mal gesagt, der Felix würde genausowenig eine Frau finden wie einen Operntext. Vielleicht wären die Eltern ganz

glücklich, wenn er wenigstens eines von beiden mit heim-
brächte!«

Auch Dirichlets bezogen nach der Heirat eine Wohnung
im Haus der Eltern, Minna Hensel versorgte den Haushalt,
und Fanny konnte sich um die Sonntagsmusiken, die jetzt in
Auswahl, Gestaltung und Durchführung ganz ihr anvertraut
waren, kümmern. An schönen Tagen waren die Türen zu
Hensels Atelier weit geöffnet, und wer wollte, konnte sich vor
oder nach dem Konzert die neuesten Bilder von Hensel oder
Arbeiten seiner Schüler ansehen. Es war ein gegenseitiges
Geben und Nehmen, nur zum Komponieren kam Fanny
nicht allzuoft, zuviel stürmte während eines Tages auf sie ein.
Fast nie reichte der Tag aus, alles das, was sie sich vorgenommen hatte, zu bewältigen. Schon bald nach Sebastians Geburt
hatte sie sich darüber beklagt, wie wenig Zeit ihr für eigene
Ideen und Kompositionen blieb. Fassungslos hatte Felix, auf
seiner großen Reise ganz mit dem Sammeln von Ideen und
dem Aufspüren neuer musikalischer Anregungen beschäftigt,
diese Klage der Schwester vernommen. Fanny hatte seine
Antwort gelesen und ohne viel Worte Hensel hingehalten:
»Wenn ich mein Kind zu päppeln hätte, so wollte ich keine Partitur schreiben, und da ich ›non nobis‹ komponiert habe, so kann ich
leider meinen Neffen nicht auf dem Arm herumtragen. Aber im
Ernst, das Kind ist noch kein halbes Jahr alt, und Du willst schon
andere Ideen haben als Sebastian?« Hensel lächelte und nahm
sie tröstend in den Arm: »Du kannst dich ja freuen, daß er dir
trotzdem ein halbes Dutzend Melodien wünscht, auch wenn
es seiner Meinung nach überhaupt nichts nützt. Päpple du
unseren Kronsohn und komponiere.« Er überlegte: »Leider
bin ich zu unmusikalisch, um dir dabei zu helfen, aber wenn
die geschätzte Frau Professor Hensel mal wieder einen Text
braucht – stehe jederzeit zu Diensten!« Fanny drohte ihm mit
dem Finger: »Hofmaler, hüte dich! Mal du dein Bild für die
Garnisonskirche fertig, sonst storniert der König noch den
Auftrag!«

Sie nahm Sebastian aus seinem Laufstall und trug ihn zu dem Ochsenwagen, den er zum ersten Weihnachtsfest seines Lebens vom Onkel Felix bekommen hatte und für den er eigentlich noch immer viel zu klein war. Alle drei spielten gemeinsam, Hensel freute sich an der Begeisterung des Kindes für die geschnitzten Zugochsen und begann seinen Sohn zu zeichnen. Ahnungsvoll betrachtete er das Kind, das auf dem Ohr eines Ochsen herumkaute: »Du, ich glaube, der wird mal weder Maler noch Musiker« – er lachte schallend und küßte Fanny – »dein Sebastian hat entschieden einen Hang zur Landwirtschaft!« Fanny fiel in sein Lachen ein: »Dann würde zumindestens meine Mutter ihn als Schwiegersohn akzeptieren!«

Aber allen ihren gelegentlichen Klagen zum Trotz entstanden gerade jetzt einige kompositorische Werke von Rang, so die Kantate ›Hiob‹ für Alt, vierstimmigen gemischten Chor und Orchester mit einem Text Wilhelm Hensels und auch das ›Oratorium nach Bildern der Bibel‹ für Sopran, Alt, Tenor, Baß, achtstimmigen gemischten Chor und Orchester, dazu noch – wiederum mit einem Text ihres Mannes – die Dramatische Szene für eine Sopranstimme mit Begleitung des Orchesters ›Hero und Leander‹. Für Fanny war diese Zusammenarbeit beglückend, zumal auch die Werke Hensels Fortschritte machten und er bei den Ausstellungen der Akademie jeweils mit mehreren Bildern vertreten war.

Felix schrieb begeisterte Briefe von allen Stationen seiner Reise. Kunst, Kultur und Menschen – er versuchte, den Daheimgebliebenen soviel als möglich von seinen Eindrücken zu vermitteln, sie teilnehmen zu lassen an allem, was ihm widerfuhr. Seine Briefe spiegeln auch seine Entwicklung wider, Fanny spürte es wohl, nie wieder würde er sich nur mit Berlin alleine zufriedengeben. In Paris erreichte ihn die Nachricht vom Tode Goethes, vielleicht fühlte er sich darum an der Seine nicht so richtig behaglich. In London, wo er sich im Freundeskreis um Klingemann sehr viel wohler befand, traf ihn die Nachricht vom Tode Zelters wie ein Schock. Aber nicht nur das, jetzt war die Stelle des Direktors der Berliner Singakademie vakant. Und hatte Felix nicht dem kranken Zelter versprochen, sich um die Singakademie zu kümmern, wenn er es nicht mehr könnte? Er hatte seinem Lehrer versprochen, jederzeit für ihn einzuspringen, aber daß er sein Nachfolger werden wollte, das hatte er damit nicht gemeint. Jetzt, nach Zelters Tod, sahen die Eltern und auch die Freunde die Chance, Felix eine feste Stellung in Berlin zu verschaffen. Felix könnte dann wie die Töchter im Elternhaus wohnen und von Berlin aus in die Welt hineinwirken. Immer dringender wurden die Bitten des Vaters, endlich heimzukommen und sich der Wahl zu stellen. Auch Fanny stellte sich hinter den Vater, obwohl sie ahnte, daß der Bruder Gründe hatte, abwehrend zu reagieren. Aber der Gedanke, die gesamte Familie vereint in Berlin zu wissen, war zu verlockend. Doch der erwachsen gewordene Bruder wehrte sich gegen solche Vereinnahmung und schrieb der Schwester: »*Du schreibst, liebe Fanny, ich möchte nun doppelt eilen zurückzukommen, um womöglich die Anstellung bei der Akademie zu erhalten. Das werde ich aber nicht tun. Ich komme zurück, sobald ich kann, weil Vater mir schrieb, er wünsche es ... Aber nur aus dem Grunde; der andere könnte mich eher zurückhalten ...*«

Fanny war hin- und hergerissen, sie verstand den Bruder, der sich einer offiziellen Kandidatur widersetzte. Falls man ihm die Stelle anböte, würde er sie annehmen, aber er würde nicht gegen Rungenhagen, den Vizedirektor Zelters, um die Stelle buhlen. Schließlich zwangen ihn der Vater, die Familie, die Freunde dazu, es doch zu tun. Übellaunig, mit sich selbst zerfallen und verbittert kam er von der Reise zurück, sich und den anderen zur Last. Die Wahl verzögerte sich, und Felix entfaltete die verschiedensten musikalischen Aktivitäten, um sich abzulenken und auf sich aufmerksam zu machen. Anders als seine Eltern glaubte Felix nicht, daß er die Stelle bekommen würde, die Erfahrungen, die er in Doberan gemacht hatte, sprachen dagegen. Fanny war erschrocken, noch immer war diese Wunde nicht vernarbt, und auch der Schwager gab ihm recht: »Es ist keiner Prophet in seinem Vaterland.« Mehr als einmal wollte Felix die Kandidatur zurückziehen, aber der Vater beschwor ihn, daran festzuhalten.

Bei der Abstimmung in der Singakademie verlor Felix Mendelssohn gegen Rungenhagen mit 148 gegen 88 Stimmen, Rungenhagen, ein guter Verwalter, führte die Singakademie in die Bedeutungslosigkeit. Für Felix aber war diese Nichtwahl ein Trauma, das er lange nicht abschütteln konnte. Die Demütigung wog fast so schwer wie damals die Steinwürfe in Doberan. Fanny, die sich von den Folgen einer Fehlgeburt nur schwer erholte, hatte nicht die Kraft, den Bruder zu trösten. Sie schenkte ihm einen Brief Mozarts, in dem sich dieser beim Wiener Magistrat um eine unbesoldete Stelle bewarb und angab, seine musikalischen Talente seien im Ausland bekannt. Felix lächelte über die Anspielung, für eine kurze Weile war es wieder so wie in der Kinderzeit.

Fanny begann sich an den Gedanken zu gewöhnen, daß der Bruder jetzt nicht mehr lange bei ihnen bleiben würde. Schon war man in Leipzig und Düsseldorf auf ihn aufmerksam geworden. München hatte eine Oper bestellt, er aber drängte nach London zurück, die Stadt, in der er seine bisher größten Erfolge gefeiert hatte, und Erfolge hatte er nach der Berliner Niederlage dringend nötig. Monatelang blieb die Demütigung gegenwärtig, und Fanny trug mit daran, denn auch sie hatte ihn zur Bewerbung gedrängt. Zwar war die gesamte Familie am Tag danach aus der Singakademie ausgetreten, und Felix hatte trotzig gesagt: »Ich habe in der Erdenzeit mit der Berliner Singakademie nichts gemein, und da sie im Himmel nicht besteht, überhaupt nichts.« Solche Äußerungen und der Austritt trugen dazu bei, daß in Berlin die wildesten Gerüchte und Verdächtigungen in Umlauf waren. Besonders bitter für die Eltern war, daß Zelters Tochter Doris, einst wie eine eigene Tochter aufgenommen und für Fanny eine der engsten Freundinnen, mit besonderer Schärfe gegen Felix' Kandidatur intrigiert hatte. Dies belastete ein Verhältnis, das schon nach dem Erscheinen des Zelterschen Briefwechsels mit Goethe nicht mehr besonders gut gewesen war.

Kapitel 10

Von Erfolgen und Mißerfolgen

Mit großer Erwartung hatte Abraham Mendelssohn dem Erscheinen des Briefwechsels entgegengesehen. Jetzt lasen die Töchter im Familienkreis an den langen Abenden im Wohnzimmer der Eltern daraus vor. Maßlose Enttäuschung machte sich breit, und Fanny, die Zelter liebgehabt hatte, glaubte nun sich und die Familie verraten. Besonders Abraham konnte seine Verstimmung nicht verhehlen. Fanny war empört über die *»unangenehme, fatale Gesinnung, die wir zwar immer bei ihm vermuten konnten, die wir uns aber immer weg-raisonniert haben, hier ist sie aber unabweislich ausgesprochen. Eigennutz, eine ekelhafte Vergötterung Goethes, ohne eigentliche verständige Würdigung, die indiskreteste Bloßstellung aller andern, die zwar in einem vertraulichen Briefwechsel zu entschuldigen ist, aber die Bekanntmachung hätte unmöglich machen müssen, alles dies und noch manches andre macht mir dies Buch ordentlich verächtlich. Ein Beispiel von vielen von unglaublicher Unwissenheit findet sich auch darin, Zelter fragt Goethe, was Byzanz eigentlich ist, und erhält von ihm die gewünschte Auskunft. Dazu korrespondiert man mit Goethe!«* Fanny regte sich über die Maßen auf, Hensel konnte sie nur schwer beruhigen: *»Pfui, baba! Nun hat man hier noch die Freude, es natürlich von jedem durchsprechen zu hören, der mit Recht beleidigt ist, sich ohne seine Zustimmung darin durchgehechelt zu finden, es gibt Leute, die ordentlich steckbriefmäßig darin geschildert sind. Und nun genug von diesem unsaubern Gegenstande, mir hat dies Buch das Andenken an einen Mann, den ich liebgehabt habe und gern geachtet hätte, ganz und für immer getrübt«*, empört sich Fanny Felix gegenüber.

Im Zusammenhang mit den Diskussionen, die um das

Erscheinen des sechsbändigen Briefwerkes entstanden waren, hatte der Weimarer Kanzler von Müller an Zelters Tochter geschrieben: *»Ich will nicht leugnen, daß ich wohl wünschte, Riemer (Prof. Friedrich Wilhelm Riemer, Goethes Faktotum) hätte manche Namen weggelassen; allein er fürchtete, daß man dadurch den Briefen das Pikante nehmen würde …«* Und Doris Zelter hatte geantwortet: *»Was nun die Persönlichkeit Zelters anbetrifft, so habe ich mir die ganze Synagoge auf den Kopf geladen, und ich glaube kaum, daß der alte Tempel das Klagegeschrei und Gequatsche aushält … Mendelssohns benehmen sich wunderlich genug …«* Das alles war mehr als unerfreulich und traf alle Familienmitglieder mit gleicher Härte.

Da sie jetzt ohne die Zuarbeit der Singakademie auskommen mußte – die Mitglieder hatten auch den Chor der Sonntagsmusiken gestellt –, baute Fanny einen eigenen Chor auf, der an den Freitagnachmittagen probte. Felix erhielt einen Ruf aus Düsseldorf, das Niederrheinische Musikfest zu leiten, die Stadt wollte ihn auch als Musikdirektor verpflichten, um das darniederliegende Musikwesen zu reformieren und neu aufzubauen. Nur ein Vierteljahr nach der Berliner Absage unterschrieb Felix den Vertrag – im Beisein des Vaters, der auch die Bedingungen mit ausgehandelt hatte. Abraham, der kaum jemals eine Reise verpaßte, mußte nicht erst überredet werden, den Sohn an die Stätte seines ersten festen Engagements zu begleiten. Er war immer der stoische, durch nichts zu beeindruckende schärfste Kritiker seiner Kinder gewesen. Fanny hatte diesen inneren Kampf des Vaters schmerzlich mitempfunden, sich nach Anerkennung und Lob gesehnt, jetzt klang in seinen Briefen eine tiefe Genugtuung durch: *»… es ist mir aber noch nicht vorgekommen, einen Menschen so auf Händen getragen zu sehen wie Felix hier; er selbst kann den Eifer aller zum Fest Mitwirkenden, ihr Zutrauen zu ihm nicht genug rühmen, und, wie überall, setzt er alles durch sein Spiel und sein Gedächtnis in Erstaunen und Bewegung.«* Geradezu charmant preist er den Sohn: *»Da nun aber zu einem Musikfest ein*

Direktor gehört, so muß ich wohl noch Einiges von dem diesjähri-
gen, dem hiesigen Herrn Felix ... erzählen. Liebes Kind! Wir erle-
ben einige Freude an diesem jungen Mann, und ich denke manch-
mal, Martens Mühle soll leben.«

Stolz ist er auch auf den Düsseldorfer Vertrag, den er der
neugierigen Familie in allen Teilen auseinandersetzt: »*Felix ist*
für drei Jahre ... mit einem Gehalt von 600 Talern (etwa 800 bis
900 T. in Berlin entsprechend) und einem jährlichen Urlaub von drei
Monaten ... zum Vorsteher und Leiter des gesamten musikalischen
(städtischen und Privat-)Wesens hier ernannt worden. Seine städti-
schen Geschäfte bestehen in Leitung der Kirchenmusik, seine Pri-
vat-Obliegenheiten in der Direktion des hier bestehenden Gesang-
und Instrumentalvereins ... und in Veranstaltung von vier bis acht
Konzerten mit diesen beiden Vereinen jährlich, die eigentlichen
Musikfeste ausgenommen.«

Für Fanny bedeutete diese Nachricht neben aller Freude
über den Erfolg doch den Schock, daß die befürchtete Trennung nun endgültig wurde. Briefe würden die Gespräche
weitgehend ersetzen müssen. Die Sonntagsmusiken würde
sie nun alleine gestalten, und es war abzusehen, daß auch Rebecka, die ihr erstes Kind erwartete, sich mehr und mehr aus
dem bisherigen Kreis lösen würde; schon jetzt mochte sie
nicht mehr so gerne singen wie bisher. Der häusliche Kreis
erweiterte sich, aber neue musikalische Impulse gab es kaum
noch. Was blieb, waren die Briefe, die auch jetzt wieder zahl-
reich in der Leipziger Straße 3 eintrafen.

Denn Abraham hatte den Sohn auf seine England-Reise
begleitet. Zwar konnte er der englischen Landschaft und
auch dem »*rauchigen Nest London*« nicht halb soviel abgewinnen wie Felix. Aber er fühlte sich trotz einer Fußverletzung,
die er sich schon bald nach der Ankunft zugezogen hatte,
wohl. Der englische Freundeskreis um die alten Freunde Karl
Klingemann und Ignaz Moscheles machte Abraham das Ein-
leben leicht. Er schwärmte von der berühmten Sängerin
Malibran – über ganze Briefseiten hinweg ziehen sich seine

Lobeshymnen – und er genoß das englische Landleben, das ihn an seine Hamburger Jahre erinnerte. Aber er erkannte auch die sozialen Kontraste. Fassungslos war er darüber, daß die Frau und die beiden Kinder eines irischen Arbeiters auf der Straße verhungerten, während es ihm, dem Fremden, an nichts mangelte. Abraham Mendelssohn hat diese Erfahrung nicht vergessen können und gründete schon bald nach seiner Rückkehr in Berlin eine wohltätige Stiftung zur unentgeltlichen Verköstigung von Kranken.

Auch den kleinen Enkel Sebastian vergißt er nicht: *»O, Sebastian, Du fehlst mir hier, mit noch vielen andern, und ich danke Gott, daß Du nicht das Kind von vierundeinhalb Jahren bist, welches vor fünf Tagen durch tausend Affichen als verloren angezeigt worden. Der Gedanke daran verläßt mich nicht …«* Fuchsteufelswild aber wird der Großpapa, als er eher nebenbei von der Geburt von Rebeckas Sohn Walter erfährt. Die schon sprichwörtliche Schreibfaulheit seines Mathematiker-Schwiegersohnes ging ihm dann doch entschieden zu weit, wie Rebecka lachend bemerkte, als sie Fanny den Glückwunsch des Vaters zeigte: *»Gottlob und Dank und Dir, liebe Rebecka, Glück, Segen und Gedeihen. Du hast Deine Sache vortrefflich gemacht, und ich freue mich sehr, Dirichlet gratuliere ich, wenigstens schriftlich, nicht, daß er's übers Herz hat bringen können, mir auch bei diesem Anlaß nicht ein Wort zu schreiben; er hätte doch wenigstens schreiben können: $2 + 1 = 3$.«*

An der Seite des erfolgreichen Sohnes wurde Abraham wieder jung, für die Heimreise dachten sich die beiden, die sich bei den langen, auf endlosen Kutschfahrten miteinander geführten Gesprächen sehr nahe gekommen waren, ein recht hinterlistiges Versteckspiel aus.

Leider, so teilte Abraham, selbst ganz niedergedrückt, der enttäuschten Familie mit, müsse Felix noch in England bleiben. Aber er, Abraham, habe einen sehr netten, jungen Engländer kennengelernt, der einige Tage in Berlin Station machen wolle und mit dem er zusammen reisen werde. Im übrigen freue er sich auf zu Hause und endete seinen Brief sehr launig: »… *er hat ein sehr hübsches musikalisches Talent und wird Euch gewiß behagen, und wenn ich bedenke, welch lebhaftes Interesse Du, Frau, an Mr. Lechat genommen … und wie sehr eine neue musikalische Bekanntschaft Dich, Fanny, in Anspruch nehmen wird, so finde ich es fast zu uninteressiert und kühn von mir und muß Sie, lieber Hensel, um Entschuldigung bitten, daß ich ihn ins Haus bringe; ich habe mir schon ausgedacht, ihn am Tor in eine Droschke hineinzukomplimentieren, um nicht gleich im ersten Augenblick ein geteiltes Interesse zu finden. Zum Glück wird die ganze Geschichte nicht lange dauern, und er wohl bald weiterreisen, und laßt Ihr mich wegen eines jungen Künstlers im Stich, so lasse ich Euch alle wegen des noch jüngeren Sebastian laufen, von dem alles, was Ihr meldet, mich rührt und freut und mir eine wahre Sehnsucht gibt, ihn wiederzusehen. – Ich bemerke eben, daß ich vergessen habe, meine neue Bekanntschaft bei Namen zu nennen: Der junge Mann beißt Alphonse Lovie, ist eigentlich Maler seines Zeichens und macht besonders Porträts mit der Feder, in einer eigentümlichen Manier Unglaubliches leistend.*«

Die Schwestern ärgerten sich über Felix, und auch der angekündigte junge Mann konnte sie nicht über die Enttäuschung hinwegtrösten, Felix nun nicht mehr vor seinem Dienstantritt in Düsseldorf zu Gesicht zu bekommen. Murrend vertraute Fanny ihrem Tagebuch ihren Kummer darüber an. Um so größer war die Freude, als Abraham bei seiner Rückkehr den bis zur Unkenntlichkeit hinter einem großen Hut verschwundenen Fremden ins Haus schob und der neugierige kleine Sebastian als erster losjubelte: »Das ist ja Onkel Felix!« Fanny knuffte und puffte den Bruder, Rebecka zerrte an ihm herum, und Lea schüttelte immer wieder den Kopf über ihren Mann, der so ein infames Versteckspiel mit ihnen getrieben hatte.

Luise Hensel litt unter schweren Depressionen, ausgelöst durch religiöse Krisen und Krankheiten, die sich nach der Heirat des Bruders noch verstärkt hatten. Die tief gläubige

Katholikin wäre am liebsten in ein Kloster eingetreten. An Bewerbern um ihre Hand hatte es nicht gefehlt: Der Dichter Clemens von Brentano, dem sie auch jetzt noch in einer tiefen Seelenfreundschaft verbunden war, Ludwig Berger, der Musiklehrer von Felix und Fanny Mendelssohn, und auch der Dichter Wilhelm Müller hatten ihr Anträge gemacht. Sie hatte alle abgelehnt und sich als Braut Jesu betrachtet, sie wollte ihrem »*Entschlusse, Jungfrau zu bleiben und dem Heiland in seinen Leidenden zu dienen*« treu bleiben. Ihr größter Wunsch war, in einem Paderborner Hospital die Krankenpflege zu übernehmen, wegen dieses Lieblingsplans hatte sie sogar einen an sie ergangenen Ruf als »Vorsteherin der ersten Töchterschule des Landes« in Berlin abgelehnt. Aber die Paderborner Lebensstellung zerschlug sich, und Luise kehrte tief deprimiert auf Wunsch von Fanny und Wilhelm Hensel nach Berlin zurück. Sie zog in das Mansardenzimmer, hier hatte auch schon ihre Schwester Minna gelebt, bis sie zu ihrer nicht weit entfernt wohnenden Mutter gezogen war, die im Alter Hilfe brauchte. Besonders der große Garten und das freie Gelände vor dem Tor gefielen der die Einsamkeit liebenden Dichterin gut, sie erholte sich von ihrer hektischen Nervosität, vor allem Sebastian, der gerade von der Mutter den ersten Unterricht bekam, liebte die Tante sehr.

Luise Hensel war eine bekannte Dichterin, ihr wohl schönstes Gedicht hatte sie selbst, damals noch fast ein Kind, für ihren kleinen Neffen Rudolf, den Sohn einer früh verstorbenen Schwester, geschrieben. Jetzt sprach sie es abends am Bette des kleinen Sebastian:

> *»Müde bin ich, geh zur Ruh',*
> *Schließe beide Äuglein zu:*
> *Vater laß die Augen dein*
> *Über meinem Bette sein!*

Kranken Herzen sende Ruh',
Nasse Augen schließe zu!
Laß' den Mond am Himmel stehn
Und die stille Welt besehn!«

Während Luise mit Sebastian spazierenging und den Haushalt führte, konnte Fanny Briefe schreiben, die Sonntagsmusiken vorbereiten, in Ruhe komponieren und auch das Verzeichnis der Noten weiterführen. Von Felix mit den neuesten Kompositionen versorgt – eigenen und den von ihm bei seinen Reisen aufgefundenen und ausgegrabenen Werken anderer –, waren es Fannys Sonntagsmusiken, in denen die Berliner Musikinteressierten neue Musik und auch die wiederentdeckten Werke alter Meister zuerst hören konnten, denn nach Zelters Tod war das Musikleben in Berlin fast ganz zum Erliegen gekommen. So weiteten sich die Sonntagsmusiken immer mehr aus, zogen mehr Leute an, machten mehr Vergnügen, aber auch mehr Arbeit.

Für Fanny bedeutete das Zusammenleben mit der Schwägerin eine Entlastung bei vielen Pflichten. Aber die Reibereien, die sich durch die Verschiedenheit der Charaktere immer wieder ergaben, machten ihr auch sehr zu schaffen. Sie wußte, daß Luise ihr nie verziehen hatte, daß Wilhelm Hensel ihretwegen nicht zum Katholizismus übergetreten war, und damit hatte sich auch die enge Vertrautheit der beiden Geschwister empfindlich gestört. Sie haßte die Musik, deren Lärm sie am Meditieren und Beten hinderte. Das Lachen der lebensfrohen Gesellschaft im Hause des Bruders bedeutete für sie fast körperliche Leiden. Einem Freund schrieb sie: »*In religiöser Hinsicht stehe ich hier natürlich ganz allein; Gott gebe, daß ich dadurch nicht noch lauer werde ... Nach Umgang mit Menschen, die nur eine äußerliche Richtung haben, sehnte ich mich nie, bin aber jetzt drauf angewiesen und darein verflochten, weil meine Angehörigen sich ihnen hingeben. Mein Bruder ist ein sehr guter, gemütlicher Mensch, an Glauben und Gesinnung ein Christ, läßt sich aber auf keine bestimmte Konfession ein und geht in keine Kirche; die Kunst ist ihm eine Kirche, und sie sowie sein häusliches Glück beschwichtigen wohl alles höhere Sehnen.«*

So sehr Fanny auch versuchte, sich in die Schwägerin hineinzuversetzen, ärgerte sie sich doch immer wieder über die Briefe, deren verletzende Inhalte sie ahnte, und sie übersah geflissentlich die Versuche, die Luise machte, hinter ihrem Rücken Zwietracht in die Ehe des Bruders zu tragen. Fanny schwieg um des Friedens willen und schluckte ihren Widerspruch, sooft es ging, hinunter. Aber als Luise einmal beim Mittagessen sagte, daß es falsch sei, den Lebensweg der Kinder vorherzubestimmen, so wie dies Abraham für seine Kinder wohl anstrebte, platzte ihr der Kragen. Und als Luise fortfuhr, sie erlaube es sich jedenfalls nicht, über ihre Wege selbst zu bestimmen – »Wenn Gott etwas von mir will, so wird er es mir hoffentlich zeigen!« –, konnte Fanny sich nicht mehr zurückhalten: »Du mußt aber auch wahrhaftig Gottes Stimme sinnlich vernehmen und seinen Finger immer ausgestreckt sehen!« Ihre Stimme hatte weich geklungen, aber Wilhelm, der sie ja kannte, hatte die Ironie in ihren Augen wohl bemerkt. Aber der gefürchtete Wortwechsel blieb aus.

So beschwerlich sich das Zusammenleben mit Luise in geistiger Hinsicht auch gestaltete – der impulsiven Fanny fiel besonders die ihr abverlangte Rücksichtnahme auf die ihr unverständlichen, depressiven Stimmungen der Schwägerin sehr schwer –, so sehr genoß sie, daß ihr die Schwägerin einen Teil des Haushaltes abnahm. Denn hier war Luise in ihrer Zuverlässigkeit nicht zu übertreffen. Besonders Sebastian, dem als einzigem Kind in einer Welt von Erwachsenen übergroße Aufmerksamkeit zuteil wurde, der im Atelier des Vaters und im Gartensaal bei der Mutter gleichermaßen stets willkommen und Mittelpunkt bei allen Anwesenden war, zog sich gerne zu der stillen Tante in ihr Mansardenstübchen zurück. Aber Luise hatte nicht nur am Tage einen Blick auf alles, auch des Nachts entging ihr kaum etwas.

Um zu jeder Tages- und Nachtzeit ungestört seinen magnetischen Studien nachgehen zu können, besaß Alexander von Humboldt einen Schlüssel zum Tor des Hauses. Entsetzt schreckte Fanny eines Nachts im Bett auf, war da nicht eben jemand mitten durch ihr Schlafzimmer gegangen, geheimnisvoll hatte sich die Tür bewegt und war dann wie von Geisterhand ins Schloß gefallen. Als niemand auf ihre leisen Rufe antwortete, rüttelte sie Wilhelm solange, bis er auch wach geworden aus dem Bett sprang und schrie: »In drei Teufels Namen, wer ist da?« Da huschte Luise ins Zimmer und entschuldigte sich für die Störung: »Drüben im Saal sind Diebe, ich habe es schon eine ganze Weile gehört, und gerade im Augenblick sind sie mit einer Laterne in den Garten gegangen!« Luise ist ganz aufgelöst, wie sie so dasteht mit der schiefen Nachtmütze auf dem Kopf, geradezu rührend sieht sie aus mit der nur flüchtig geschlossenen Nachtjacke und dem kleinen Licht in der Hand. Fanny schluckt und späht vorsichtig durch die Vorhänge, und dann sieht sie, ziemlich nah noch, das fahle Licht einer Laterne auf und ab tanzen. »Da – sind die Spitzbuben«, flüsterte sie aufgeregt. Wilhelm Hensel nahm die rote Bettdecke um die Schultern, riß seinen Säbel, den er während der Freiheitskriege benutzt hatte, von der Wand und zog ihn aus der Scheide. Fanny mußte trotz ihrer Angst die Lippen fest aufeinanderpressen, um nicht laut loszulachen. Luise ging aufrecht mit dem Licht vor dem Bruder her, der sich mit dem roten Umhang und dem gezogenen Säbel sehr stattlich ausnahm. Jetzt riß Luise entschlossen die Gartentür auf, der Dieb hörte das Geräusch, drehte sich irritiert um und sah im Schein der hocherhobenen Laterne einen bloßen Säbel blitzen. Natürlich rannte er um sein Leben und wollte sich in Sicherheit bringen. Da hatte er die Rechnung ohne die schneidigen Verfolger gemacht. Aber auch der Verbrecher ließ sich nicht so ohne weiteres den Schneid abkaufen, allerdings schien er sich auch blendend auszukennen, denn er verschwand jetzt in der Wohnung des Gärtners. Hier endlich in der Wohnstube stellte ihn Hensel und brach im selben Moment in schallendes Gelächter aus: Der Hofmaler Professor Wilhelm Hensel hatte den Freund seiner Schwiegereltern und Alexander von Humboldts, den Sternwartendirektor Johann Franz Encke, als Dieb gejagt und schließlich zur Strecke gebracht. Das Gelächter und die gegenseitigen Ehrenbezeugungen auf beiden Seiten waren endlos und erfrischend. Die arme Luise Hensel, sie hatte den ganzen Spott zu erdulden und wurde noch lange mit ihrer Wachsamkeit und deren Folgen aufgezogen.

Felix kam für einen kurzen Urlaubsmonat nach Hause, in Düsseldorf war die Arbeit unbefriedigend verlaufen, Orchester und Chor waren schlecht, die Musiker tranken und prügelten einander, sogar bei den Proben, er hatte die Stellung schließlich gekündigt und einen Ruf nach Leipzig angenommen. Ohne Frage sagte ihm die Stelle des Direktors des renommierten Gewandhauses in der Bach-Stadt Leipzig mehr zu, außerdem hatte er sich vertraglich eine größere Freiheit zum Komponieren ausbedungen. Bevor er aber nach Leipzig übersiedeln konnte, hatte er noch das Niederrheinische Musikfest in Köln zu leiten. Diesmal machte sich die gesamte Familie auf den Weg, ihr prominentes Mitglied zu feiern. Für Fanny waren die Tage des Musikfestes ein einziger Lernprozeß. Felix hatte ein Orchester zusammengestellt, das dem anspruchsvollen Programm, das er ausgewählt hatte, gerecht werden konnte. Es bestand aus 91 Violinen, 33 Bratschen, 26 Celli, 17 Bässen, 19 Holzblasinstrumenten, 16 Blechinstrumenten, Trommeln und Pauken. Auch der Chor war einzigartig: er umfaßte 119 Soprane, 101 Alte, 120 Tenöre und 137 Bässe. Das Programm war ein einziges Schwelgen in musikalischen Erinnerungen. Hatte nicht Felix die Partitur von Georg Friedrich Händels ›Salomo‹ einst entdeckt und kurz vor seiner Nichtwahl für die Singakademie eingerichtet? Den Text hatte Klingemann damals in Rekordzeit übersetzt, aber die Vorsteherinnen der Singakademie hatten den Text lieber in Prosa gesungen und dafür in Kauf genommen, daß dann die Instrumentierung Händels geändert werden mußte. Wie hatte sich Felix aufgeregt über die Leute, die meinten, einen Händel verbessern zu können. Diesmal nun spielte er die Originalfassung, dazu Ludwig van Beethovens 8. Sinfonie und die Ouvertüre C-Dur op. 124 ›Zur Weihe des Hauses‹. Seinem Lieblingskomponisten Carl Maria von Weber hatte er mit der Ouvertüre zu ›Euryanthe‹ genauso einen Platz eingeräumt wie dem Altmeister Luigi Cherubini mit dem ›Marche religieuse‹ und der Hymne, die er zur Krönung Karls X. geschrieben hatte. Als eine Erinnerung an unbeschwerte Jugendtage hatte er noch J. R. Reichardts ›Morgengesang‹ auf einen Text von Milton hinzugefügt. Fanny genoß das Musikfest in vollen Zügen, sie hatte Ferdinand Hiller und andere Musiker wiedergesehen, über Musik sprechen und Neues entdecken können – das war etwas, was ihr in Berlin fehlte. Nach dem Niedergang der Singakademie, die unter dem brillanten Verwaltungsmann und mäßigen Musiker Rungenhagen vor sich hin dümpelte, und mit dem als Generalmusikdirektor immer nach allmächtigen, aber mehr als einseitigen Gasparo Spontini hatte Berlin seinen Ruf als Musikstadt verloren. Musik machen – das tat Fanny wohl mehr als andere! Aber diese Fülle von Anregungen im Kreise von Gleichgesinnten, das bot ihr Berlin nicht. Wilhelm Hensel versuchte zwar nach Kräften, Fannys musikalische Entwicklung zu fördern, aber seine Unmusikalität setzte ihm hier enge Grenzen.

Hier war es ihr, als wäre selbst die Luft angefüllt mit prickelnder Musik, Hensel konnte sie abends kaum in das Gasthofzimmer zurückbringen. Und doch endete die Festspielzeit mit einem jähen Schrecken. In Düsseldorf erkrankte Lea plötzlich und unerwartet an einem Unwohlsein, das später als leichter Schlaganfall diagnostiziert wurde. Rasende Kopfschmerzen wechselten mit Augenflimmern und einem

Die Singakademie Berlin

merkwürdigen Gefühl in den Händen, einem Prickeln, so, als ob sie langsam absterben würden.

Fanny, die mit Mann und Kind zusammen mit Minna Hensel im Anschluß an das Musikfest noch nach Paris und an die französische Atlantikküste reisen wollte, überlegte lange, ob sie tatsächlich fahren oder nicht lieber die Mutter nach Hause bringen sollten. Felix winkte ab, er selber würde die Eltern bis Berlin bringen und dann nach einigen Tagen nach Leipzig weiterreisen, während Dirichlets Belgien und Holland besuchten.

Die Reise stand von Anfang an unter einem unglücklichen Stern. Fanny war nervös und überreizt, Hensel versuchte ihr auszureden, daß von nun an die Mutter krank sein würde. »Was wird, wenn Vaters Augen sich immer mehr verschlechtern?« Fanny mochte den Gedanken an seine Ungeduld nicht zu Ende zu denken. Der ruhige Hensel zuckte die Achseln: »Es kommt, wie es kommt, ob wir uns nun schon vorher aufregen, wart' es doch erst einmal ab. Mutter reist nicht gerne und dann die Aufregung mit Felix, sie war nie krank.« Er legte sein Skizzenbuch beiseite: »Setz dich doch mal hin, mit deinem Herumgerenne weckst du nur Sebastian auf, da wird man ja schon vom Zugucken nervös! Höchste Zeit, daß Du ins Seebad kommst.« Fanny setzte sich wieder an den Sekretär und versuchte, den Brief, den sie begonnen hatte, fortzusetzen. »Morgen sind wir in Paris, und Felix bringt die Eltern heim, was soll ihnen da geschehen!« Fanny lächelte: »Felix hat eine Freundin, Beckchen hat er sie gezeigt, mir nicht!« Hensel stand auf: »Und sie hat gleich geschrieben, wie gut es sei, daß es da nicht zur Heirat gekommen ist. Wenn ich dein Bruder wäre und eine Freundin hätte, ich würde sie dir auch nicht zeigen, allerdings Beckchen auch nicht!« Fanny nahm ihren Spaziergang durch das Zimmer wieder auf: »Ach, und warum nicht?« »Weil das der Moment wäre, in dem das schönste Bild einer Freundin von einer von euch kaputtgemacht würde, da müßte man sich entweder eine neue

Schwester oder eine neue Freundin suchen!« – »Ach – so hast du es wohl gemacht, und darum beide behalten?« Wilhelm Hensel grinste: »Was meinst du wohl, was Luise mir über jedes Mädchen, das nur im entferntesten nach mir geguckt hat, erzählt hat.« Fanny fuhr herum: »Das hat sich ja bis heute nicht geändert!« Jetzt lachte Hensel heraus: »Und weil das so ist, mußt nicht nur du meine Gutmütigkeit und Sanftheit loben. Denn sonst würden wir nicht eine so stadtbekannt glückliche Ehe führen!« Fanny lachte: »Lenk bloß nicht von den Hetztiraden deiner Schwester ab. Wieso beschwert sie sich denn jetzt schon wieder über mangelnde Post an Mama und sich! Minna sitzt doch nebenan und kann auch mal einen Brief schreiben!« Hensel nahm sie in die Arme: »Morgen sind wir in Paris, vergiß das bloß nicht, dann sieht die Welt doch gleich ganz anders aus. Und jetzt trinken wir die Flasche Wein, die uns Felix eingepackt hat!«

Aber der Pariser Aufenthalt war kein Erfolg, weder künstlerisch noch bei den menschlichen Begegnungen. Hensels erlebten das Attentat des Korsen Fieschis auf König Louis Philippe, bei dem der Marschall Edouard Mortier, Herzog von Treviso, ums Leben kam, hautnah mit. Der Krach, der Lärm und die Polizeiabsperrungen, das alles war ein Erlebnis für Sebastian. Aber seine Eltern trauten der politischen Lage nicht, besonders der konservative Hensel sah von nun an in jedem Bärtigen, der ihm auf der Straße begegnete, einen Attentäter und Anarchisten. Hensel, der in Berlin in seiner Position als Hofmaler und Professor unangefochten war, war dem Neid und der Mißgunst der französischen Kollegen ausgesetzt, ihre Hackordnung untereinander war ihm zuwider und mit seinem grundehrlichen Wesen nicht zu vereinbaren.

Außerdem war die französische Hauptstadt so teuer, beim Essen, beim Wohnen, selbst die Droschken kosteten ein Vielfaches von den in Berlin gewohnten Preisen. Fanny wollte die Geldmisere mit Humor nehmen und trotzdem Paris noch einige gute Seiten abgewinnen, da ereignete sich etwas,

was Fanny immer als das Unerfreulichste an einem unerfreulichen Aufenthalt bezeichnete: An einem späten Vormittag ließ sich Giacomo Meyerbeer bei ihnen melden. Der Sproß der Berliner Familie Beer lebte nun schon einige Jahre in Paris und war als Komponist anerkannt und sehr beliebt. Als kleine Kinder hatten Felix und Fanny seine Kompositionen gespielt, und Mutter Amalie Beer war sehr gerührt, daß die beiden Kinder die schweren Sachen ihres Giacomo vom Blatt weg spielen konnten. Jetzt aber kam der gefeierte Komponist der Oper ›Robert der Teufel‹ in die kleine Wohnung, die Hensels gemietet hatten, und ließ keinen Zweifel daran, wie unpassend er es fand, nicht von den Reisenden früher aufgesucht worden zu sein. Fanny erstarrte zu einem Eisblock, und auch Hensels Freundlichkeit hielt sich bei der Kälte der Begegnung in Grenzen. Als Meyerbeer das Haus verlassen hatte, sank Fanny in einen Sessel: »Das war ein Auftritt, das muß man gelernt haben. Ich versteh das nicht, früher, da war er wie du und ich, und seine Mutter, so eine liebe Frau, ich kann das nicht verstehen!« Hätte Fanny gewußt, was Meyerbeer an seine in Bad Salzbrunn zur Kur weilende Frau über den Besuch schrieb, sie hätte ganz anders reagiert.

Giacomo Meyerbeer ließ kein gutes Haar an seiner einstigen Berliner Nachbarin: »*Heute habe ich auch die Professorin Hensel besucht, welche mit ihrem Schaute (jiddisch: Narr) von Gemahl hier ist. Er war so unartig, mir keine Visite zu machen, und gerade deshalb habe ich sie besucht. Sie waren sehr zerknirscht, aber von einer solchen eisigen Höflichkeit, daß mich trotz des heißen Julitages fror. Fannys Häßlichkeit ist unbeschreiblich. Trotz ihrer permanenten Häßlichkeit erschien sie mir vor 2 Jahr, vergleichungsweise mit jetzt wie eine Venus.*« Jeden Tag besuchte Hensel den Louvre, machte Kopien, suchte Museen und Galerien auf, um so viele Anregungen wie möglich mit heim zu nehmen. Mit dem Maler Horace Vernet, einem freundlichen, exaltierten Kollegen, freundete er sich an. Vernet liebte das Morgenland und

Arabien und trug meistens auch die Tracht seines bevorzugten Landstriches. Mit dieser selbst in Paris auffallenden Erscheinung durchstreifte Hensel Paris in alle Himmelsrichtungen. Fanny ärgerte sich nicht wenig, all die vergangenen Jahre waren Musiker und Virtuosen in Paris gewesen, aber wenn sie einmal in ihrem Leben Paris besuchte, stellte sich kein einziger ein. »Stell dir vor, es ist noch nicht lange her, da haben irgendwo an einem solchen Tisch vor einer Wirtschaft hier Ferdinand Hiller, Franz Liszt, Frédéric Chopin und Felix gesessen. Und da ist der Kalkbrenner, weiß du, der berühmte Modepianist, vorbeigekommen, und als er die vier da hat sitzen sehen, ist er ziemlich schnell verschwunden. Aber mir passiert so etwas eben nicht!«

Sobald es ging, fuhren Hensels weiter an die Atlantikküste nach Boulogne. Natürlich war ein Modebad wie Boulogne im Juli überlaufen und teuer, besonders viele Engländer überschwemmten den kleinen Ort. Hensels, die sich nichts hatten reservieren lassen, weil doch niemand eine Wohnung nach ihrem Geschmack hätte finden können, suchten tagelang nach einer Wohnung. Endlich hatten sie etwas gefunden, was auch ihrem Geldbeutel paßte, und Fanny atmete auf, obwohl ihnen der unfreundliche Wirt überhaupt nicht gefiel. Fannys Laune sank aber wieder, als es in dem ihr von allen Seiten auch seines Klimas wegen gepriesenen Ort tagelang regnete, ohne auch nur einmal fünf Minuten aufzuhören. Jeder Spaziergang, jeder Einkauf fand völlig durchnäßt im strömenden Regen statt, und am Abend eines jeden Tages glich ihr kleines Wohnzimmer dem Wäschetrockenplatz daheim in Berlin. Es sollte aber noch schlimmer kommen, nach einem Platzregen brach ein Stück Decke in Hensels Zimmer durch, und ein gewaltiger Wasserschwall ergoß sich vom Dach herunter auf die Besitztümer der Reisenden. Fanny war miesester Stimmung und ließ kein gutes Haar an dem vielgepriesenen Boulogne. Selbst die Postverbindungen hatten sich der allgemeinen

Unzulänglichkeit des Ortes angepaßt; es konnte doch kein Zufall sein, daß die Briefe hier eine ganze Woche länger unterwegs waren als sonst auf der ganzen Reise. Ausgerechnet jetzt, wo sie fieberhaft auf Nachrichten aus Berlin wartete. Als dann endlich alle Briefe auf einmal eintrafen, klangen die Neuigkeiten zwar nicht gefährlich, aber immer noch besorgniserregend genug.

Die Eltern waren, behütet von Felix, in Berlin eingetroffen. Der Vater war rührend um die Mutter besorgt gewesen, keinen Schritt zuviel hatte sie machen dürfen. Aber gerade in Berlin angekommen, hatte es neue Aufregungen gegeben. Unruhen waren ausgebrochen, man munkelte sogar von Verletzten, die Zensur hielt aber alle Nachrichten zurück und bewirkte damit gerade das Gegenteil, nämlich eine allgemeine Beunruhigung der Leute. Die Mutter schrieb, »*das schönste Resultat sei folgende Poesie der Straßenjungen gewesen: Heil dir im Siegerkranz, heut bleibt keene Scheibe janz!*« Sie machte sich lustig über den König, der, als man ihm vorschlug, die Revolte nach Pariser Vorbild mit Wasserspritzen auseinanderzutreiben, resignierend abwehrte: »*Werden gewiß nicht in gutem Zustand sein!*«

Fanny spürte hinter der betonten Munterkeit der Mutter die Besorgnis und die Angst, nicht nur vor dem Alleinsein. Noch war Felix bei ihnen, obwohl er eigentlich schon längst hätte in Leipzig sein sollen. Er konnte sich nicht entschließen, die alternden Eltern allein in dem jetzt viel zu großen Haus zurückzulassen. Fanny stiegen die Tränen in die Augen, als sie las: »*Den Tag seiner Abreise hat er noch nicht bestimmt, auch das dank ich ihm, muß man die Stunden so zählen, scheint das Verfliegen derselben noch schneller und sündlicher; man wirft sich vor, jede Minute nicht noch sorgsamer genutzt zu haben.*«

Wenn es in dem trüben Nest Boulogne nicht regnete, dann ging Fanny hinaus an das Ufer des Meeres und blickte hinüber nach Dover, dessen dunkle Türme man bei klarem Wetter erkennen konnte. Dort drüben lag England, dort hatte

Felix seine frühesten Erfolge errungen, dort fühlte er sich wohl. Ein Mann reiste, wohin er wollte, war es wirklich nur »ihre elende Weibsnatur«, die sie hier zurückhielt? Wenn sie ehrlich war, dann war es auch die Rücksicht auf die Eltern, die sie nicht über Gebühr lange allein lassen wollte. Eingebunden sein in Beziehungen, sie zu zerschneiden war langwierig und qualvoll, das hatte sie bei ihrer Tante Dorothea Schlegel gesehen. Nein, ihr Platz war daheim in Berlin, die ganze Welt in einem Haus.

Der Seewind blies ihr die Hutbänder ins Gesicht, während sie an die Isola Bella dachte, auch damals hatte sie sehnsuchtsvoll an einem Ufer gestanden und sich nichts sehnlicher gewünscht, als den Schritt hinüber ins Gelobte Land zu wagen. Wilhelm Hensel war ihr langsam entgegengekommen: »Ich würde ja gerne mit dir und unserem hoffnungsvollen Knaben eine Bootsfahrt machen, aber stell dir vor, dazu braucht man zwei Erlaubnisscheine, für jeden von uns, und da habe ich die Unternehmung buchstäblich in die See fallen lassen!« Fanny lachte: »Was man doch auf Reisen alles lernt, so streng sind nicht einmal unsere Preußen, du, aber das ist noch gar nichts. Die Schriftstellerin Austin, die mit ihrem kranken Mann bei uns wohnt, macht ihm Seebäder im Haus. Und um das Wasser aus dem Meer zu schöpfen, muß sie sich täglich aufs neue einen Berechtigungsschein bei der Behörde abholen.«

Gemeinsam gingen sie in den Lesesaal hinüber, in dem in- und ausländische Zeitungen auslagen, die Nachrichten über die Unruhen und Krawalle in Berlin lasen sich in den Zeitungen viel schlimmer als in den wohl bewußt beruhigend sein wollenden Briefen aus Berlin. Mittags waren sie mit Heinrich Heine verabredet, der aus Paris herübergekommen war und der meinte, wenn Rebecka schon nicht da sei, dann käme er auch Madame Hensel besuchen – allerdings nur mit dem nötigen Respekt. Kopfschüttelnd trat er ein wenig verspätet an ihren Tisch. »Diese Engländerinnen«, jammerte er,

»stellen Sie sich vor, da lese ich in dem Zeitungspavillon die Zeitungen, und die sind wirklich schon schlecht genug, und dabei wird man dann noch von einer schnatternden Gruppe Engländerinnen gestört, das ist mehr, als man selbst in einem französischen Seebad ertragen kann.« Er nippte an seinem Port und lächelte Fanny zu: »Aber Sie hätten sehen sollen, wie schnell sie die Münder schlossen, als ich ihnen zurief: ›Meine Damen, wenn Sie mein Lesen beim Sprechen stört, kann ich ja auch woanders hingehen.‹« Hensels lachten, aber Heine zuckte nur die Achseln: »Die Ruhe hielt leider nicht lange an, und da gab ich das Lesen auf und kam hierher ...«

Auch Heinrich Heine wollte bald abreisen, das verdammte Sauwetter trieb ihn zurück nach Paris. Am liebsten hätten Hensels es genauso gemacht, aber Karl Klingemann hatte geschrieben, daß er für einige Tage nach Boulogne kommen würde. Es wurden die drei einzigen Tage mit blauem Himmel, Tage am Strand voller Erinnerungen und des Schwatzens über die glücklichen Tage in der Leipziger Straße, als die »Gartenzeitung« für jedermann sichtbar auf dem Tisch lag und es kaum einen gab, der sich dort nicht verewigen wollte. Fanny wollte nicht glauben, daß diese Zeit nun schon fast zehn Jahre zurücklag. Blauer Sommerhimmel wölbte sich über der Küste, als das Dampfboot nach Dover ablegte, lange stand Karl Klingemann an der Reling und ließ sein Taschentuch im leichten Sommerwind flattern, sein Pudel sprang fröhlich um ihn herum.

Fanny winkte, bis man den kleinen schwarzen Punkt, der Karl Klingemann war, nicht mehr ausmachen konnte. Da zogen dunkle Wolken sich über dem Meer zusammen, und kaum eine halbe Stunde, nachdem der Dampfer den Hafen verlassen hatte, goß es einmal mehr aus Kübeln. Allein Minna Hensel gefiel der Aufenthalt, ihr hatte das schlechte Wetter überhaupt nichts ausgemacht, denn sie lernte intensiv Französisch, und zwar mit einer solchen Leidenschaft, daß Fanny und ihr Mann schon darüber zu spotten begannen. Das hinderte Minna Hensel aber nicht am Lernen, endlich meinte sie, die Sprache fast perfekt zu beherrschen, und ging in die Küche hinunter, um nicht wie gewöhnlich auf deutsch ihren Wunsch vorzutragen, sondern auf französisch. Tapfer forderte sie: »Déjà un lumière moi« und war aufs höchste erstaunt, als nach längerem Rätselraten fast sämtliche Hausbewohner an der Übersetzung ihres Wunsches scheiterten. Endlich ging dem Wirt ein Licht auf, und er holte an Stelle der von Minna erbetenen weiteren Lichtquelle einen großen Topf Wasser herbei. Von jetzt an galt Minna, die die französische Sprache fast wie ein Franzose beherrschte, bei Sprachschwierigkeiten als letzte Instanz.

Schon gleich nach den ersten vom Arzt verordneten Bädern hatte Fanny dicke, rote Augenlider bekommen, eine Entzündung, die sich trotz der Behandlung durch einen Augenarzt ständig weiter verschlimmerte und jetzt auch auf die Netzhaut überzugehen drohte. Fanny weigerte sich, noch weitere Bäder zu nehmen, und wusch ihre Augen nur noch mit abgekochtem, klarem Wasser. Aber die Schmerzen und die Angst um ihr Augenlicht vergrößerten Fannys Widerwillen gegen Boulogne so sehr, daß die dann erfolgte Abreise der Familie Hensel einer Flucht gleichkam. Fanny war sich sicher, daß es diese Form von schlechtem Wetter nur in einem so grauenvollen Ort wie Boulogne geben könne, und auch dort fände dies Wetter nicht immer statt, sondern nur, wenn Hensels sich dort befänden.

Und sie behielt recht: »*Schon in Calais hatte es sich so weit aufgehellt, daß wir den Hafen besuchen und uns durch den Augenschein überzeugen konnten, daß nichts daran zu sehen ist, so etwas glaubt keiner dem anderen. Die Nacht blieben wir in Dünkirchen und besahen am anderen Morgen wiederum den Hafen. Es war mir kurios, so zufällig gerade nach Dünkirchen gekommen zu sein, dieser Name klang mir immer, wenn ich als Kind Geographie lernte oder eine Karte besah, so ganz besonders fern und fremd, wie ein europäisches Ostindien oder wie ein Punkt, den keine Berlinische*

Seele je erreichen könne, und nun war ich drin gewesen und hatte in einem ganz vortrefflichen Gasthause übernachtet.«

Hensels hatten gehofft, in Ostende noch mit Rebecka und ihrer Familie zusammenzutreffen, die dort den Sommer verbracht hatte, aber Dirichlets waren schon abgereist. So machten sie über Gent und Brügge noch eine Kunstreise nach Antwerpen. Lange stand Wilhelm Hensel vor dem großen Bild der ›Kreuzabnahme‹ von Peter Paul Rubens. Die Kunstschätze Belgiens und der Niederlande, wie gerne hätte Wilhelm Hensel hier noch einige Wochen verbracht, aber Fanny drängte heim. Zu einem Erlebnis besonderer Art wurde nicht nur für den nun fünfjährigen Sebastian die Fahrt auf der Eisenbahn zwischen Mecheln und Brüssel. So recht traute keiner von ihnen der Eisenbahn, die sich prustend und fauchend in Bewegung setzte, aber schon nach kurzer Zeit war besonders Fanny begeistert über diese neue, komfortable Art des Reisens, obwohl auch sie sich nicht vorstellen konnte, daß ständiges Reisen mit der Eisenbahn nicht gesundheitsgefährdend sein solle, schon des vielen Rauches wegen, den man zwangsläufig bei dieser Beförderung einatmen müsse. Hensel widersprach lebhaft: »Glaubst du denn, es ist gesünder, den Staub, den die Postkutschen aufwirbeln, zu atmen.« Ihm gefiel vor allem die Schnelligkeit, mit der seine Schwester sich nicht so ganz anfreunden konnte. Ähnlich wie der betagte König von Preußen schüttelte sie über die Geschwindigkeitsfanatiker den Kopf und murmelte: »Was macht es schon aus, wenn man zwei Stunden früher irgendwo ankommt.«

Von Brüssel aus reisten sie wieder ganz gemächlich in der Kutsche nach Bonn, hier wurden sie schon ungeduldig von Dirichlets erwartet, die Station bei Benjamin Mendelssohn gemacht hatten, dem ältesten Sohn Onkel Josephs, der als Professor für Geographie an der Bonner Universität lehrte.

Alle zusammen wollten noch einige Tage in Horchheim, dem zwischen Ehrenbreitstein und Koblenz gelegenen Weingut Joseph Mendelssohns, verbringen, auch Felix war in seiner Düsseldorfer Zeit oft und gern dorthin gefahren und hatte mit Benjamin und seiner Frau Rosamunde Weihnachten und Ostern verbracht. Fanny brannte darauf, diesen schönen Besitz selbst in Augenschein zu nehmen, Felix' briefliche Schwärmereien hatten nicht nur sie, sondern die ganze Familie neugierig gemacht.

Rebecka und ihre Familie hatten eine wunderschöne Urlaubszeit hinter sich, ausgeruht und erholt schmiedeten sie jetzt mit den sichtlich genervten Hensels Pläne für eine langsame Heimreise, ausgiebig wollten sie bei Felix in Leipzig Station machen und sich einen Eindruck vom dortigen Musikleben verschaffen. Während sie noch Pläne schmiedeten, traf für Wilhelm Hensel ein Eilbrief aus Berlin ein. Seine Mutter sei schwer erkrankt, schrieb Luise, und falls die Familie sie noch lebend sehen wollte, müsse sie unverzüglich die Heimreise antreten. Noch am gleichen Abend packte Fanny ihre Sachen zusammen, und schon am nächsten Morgen trat die Familie die Heimkehr nach Berlin an. Sie unterbrachen die Reise nur kurz in Leipzig, um Felix zu begrüßen, und fuhren dann die Nacht durch nach Berlin weiter. Wenige Tage nach ihrer Rückkehr starb Hensels Mutter, beruhigt, alle ihre Kinder noch einmal gesehen zu haben. Ohne viel Aufhebens nahm Fanny beide Schwestern ihres Mannes, die nun mittellos dastanden, bei sich auf.

Kapitel 11

Der Tod des Vaters

Auch für Fanny war es eine traurige Heimkehr. Die Mutter war noch immer geschwächt von dem Schlaganfall, aber es zeichnete sich doch eine Besserung ab. Aber der Vater! Er war jetzt fast völlig erblindet, der Star hatte beide Augen befallen. Alle Ärzte rieten zur Operation, aber Abraham zögerte sie immer wieder hinaus. Die Mutter lobte seine Geduld und seine stille Freundlichkeit. Fanny sah tiefer, es war eine bleierne Müdigkeit, die diese Gelassenheit hervorrief, die ihn milde machte gegenüber fast allem, was sonst seine Erregung und seinen Zorn hervorgerufen hätte. Stundenlang ließ er sich auf dem alten Broadwood-Flügel von ihr vorspielen, frühe Kompositionen von der Tochter und dem Sohn, und immer wieder einige Stücke aus dem ›Wohltemperierten Klavier‹ von Bach, während sein Enkel Sebastian zu seinen Füßen Türme und Schlösser aus Bauklötzen baute.

Beim Spielen mußte Fanny daran denken, daß gerade jetzt in Leipzig bei Felix Frédéric Chopin und Ignaz Moscheles zu Besuch waren, Robert Schumann nahm an den Gesprächen teil, da wurde Musik nicht nur gemacht, sondern entworfen, junge Komponisten tauschten Erfahrungen aus, besprachen neue Werke. Felix hatte der Schwester einen Teil seines Oratoriums ›Paulus‹ zur Durchsicht mitgegeben, denn trotz seiner sonstigen Verbindungen war ihm ihr Urteil immer noch am wichtigsten. Leipzig war wenigstens nur eine Tagesreise von Berlin entfernt, Besuche dort waren möglich und eingeplant. Bald würde auch Rebecka zurückkommen, dann hätte Sebastian wieder einen Spielgefährten und würde sich nicht ganz so oft beim Gärtner Clément und seiner

Familie im Souterrain aufhalten. Fanny hatte schon die Wohnung gerichtet und die Betten frisch überziehen lassen.

Schon am nächsten Morgen wurden Hensels in aller Herrgottsfrühe geweckt, Fanny glaubte ihren Augen nicht trauen zu können, neben Sebastian stand der kleine, nun zweijährige Walter Dirichlet im Nachthemd, war aber schon sehr munter. Zuerst glaubte sie zu träumen, aber als Sebastian mit hoher, sich vor Freude fast überschlagender Stimme berichtete, daß auch Onkel Felix und der Herr Moscheles eingetroffen seien, da hielt es Fanny nicht länger im Bett. So schnell hatte sie sich noch selten angezogen, in Hausschuhen rannte sie hinüber zu Dirichlets, Hensel folgte ihr, Walter auf dem Arm und Sebastian vor sich herschiebend. Nach dem Frühstück schlichen alle auf Zehenspitzen hinüber ins Vorderhaus zu den Eltern, und Felix begann zu musizieren. Das war eine gelungene Überraschung, wie ein Lauffeuer sprach sich der Besuch in Berlin herum, jeder wollte die beiden erleben, und so ging es während der zwei Tage des Besuches im Hause zu wie in einem Taubenschlag. Vor Moscheles Abreise am zweiten Abend phantasierten die beiden noch einmal vierhändig, während des Spiels unterbrach Felix den Freund durch das Schnellpostsignal, Moscheles nahm mit einem feierlichen Andante Abschied von den Freunden, und während Felix noch einmal das Postsignal ganz langsam und verhalten erklingen ließ, bestieg Moscheles die schon wartende Kutsche. Felix blieb noch bis zum andern Morgen und versprach fest, Weihnachten mit der Familie in Berlin zu verbringen. Abraham nickte, während er ihn an sich drückte: »Das darf man ja menschlicherweise hoffen zu erleben!«

Angeregt und aufgewühlt durch den Besuch und wohl auch, weil er mehr als jemals auf das Hören angewiesen war, nahm Abraham jetzt noch lieber als sonst an den Sonntagsmusiken teil, die Fanny schon kurz nach ihrer Rückkehr mit noch mehr Ehrgeiz und doppeltem Einsatz wiederaufgenommen hatte. Nach einem besonders schönen und gelungenen Konzert nahm er die Tochter beiseite und drohte ihr leicht mit dem Finger: »Fanny, wenn du so weitermachst und die Musiken so hoch ansetzt, hast du bald keine Steigerungsmöglichkeiten mehr!« Sie streichelte seine Hände und küßte ihn.

Es tat auch gut, wieder zu Hause zu sein, die Familie um sich zu haben, und die Schüler ihres Mannes umgaben sie mit Liebe und Zuneigung. Der besondere Geburtstag der Frau Professor, es war ihr dreißigster, veranlaßte auch in diesem Jahr geheimnisvolle Aktivitäten im Atelieranbau. Die jungen Maler hatten das Atelier mit Girlanden und ausgeschnittenen Riesennoten, zwischen denen bunte Papierblumen prangten, geschmückt. Sie kannten Fannys Vorliebe für Charaden und hatten gleich mehrere eingeübt. Das schönste Geschenk aber machte ihr Wilhelm, eine erste Zeichnung zu seinem Gemälde ›Mirjam eröffnet den Reigen der Jungfrauen nach dem Durchzug durch das Rote Meer‹. Die Prophetin Mirjam – sie trug Fannys Züge – hielt eine Pauke in der Hand. Versonnen betrachtete sie zusammen mit Wilhelm die Zeichnung: »... die Weiber hinter ihr, Moses auf einem Wagen, den Zug leitend, im Hintergrund mit Beute beladene Teile des Heeres und in dämmernder Ferne die Pyramiden!« Fanny lehnte sich an Hensel und streichelte seine Wange: »So ein schöner Geburtstag, und dann noch Sebastian und Walter, dies urkomische Zweigespann, gut, daß die beiden wenigstens wie Geschwister aufwachsen ...« Hensel nickte: »Wenn dir schon die Zeichnung gefällt, hoffentlich findet dann auch das fertige Bild noch Gnade vor deinen Augen!« Fanny lachte: »Mir gefällt es schon, und wenn es sich verkaufen läßt – um so besser, unser Haushalt ist wie ein Moloch, ich weiß auch nicht, wo das Geld immer bleibt – also ein Verkauf täte der Ökonomie unseres Haushalts sehr gut!« Hensel rang die Hände in gespielter Verzweiflung: »Ich weiß auch nicht, warum wir immer mehr Geld ausgeben, als wir haben. Aber – du bist ja die Tochter eines Bankiers, du mußt das wissen, wir Hensels können bei so etwas sowieso nicht mitreden.« Fanny gab ihm einen Klaps und murmelte »Eben!«

Es sollte für lange Zeit der letzte unbeschwert glückliche Tag gewesen sein, den Fanny erlebte. Schon wenige Tag nach ihrem Geburtstag starb ihr Vater an einem Gehirnschlag, ruhig und ohne Schmerzen, völlig unerwartet für die ganze Familie, Fanny notierte in ihr Tagebuch: »*So schön, so unverändert ruhig war sein Gesicht, daß wir nicht nur ohne Scheu, sondern mit einem wahren Gefühl der Erhebung bei der geliebten Leiche verweilen konnten. Der ganze Ausdruck so ruhig, die Stirn so rein und schön, die Hände so mild, es war das Ende des Gerechten, ein schönes, beneidenswertes Ende, und ich bitte Gott um ein gleiches und will mich mein ganzes Leben lang bemühen, es zu verdienen, wie er es verdiente. Es war das versöhnendste, schönste Bild des Todes.*«

Fanny hatte kaum Zeit für ihre eigene Trauer, so vieles mußte bedacht und geregelt werden. Die Mutter war schwach und im Lebensnerv getroffen, ihr Zustand war besorgniserregend. Sie schwankte zwischen höchster Reizbarkeit und völliger Apathie. Wilhelm Hensel fuhr sofort nach Leipzig, um Felix den Tod des Vaters schonend beizubringen, gemeinsam kehrten die beiden nach Berlin zurück. Felix war vernichtet – in Leipzig noch nicht zu Hause, ohne eigene Familie wie die anderen Geschwister war er der Trauer völlig ausgeliefert. Besonders in der letzten Zeit, in der er von der Autorität des Vaters nicht mehr unmittelbar betroffen war, hatten die beiden ein besonders inniges Verhältnis zueinander entwickelt, jetzt war Felix untröstlich und dem Zusammenbruch nahe, wochenlang war er zu keiner kreativen Arbeit fähig: »*Es ist das größte Unglück, was mir widerfahren konnte, und eine Prüfung, die ich nun entweder bestehen oder daran erliegen muß. Ich sage mir dies jetzt nach drei Wochen, ohne jenen scharfen Schmerz der ersten Tage, aber ich fühle desto sicherer, es muß für mich ein neues Leben anfangen oder alles aufhören – das alte ist nun abgeschnitten.*«

Es waren traurige Weihnachten voller Erinnerungen, ohne die starke Persönlichkeit des Vaters schien die große Wohnung leer, die Dienstboten gingen auf Zehenspitzen, und selbst die beiden Kinder flüsterten miteinander. In seiner Trauer war Felix jetzt bemüht, das Lieblingsprojekt seines Vaters, sein Oratorium ›Paulus‹, endgültig fertigzustellen. Zusammen mit Fanny sah er während des Weihnachtsfestes Stimmen durch, feilte, verbesserte und verwarf. Die Mutter begann sich, umgeben von den Kindern und Enkeln, in ihr neues Leben hineinzufinden. Sie nahm Felix das Versprechen ab, sich nach einer Frau umzusehen, zerstreut antwortete er, er würde im Sommer am Rhein einmal suchen. Fanny horchte verblüfft auf. Warum wohl gerade am Rhein, aber sie erinnerte sich an die Worte des Vaters, Felix würde ebensowenig eine Frau finden wie einen Operntext. Ehe sie näher in Felix dringen konnte, wechselte er das Thema, und er erwähnte auch die Brautschau am Rhein nicht mehr.

In den Tagen nach Weihnachten fuhr Felix nach Leipzig zurück, jetzt war das Haus erst wirklich leer, unerträglich leer, noch ganz unter dem Eindruck des Abschieds schrieb ihm die Schwester: »*Mein lieber Felix, ich weiß Dir wenig zu sagen, denn wenn ich auch hinzufüge, daß mir noch fast kein Abschied so schwer geworden ist, so bin ich erst die dritte, die es sagt, und es ist doch darum nicht weniger wahr. Als ich hinüberkam, fand ich Sebastian noch in Tränen um Dich. Er ist jetzt, bis auf einen Rest Husten, sehr wohl, schläft und ißt eben mit vielem Appetit sein Mittagsbrot. Ich fühle es seit dem Unglück immer tiefer, daß wir nicht zusammen leben. Man hofft und projektiert, und mit einem Mal ist's aus. Der Gedanke, der ist mir nie so nah gekommen. Nun ist's schon im 7. Jahr, daß wir nicht mehr dauernd zusammen sind. Könnt es doch anders sein! Bis dahin bin ich immer noch mit Leipzig am zufriedensten, wo man sich wenigstens in einem Tag erreichen kann.*«

Es war still geworden im Haus, Hensel malte an dem Gemälde ›Mirjam‹, wegen des Trauerjahres fanden keine Sonntagsmusiken statt, mit wenigen vertrauten Freunden begann

Fanny die Nummern, die Felix aus dem ›Paulus‹ dagelassen hatte, einzustudieren. In dem Vakuum, das durch den Tod des Vaters entstanden war, begann Fanny nach einem neuen Sinn zu suchen. Felix als Direktor des Gewandhauses hatte die Möglichkeit, ihre Kompositionen aufzuführen. Der Bruder war ihr stets Publikum genug gewesen, aber jetzt in dem stillen Trauerhaus fühlte sie sich abgeschnitten von jeder musikalischen Entwicklung. Für wen komponierte sie eigentlich, jetzt, da die Sonntagsmusiken verstummt waren und Felix fort? Für die Schublade?

Hensel überredete sie, mit Paul und Albertine zum Niederrheinischen Musikfest nach Düsseldorf zu fahren, dessen Leitung Felix wieder übernommen hatte. Zuerst hatte auch die Mutter mitreisen wollen, war dann aber doch lieber zu Hause geblieben. Außer der Reise fürchtete sie auch, daß beim Hören des Oratoriums ›Paulus‹ ihre Gefühle sie überwältigen würden. Lange hatte sich Felix gesträubt, bei von ihm geleiteten Konzerten ein eigenes Werk aufzuführen. Es bedurfte des ganzen Einflusses von Mutter und Schwester, bis er schließlich zustimmte, den ›Paulus‹ in Düsseldorf auf das Programm zu setzen. Dann aber nahm er die Arbeiten mit Feuereifer auf, besonders als er sah, mit welcher Hingabe die Musiker bei der Sache waren.

Zum ersten Mal in ihrer Ehe über längere Zeit von ihrem Mann getrennt, überfielen Fanny jedesmal, wenn sie alleine war, Katzenjammer und Heimweh, dann bereute sie den Entschluß, die Reise angetreten zu haben. Aber in ihrem schönen Zimmer im Haus der Woringens, Freunden von Felix aus seiner Düsseldorfer Zeit, die sie ohne viel Umschweife in die Familie aufgenommen hatten, fühlte sie sich wohl, und sie konnte vergnügt an Hensel schreiben: »*Ich hätte es mir nicht möglich gedacht, außer meinem Hause mich irgendwo in der Welt so wohl zu fühlen, wie bei diesen lieben, herrlichen Menschen. Wärst Du doch mit hier, lieber Wilhelm, es ist wirklich ein angenehm behagliches Gefühl, so zu Hause und auch nicht zu Hause zu sein.*

Ich freue mich aber doch nicht wenig auf das wirkliche Zuhause.« Und ihrem Tagebuch vertraute sie an: *»Ich fühle wohl, daß es für eine Frau keine Vergnügungsreise ohne Mann und Kind geben kann und werde mich nie ohne Not von einem von ihnen oder beiden trennen.«*

Trotzdem genießt sie die Musik und das Zusammentreffen mit so vielen bedeutenden Musikern in vollen Zügen. Aus London ist Karl Klingemann gekommen, Ferdinand Hiller war da und auch der Geiger Ferdinand David, alles alte Bekannte. David und Felix spielten zusammen die Kreutzersonate von Beethoven. Zum ersten Male hört Fanny die 9. Sinfonie Beethovens und ist überwältigt: *»Diese kolossale 9. Sinfonie, die so groß und zum Teil so abscheulich ist, wie nur der größte Mann sie machen kann, ging wie von einem exekutiert … ein kolossales Trauerspiel mit einem Schluß, der dithyrambisch sein soll, aber nun auf seiner Höhe umschlägt und in sein Extrem fällt: ins Burleske.«*

Zur Beruhigung von Felix sang Fanny im ›Paulus‹ im Alt mit und rettete tatsächlich in einer brenzligen Situation die Lage. Der Saal im Beckerschen Garten konnte die Zuhörer kaum fassen, für Ferdinand Hiller, der den Proben nicht hatte beiwohnen können, klang manches fremd und ungewohnt neu, bei jedem weiteren Hören wurde ihm das Werk vertrauter. Robert Schumann war begeistert und nannte das Oratorium des von ihm begeistert gefeierten Freundes ein »Juwel der Gegenwart«. Fanny ärgerte sich zwar, daß Felix entgegen ihrem Rat einige Chöre, die ihr besonders gut gefallen hatten, gestrichen hatte, aber auch sie war begeistert und mit dem Erfolg mehr als zufrieden.

Felix selber, der in dem Werk auch ein Abtragen der Dankesschuld an den toten Vater sah, ließ sich von dem Jubel nicht blenden, müde sagte er zu Fanny: *»Vieles hat mir auch gar viel Freude gemacht, anderes nicht, aber an allem habe ich sehr gelernt und hoffe es besser zu machen, wenn ich mal ein weiteres Oratorium schreibe.«*

Aufgewühlt und voller musikalischer Ideen kehrte Fanny nach Berlin zurück. Felix verbrachte einige Wochen in Frankfurt, um für einen erkrankten Kollegen einzuspringen, sehr wohl schien er sich in der Familie des verstorbenen Predigers Jeanrenaud zu fühlen. Zurückgekehrt nach Leipzig blieb ihm nicht viel freie Zeit, überhäuft mit Kompositionsaufträgen, mit Musikfesten war er auf dem besten Wege, zum gefragtesten und überlastetsten Musiker Europas zu werden. Wenn Journalisten ihn fragten, was er in Leipzig erreichen wolle, gab er freundlich zur Antwort: »Alles.« Und er kümmerte sich tatsächlich um alles, um die Sängerinnen und Sänger, die Chöre, das Gewandhaus, das Stimmen der Klaviere, er half auf sozialem Gebiet, setzte bessere Bedingungen für seine Musiker durch, gab Sonderkonzerte, um den Leipzigern ihren Bach zurückzugeben. Selbst seine Mutter schüttelte den Kopf und meinte, die Leipziger würden noch Eintritt zahlen, wenn Felix seinen Auftritt in der Nachtmütze auf dem Marktplatz bekanntgeben würde. Der junge Direktor des Gewandhauses war fest entschlossen, Leipzig zur musikalischen Mitte Deutschlands zu machen, dafür setzte er seinen unendlichen Fleiß, seine unermüdliche Arbeitskraft ein.

Fanny, in der Ruhe der Berliner Häuslichkeit, lernte manche seiner Kompositionen jetzt nicht mehr im Manuskript, sondern erst gedruckt kennen. Die Hektik, die Felix entfaltete, machte sie schon beim Hinsehen ganz atemlos. Briefe gab es viele zwischen Leipzig und Berlin, aber sie hatten sich gewandelt: Verschwunden waren die übermütigen Anklänge, es waren ernste Briefe geworden, die um Verständnis für die Position des anderen rangen. Es gab ernsthafte Interessenten für die Kompositionen Fannys, der Verleger Schlesinger bat um ein Lied für eines seiner Salonalben, Hensel sprach ihr Mut zu, und Fanny hätte sich gerade jetzt, in der Pause der Sonntagsmusiken, über Veröffentlichungen sehr gefreut. Aber Felix stand genau wie einst der Vater auf dem Standpunkt, daß Fannys Werke für das Haus und die Familie bestimmt seien.

Aber da hatte seine Schwester die Genehmigung schon erteilt.

Fast wie aus heiterem Himmel hatte die Familie die Nachricht von Felixens Verlobung mit Cécile Jeanrenaud in Frankfurt getroffen. Die erst neunzehnjährige Braut war bezaubernd schön. Besonders Rebecka war voller Neugier gewesen, hatte immer mal wieder in die Frankfurter Zeitung geguckt, ob da nichts stünde über eine Verlobung von Felix Mendelssohn, und jetzt schrieb es Felix selber. Neugierig fragte Rebecka bei Felix an, ob die Braut wohl musikalisch sei. Felix antwortete mit einem vagen »nicht sehr«. Aber Cécile zeichnete und malte sehr hübsch und auch gern – im Personenmalen blieb sie Felix, der im Landschaftszeichnen beachtliche Leistungen vorzuweisen hatte, immer überlegen. Fanny wunderte sich über diesen »doppelten Kontrapunkt zu ihrer eigenen Ehe«. Allen wäre es am liebsten gewesen, wenn Felix sich in Leipzig hätte trauen lassen, aber das ließen die Familie Jeanrenaud und die Frankfurter Patrizierfamilie Souchay, aus der Céciles Mutter stammte, nicht zu. Die Hochzeit fand in Frankfurt statt, Fanny war traurig und verstimmt; als einziges Mitglied der Familie Mendelssohn nahm Tante Dorothea Schlegel an dem großen Ereignis teil.

Vor Weihnachten überwand Fanny ihren Ärger und schrieb an die angebetete Frau ihres Bruders: »*Ach, wäret ihr morgen hier! Ich denke, es wird recht niedlich werden. Zwei große Orangenbäume, welche in unserem Vorzimmer stehen, erleuchten wir durch Lämpchen von ausgehöhlten Zitronen, dann kommen die großen Weihnachtsbäume in unserer blauen Stube, unter Hensels Schülern machen wir eine kleine Lotterie, natürlich aus lauter Gewinnen bestehend, unsere jungen Leute haben auch wieder ihrerseits einen Spaß vor, von dem ich aber mich überraschen lasse, ich weiß gar nichts. Hensel bekommt von mir, o du Malerin, ein Lot echten Ultramarin, der hier so übermäßig teuer ist, daß er sich schon lange keinen angeschafft hat. – Heute nachmittag nun muß ich poetisch sein, denn morgen ist keine Zeit mehr dazu, da muß aufgebaut werden.*«

Weihnachten, das war keine Zeit für Musik, da gab es niemals Sonntagsmusiken, außer Trompeten und Weihnachtsknarre wollte das Publikum nichts hören, und für Frauen gab es da sowieso keine andere Beschäftigung als die »stickerliche«, das hatte Fanny schon früh begriffen.

Wenigstens hatte sie die Freude, ihr Lied ›Die Schiffende‹ nun im Album des Verlages Schlesinger gedruckt zu finden. Es war ein schönes Gefühl, sein eigenes Werk gedruckt vor sich liegen zu sehen und sich vorzustellen, wie es nun auf vielen Klavieren liegend und von vielen Sängerinnen gesungen, Botschaft von ihr und ihrem Schaffen in viele Häuser brächte, zu Leuten, die sie nicht kannte, aber mit denen sie doch durch ihr Lied verbunden war.

Nach dem Düsseldorfer Musikfest mit seinen Anregungen und seinen neuen Eindrücken hatte Fanny viel komponiert, doch in der Stille des Trauerjahres hatte sie noch nichts davon hören können. Zwar probten Chor und Orchester jetzt wieder, aber das Leben war doch noch sehr eingeschränkt. Fanny wandte sich an Karl Klingemann in London, dessen Freundschaft sich auch in den langen Jahren des Getrenntseins bewährt hatte, vielleicht wußte er ihr Rat: »*Ich lege zwei Klavierstücke, die ich seit Düsseldorf geschrieben, für Sie bei, Sie mögen beurteilen, ob sie sich eignen, meiner unbekannten jungen Freundin in die Hände zu kommen; ich überlasse es ganz Ihnen, kann aber nicht unterlassen zu sagen, wie angenehm es mir ist, in London für meine kleinen Sachen ein Publikum zu finden, das mir hier ganz fehlt. Daß sich jemand hier etwas abschreibe, oder nur eine Sache zu hören verlangte, das kommt kaum einmal im Jahr vor, namentlich seit der letzten Zeit, und seit Rebecka nicht mehr singen mag, liegen meine Lieder durchaus ungehört und ungekannt da, und man verliert am Ende selbst mit der Lust an solchen Sachen das Urteil darüber, wenn sich nie ein fremdes Urteil, ein fremdes Wohlwollen entgegenstellt. Felix, dem es ein leichtes wäre, mir ein Publikum zu ersetzen, kann mich auch, da wir nur wenig zusammen sind, nur wenig aufheitern, und so bin ich mit meiner Musik ziemlich allein.*

Meine eigne und Hensels Freude an der Sache läßt mich indes nicht ganz einschlafen, und daß ich bei so gänzlichem Mangel an Anstoß von außen dabeibleibe, deute ich mir selbst wieder als ein Zeichen von Talent.«

Fannys Lied ›Die Schiffende‹ erwies sich als ein großer Erfolg, den selbst der Bruder in Leipzig – widerwillig zwar – anerkennen mußte: *»Weißt Du denn Fenchel, daß Dein A-Dur-Lied in Schlesingers Album hier Furore macht? Daß die Neue Musikalische Zeitung (ich meine ihren Redakteur, der in meinem Hotel mit ißt) für Dich schwärmt? Daß alle sagen, es sei das Beste in dem Album, was ein schlechtes Kompliment ist, denn wo ist sonst was Gutes? Daß sie es aber wirklich goutieren? Bist Du nun ein rechter Autor, und macht Dir das auch Plaisir?«* Fanny ärgerte sich ziemlich über seinen Ton, aber Hensel begütigte und ermunterte sie, auf ihrem Weg fortzufahren: »Steter Tropfen höhlt den Stein!« Fanny hatte die Last eines sich langsam auflösenden, absterbenden Elternhauses zu tragen, der große Haushalt, die Bediensteten, der parkähnliche Garten – Lea hatte diese Last souverän gemeistert, sie war für Repräsentation wie geschaffen, Fanny dagegen erledigte diese Pflichten eher der Not gehorchend. Bisher hatte sie Sebastian selbst unterrichtet, aber seit kurzem besuchte er eine Reformschule ganz in der Nähe, die Liebesche Schule, von allen, die sich näher damit befaßten, wurde sie die »Lybische Wüste« genannt, aber Sebastian ging gerne hin.

Mit Luise Hensel kam es auch wegen Sebastians Erziehung oft zu Zusammenstößen. So als Sebastian bei seiner Mutter das Lied ›Ein Veilchen auf der Wiese stand‹ lernte und als echtes Kind einer Romantikerin Tränen über das Schicksal des Blümleins vergoß. Fanny war angetan von dem sensiblen Herzen ihres kleinen Sohnes und lobte ihn sehr. Natürlich sang er das Lied auch seiner Tante Luise vor, und in Erwartung eines weiteren Lobes berichtete er ihr von seinen Tränen. Aber Tante Luise war ungerührt, und Gefühlsregungen dieser Art waren ihr unbehaglich. Sie betrachtete den

Neffen und meinte streng: »Ja, Kinder weinen manchmal über alles mögliche dumme Zeug.« Der gekränkte Neffe stieß ein lautes: »Olle Hexe!« aus und verschwand von der Bildfläche, nicht wissend, daß er eine neuerliche Auseinandersetzung zwischen Mutter und Tante heraufbeschworen hatte.

Auf Wunsch des Publikums führte Felix in Leipzig Fannys Lied auf und konnte nicht umhin, ihr einen liebevoll anerkennenden Brief zu schreiben: »*Ich will Dir über Dein Lied gestern schreiben, wie schön es war. Meine Meinung weißt Du zwar schon, doch war ich neugierig, ob mir mein alter Liebling, den ich immer nur im grauen Kupferstichzimmer oder im Gartensaal von Beckchen gesungen und von Dir gespielt kannte, nun auch in dem sehr gefüllten Saal, bei hellem Lampenlicht, nach vieler, lärmender Orchestermusik, die alte Wirkung tun würde. So war es mir ganz kurios, als ich ganz still und allein Deinen netten Wellenschlag anfing und die Leute mäuschenstill horchten; aber niemals hat mir das Lied besser gefallen als gestern abend, und die Leute begriffen es auch und murmelten jederzeit, wenn das Thema am Ende wieder anfängt mit dem langen e, und klatschten sehr lebendig am Schluß. Zwar sang es die Grabow lange nicht so gut wie Beckchen, indes war es doch sehr rein und die letzten Takte sehr hübsch. Bennett, der auf dem Orchester war, läßt Dich vielmals grüßen und Dir über das Lied sagen, was Du schon weißt, und ich meinesteils bedanke mich im Namen des Publikums zu Leipzig und den anderen Orten, daß Du es gegen meinen Wunsch doch herausgegeben hast.*«

Aber auch nach diesem Erfolg änderte Felix seine Meinung über die Publikationswünsche seiner Schwester nicht. Noch einmal versuchte ihn Lea umzustimmen, aber seine Antwort war unmißverständlich: »*Du schreibst mir über Fannys neue Stücke und sagst mir, ich solle ihr zureden, sie herauszugeben. Du lobst mir ihre neuen Kompositionen, und das ist wahrhaftig nicht nötig, damit ich mich von Herzen darauf freue und sie für schön und trefflich halte, denn ich weiß ja, von wem sie sind. Auch darüber, hoffe ich, brauche ich nicht ein Wort zu sagen, daß ich, sowie sie sich ent-*

schließt, etwas herauszugeben, ihr die Gelegenheit dazu soviel ich *kann verschaffen und ihr alle Mühe dabei, die sich ersparen läßt, ersparen werde. Aber ihr zureden, etwas zu publizieren, kann ich nicht, weil es gegen meine Ansicht und Überzeugung ist. Wir haben darüber viel gesprochen, und ich bin immer noch derselben Meinung – ich halte das Publizieren für etwas Ernsthaftes (es sollte das wenigstens sein) und glaube, man soll es nur tun, wenn man als Autor sein Leben lang auftreten und dastehen will. Dazu gehört aber eine Reihe von Werken, eins nach dem andern – von einem oder zweien allein ist nur Verdruß von der Öffentlichkeit zu erwarten, oder es wird ein sogenanntes Manuskript für Freunde, was ich auch nicht liebe. Und zu einer Autorschaft hat Fanny, wie ich sie kenne, weder Lust noch Beruf – dazu ist sie zu sehr eine Frau, wie es recht ist, sorgt für ihr Haus und denkt weder ans Publikum noch an die musikalische Welt, noch sogar an die Musik, außer, wenn jener erste Beruf erfüllt ist.«*

Fannys tiefe Mutlosigkeit und die Krise, in der sie sich nicht nur künstlerisch befand, verstärkte sich noch durch eine weitere Fehlgeburt, die so kompliziert verlief, daß sie die Hoffnung auf Kinder endgültig begraben mußte. Auch für Wilhelm Hensel, der gerne noch mehr Kinder gehabt hätte, war das ein schwerer Schlag, das große Haus und der riesige Garten und dann die beiden kleinen Jungen als einzige Kinder darin. Hensel unterstützte Fanny, wo es nur ging, schon um sie auf andere Gedanken zu bringen. Aber Fanny litt auch noch anderen Kummer. Bisher hatte es der Bruder noch nicht einmal für nötig befunden, den Schwestern seine Frau zu präsentieren. Rebecka, die ein Kind erwartete, nahm die Angelegenheit nicht so tragisch wie Fanny, sie wäre gerne nach Leipzig gefahren, aber ihr Zustand ließ das nicht zu. Fanny war tief verstimmt und nur zu bereit, sich der aus der Mißstimmung herrührenden Lethargie zu ergeben.

Als sich die Düsseldorfer Familie Woringen, in deren Haus Fanny beim Musikfest so schöne Tage verbracht hatte, zu einem Gegenbesuch in Berlin ansagte, war das ein Anlaß, die

Sonntagsmusiken wiederaufzunehmen. Es wurde so viel musiziert wie schon lange nicht mehr, und so viel Publikum kam, daß »den Singenden kaum Platz blieb zum Stehen, geschweige denn zum Sitzen, und die Überfüllung der Räume steigerte sich ins Unerträgliche«.

Fanny erholte sich nun schnell, wie immer, wenn sie Anerkennung spürte, wenn ein geistiges Klima entstand, in dem sie sich entfalten konnte. Als Woringens nach einigen Wochen abreisten, um vor der Rückkehr nach Düsseldorf noch einige Tage bei Felix und Cécile in Leipzig zu verbringen, konnte Fanny ihre Verstimmung über das merkwürdige Verhalten des jungen Paares kaum noch zurückhalten. »Alle Welt erzählt mir von der Schönheit seiner Frau – und ich, ich kenne sie nicht einmal!« Tränen standen ihr in den Augen, und Woringens konnten sich den jähen Stimmungsumschwung anfangs nicht erklären, bedächtig sagte der alte Woringen: »Wenn es Sie so belastet, dann fahren Sie doch einfach hin zu ihnen.« Lebhaft stimmte Hensel ihm zu: »Was meinen Sie, wie ich meiner Frau seit Monaten zurede – aber wenn es um Grundsätze geht, dann ist alles Reden vergeblich.« Fanny schluckte: »Ach Wilhelm, es hätte sich schon eine Möglichkeit gefunden, Cécile nach Berlin zu bringen …« Hensel schüttelte den Kopf: »Es findet sich aber auch keine Möglichkeit, Fanny nach Leipzig zu bringen …«

Fanny gestand sich ein, daß es auch Eifersucht war, die sie daran hinderte, zu Felix zu fahren. Sie hatte eine Schwägerin, die Felix so nahe war, die seine Werke entstehen sah, die seine Erfolge und die Liebe des Leipziger Publikums zu spüren bekam, während sie hier den alten Glanz zu bewahren hatte. Für Felix und auch für Paul, der als Gesellschafter in die Mendelssohnsche Bank eingetreten war und das Erbe des Vaters für seine Geschwister verwaltete, verkörperte die Leipziger Straße 3 das Elternhaus, die Kinderheimat, das Glück der Geborgenheit, zu dem man zurückkehrte, wann es die Zeit erlaubte und einem danach war. Ein Haus, das immer offenstand, für Gäste, für Freunde. Aber wie das geschah und wer dafür sorgte – das regelte sich natürlich aus dem Haus heraus alleine.

Daß sie sich schließlich doch zur Reise nach Leipzig entschloß, hatte auch sein Gutes, Fanny war nun beruhigt, diese Schwägerin war bezaubernd, aber eine Konkurrenz, das konnte sie ihr, »dem Kantor mit den dicken Augenbrauen« niemals werden, an Karl Klingemann schreibt sie: »*Daß ich meine Schwägerin nun kenne, hat mir allerdings einen großen Stein vom Herzen gewälzt, denn ich kann nicht leugnen, daß Unbehagen und Mißstimmung in dieser Beziehung sehr in mir überhandgenommen hatten. Sie ist aber ein so liebenswürdiges, kindhaft unbefangenes, frisch erquickliches, immer gleich und heiter gestimmtes Wesen, daß ich Felix nur glücklich preisen kann, sie gefunden zu haben, da sie ihn unaussprechlich liebt, ihn aber dabei nicht allzusehr verzieht und seiner Launenhaftigkeit mit einem Gleichmut begegnet, der sie ihm am Ende vielleicht gar abgewöhnen wird. Ihre Gegenwart hat etwas von frischer Luft, sie ist so leicht, klar und natürlich.*«

Felix schickte Johanna Kinkel, Dichterin und Komponistin, nach Berlin zu seiner Schwester, die beiden freundeten sich schnell miteinander an. Beide begriffen nur schwer, warum Felix, der Johanna zum Lernen, zum Komponieren und Musizieren ermunterte, dies für Fanny nicht wollte. Johanna sang im Chor mit und spielte mit Fanny vierhändig oder auch allein bei den Sonntagsmusiken oder den langen Abenden im Vorderhaus bei der Mutter. Oft saßen die beiden, wenn Hensel im Atelier an seinem neuen großen Bild ›Christus in der Wüste‹ arbeitete, im blauen Wohnzimmer und unterhielten sich.

An einem solchen Tag kam ein Brief von Felix, der ein Präludium und eine Fuge enthielt, Felix bat die Schwester um ihr Urteil. Fanny hielt die Noten in der Hand und sagte mehr zu sich selber als zu Johanna: »Wie seltsam, daß Felix mir gerade ein Präludium und eine Fuge schickt, ich wußte gar nicht, daß er an so etwas arbeitet und habe ihm gerade gestern mein Präludium und meine Fuge zur Beurteilung geschickt.« Sie gingen hinunter in den Gartensaal. Fanny probierte die Noten des Bruders, während Johanna Fannys Komposition durchlas. Sie schüttelte den Kopf über die Ähnlichkeit der Kompositionen, die beide in As-Dur gesetzt waren und den gleichen Rhythmus hatten. Nachdem der letzte Ton verklungen war, schwieg Johanna lange, bevor sie sagte: »Die Werke sind ja wie Zwillinge, ganz verschieden und doch auch ganz gleich.« Fanny zog noch eine andere Lehre aus dem Ereignis: »So lernt man wenigstens, wie ungerecht wir sind, wenn wir den Komponisten vorwerfen, daß sie Ähnlichkeiten gestohlen haben.«

Fanny zuckte nur die Achseln, als Johanna sie auf diese enge Verwandtschaft ansprach. Aber für die Freundin blieb die Tatsache, daß sich die beiden Stücke auf dem Weg zwischen Berlin und Leipzig gekreuzt hatten, und somit bewiesen war, daß keiner der Beteiligten etwas von dem Stück des anderen wußte, immer wie ein Wunder.

Fasziniert war die Freundin auch von Fannys Art zu dirigieren. Fanny hatte dirigieren müssen, seit Felix aus dem Hause war, wenn sie die Sonntagsmusiken nicht aufgeben wollte. Ihr kleiner Chor war gut geschult, ihr kleines Orchester bestand aus Musikern des Hoforchesters. Selbst für bekannte Sängerinnen und Sänger war es eine Ehre, bei Fannys Konzerten solistisch aufzutreten, denn ein interessierteres und interessanteres Publikum fand man sonst nirgends in Berlin. Für Johanna war die Dirigentin Fanny eine noch größere Quelle der Bewunderung als die Komponistin. Vieles, was sie bei Fanny sah, notierte sie sich in ihrem Tagebuch: *»Mehr als die größten Stimmen, die ich dort hörte, galt mir der Vortrag Fanny Hensels, und ganz besonders die Art, wie sie dirigierte. Es war ein Aufnehmen des Geistes der Komposition bis zur innersten Faser und das gewaltigste Ausströmen desselben in die Seelen der Sänger und Zuhörer. Ein Sforzando ihres kleinen Fingers fuhr uns wie ein elektrischer Schlag durch die Seele und riß uns ganz*

anders fort, als das hölzerne Klopfen eines Taktstocks auf ein Noten-
pult es tun kann.«

Im Frühjahr gab Fanny dem Drängen des Berliner Wohl-
tätigkeitskomitees nach, bei einem Konzert mit verdoppeltem Eintritt zugunsten der Armen in einem der beliebten
Dilettantenkonzerte aufzutreten, es war ihr erster und einziger öffentlicher Auftritt. Und wenn auch der Kritiker des
Londoner »Athenäum« meinte, »*Fanny Hensel hätte eine ebenso
große Künstlerin werden können wie Clara Schumann, wenn sie nur
arm geboren und gezwungen gewesen wäre, sich ihren Lebensunterhalt selbst zu verdienen*«, so wußte Fanny genau, daß die Frau,
die zwischen Gräfinnen und anderen hochgestellten Damen
auftreten durfte, nicht die Künstlerin Fanny Hensel war, sondern die Frau des Hofmalers und Professors der Akademie
Wilhelm Hensel, die Schwester des Leipziger Gewandhaus-
direktors Felix Mendelssohn und die Tochter des bedeutenden Bankiers und Stadtrates Abraham Mendelssohn. Drei
gewichtige Argumente für ihren Auftritt, gegen die das eine
Argument, eine selbständige Künstlerin zu sein, sehr leicht
wog. Voller Ironie schrieb sie an Klingemann: »*Vorige Woche
hat hier in der eleganten Welt ein Konzert großes Aufsehn gemacht.
Es ist nämlich, wie es an andern Orten häufig geschieht, ein Dilet-
tantenkonzert zugunsten der Armen mit verdoppeltem Eintritt gegeben worden, wobei die Chöre fast von lauter Gräfinnen, Gesandtin-
nen und Offizieren gesungen wurden. Da war ich vornehme Frau
denn auch dringend gebeten worden, zu spielen, und ich habe zum
ersten Male in meinem Leben öffentlich gespielt, und zwar Felixens
Konzert aus g-Moll. Ich habe mich gar nicht geängstigt, meine
Bekannten waren so gütig, es für mich zu tun, und das ganze Konzert, so elend das Repertoire auch war, hat soviel Neugier und Interesse erregt, daß die Einnahme 2.500 Taler betrug.*«

Im Mai desselben Jahres reiste Wilhelm Hensel nach England, um dort – ähnlich wie sein Schwager Felix Mendelssohn – bekannt zu werden. Fanny hätte ihn sehr gerne
begleitet, entschloß sich dann aber doch, zu Hause zu blei-

ben. Wilhelm nahm die beiden Bilder ›Mirjams Lobgesang‹ und das gerade fertiggestellte ›Christus in der Wüste‹ mit auf die Reise, um so etwas zum Zeigen und Anbieten zu haben; Karl Klingemann ebnete ihm die Wege in London und führte ihn in die kunstsinnigen Familien ein.

Fanny, an ein enges Zusammenleben und Arbeiten unter dem gleichen Dach gewöhnt, fiel die Trennung von ihrem Mann unendlich schwer: »*Wie schwer uns beiden die Trennung ward, daran darf ich gar nicht zurückdenken. Die Nachrichten lauteten indes bald gut und erfreulich*«, notierte sie in ihrem Tagebuch. Felix und Cécile kamen mit ihrem kleinen, nun halbjährigen Sohn Carl von der Pleiße nach Berlin, um dort die Ferien zu verbringen. Es war ein kalter, regnerischer Sommer, der einen Gartenaufenthalt fast unmöglich machte. Felix und Fanny musizierten, und Cécile malte. Rebecka Dirichlet kam mit ihren beiden kleinen Söhnen Walter und Felix oft herüber, niemand genoß das Zusammensein mit Kindern und Enkeln mehr als Lea, die ihnen allen den Aufenthalt so schön wie möglich machte.

Von Wilhelm Hensel trafen erfolgversprechende Briefe ein, zwei Bestellungen auf Bilder hatte er bereits entgegengenommen. Sowohl die Herzogin von Sutherland als auch Lord Egerton hatten ihm Aufträge erteilt, so war die Reise auch finanziell kein Fehlschlag. Er ließ es sich nicht nehmen, der Krönung der jungen, erst achtzehnjährigen Victoria zur Königin von England beizuwohnen. Der als überaus schreibfaul bekannte Hensel wuchs über sich hinaus, er schrieb lange, begeisterte Briefe, die im Familienkreis vorgelesen wurden. Er skizzierte viel für seine Porträtalben und zeichnete Bilder der Krönung. Nur Fanny fehlte ihm überall, wie gerne hätte er dies farbenprächtige Schauspiel zusammen mit ihr erlebt, wieviel mehr hätte er es dann genießen können. Aber die Krönung hatte auch ihre Schattenseiten. Vergeblich suchte Hensel einen Kupferstecher für seine Bilder, die Engländer hatten für nichts anderes Sinn als die Krönung ihrer

Königin, andere Bilder wurden überhaupt nicht angeschaut, geschweige denn gekauft. Doch voller Stolz kann Hensel schließlich nach Hause melden, die Königin selbst habe ihn und seine Bilder im Buckingham Palast zu sehen gewünscht: »*Was krieg ich aber für einen Schreck, als ich hineintrat und die schönen Rubens, van Dycks, Rembrandts usw. sah, und nun meine Sachen dazwischen stellen sollte! Aber was half's, ich mußte mich der Feuerprobe unterwerfen, und wenigstens ist dieses ›Muß‹ mir instruktiv gewesen. Du weißt, wie ich die heilsamen Mortifikationen für Künstler predige und immer, wenn auch mit Schauder gewünscht habe, mal meine Geschöpfe unter denen der alten Kunsthelden zu sehen. Als meine Sachen aufgestellt waren, hatte ich noch eine halbe Stunde Zeit, die Galerie zu besehen, und wenn ich in das beste eingedrungen war, sah ich meine Bilder an und erließ mir keine Demütigung, die mir nützlich sein konnte, ich wußte wohl, solche Schule würde mir vielleicht nicht wieder geboten. War ich aber auch gedemütigt, so war ich doch auch erhoben zugleich, ich sah, daß mehr zu erringen sei, wenn Gott und Glück Zeit und Gelegenheit geben.*« Diese so erfolgversprechende Reise wurde von Wilhelm Hensel Hals über Kopf abgebrochen, als er von Fanny vom Ausbruch einer Masernepidemie in Berlin erfuhr – er ließ sogar seine Bilder in England zurück, um so schnell wie möglich zu seiner Familie zurückzukehren. Ende September traf er in Berlin ein und fand seine Familie bei bester Gesundheit.

Bald nach seiner Rückkehr begann Hensel an dem von der Herzogin von Sutherland bestellten Bild zu arbeiten, sie hatte sich eine Kopie des Mirjam-Bildes gewünscht. Aber Hensel hatte das abgelehnt, schließlich war sie mit der von ihm vorgeschlagenen Lösung, einem Gemälde ›Hirtin im Lande Gosen‹ einverstanden gewesen, nur sollte die Hauptfigur des Mirjam-Bildes, also Fanny, auch auf dem neuen Bild zu sehen sein.

Eigentlich hatten Hensels gleich nach der Rückkehr zu ihrem schon so lange geplanten und immer wieder verscho-

Wilhelm und Fanny Hensel

benen Aufenthalt nach Italien abreisen wollen, aber auch diesmal mußten sie ihre Pläne ändern. Gleich nach der Fertigstellung der Aufträge wollte Hensel, diesmal mit seiner Frau, wieder auf die britische Insel reisen, die abgebrochene Reise fortsetzen und auch die beiden dort zurückgebliebenen Bilder entweder verkaufen oder wieder nach Berlin zurückbringen. Fanny freute sich auf die Reise, schon schrieb sie Klingemann von dem bevorstehenden Wiedersehen, auch Felix gab schon gute Ratschläge für einen England-Besuch.

Da machte der Tod von Rebeckas jüngstem Sohn alle Reisepläne zunichte. Der kleine Felix starb im Alter von dreizehn Monaten völlig überraschend, seine Mutter erkrankte durch den Schock schwer an nervösen Gesichtsschmerzen; diese furchtbaren Schmerzen quälten Rebecka monatelang. Die Familie pflegte sie aufopfernd, und Fanny versprach ihr, im nächsten Jahr das Seebad in Heringsdorf mit ihr zu besuchen, wenn es ihr nur bald wieder besserginge. Für Fanny war dies Versprechen ein großes Zugeständnis, denn seit dem schrecklichen Erlebnis in Doberan und dem nicht gerade erfolgreichen Aufenthalt in Boulogne hatten Seebäder für sie etwas ausnehmend Schreckliches. Wilhelm Hensel, der zum Malen immer eine Atmosphäre der Ruhe und der Harmonie brauchte, war mit der Fertigstellung der beiden für England bestellten Bilder nicht viel weitergekommen, und so mußten die Reisepläne ein weiteres Mal geändert werden, und die große Reise nach Italien wurde endgültig für die Zeit nach der Rückkehr aus Heringsdorf ins Auge gefaßt.

Im Juli aber ging es erst einmal nach Heringsdorf. Als Fanny und Rebecka mit dem neunjährigen Sebastian, dem sechsjährigen Walter und der Tante Minna Hensel in dem erst seit kurzem als Seebad entdeckten Ort ankamen, schluckte Fanny schwer. Die Fürstin Liegnitz, zweite Gemahlin von König Friedrich Wilhelm III., liebte den Ort sehr und hatte ihn in Mode gebracht. Das stille, verschlafene Fischernest Heringsdorf bot einen liebenswerten Anblick, wenn auch das

Wetter ähnlich schlecht war wie damals in Boulogne, für Fanny Anlaß genug zu den schrecklichsten Befürchtungen. Ihre kleine Wohnung gefiel ihr, der Ort auch, aber ein Klavier mußte her. Es wurde gemietet und in das Pensionszimmer getragen, Fanny konnte nicht abwarten, es auszuprobieren, dabei riß eine Saite. Der Klavierstimmer kam, aber Fanny erkannte schnell, daß sie bei der *»Qualität des Instrumentes mehr Saiten als Nähnadeln verbrauchen werde. Da es übrigens einen ganzen Ton zu tief steht, so werden wir unsere Höhe im Gesang brillieren lassen. Es lebe die Kunst! Als Tisch ist das Klavier vortrefflich zu brauchen und drittens dient es als Bücherbrett. – Eben war ich in der andern Stube bei Beckchen, um sie zu fragen, ob wir nicht den Klavierstimmer hinausschmeißen wollten? Der Kerl hat schon zwei Saiten abgestimmt (ohne meine), und es steht jetzt schon wenigstens zwei Töne zu tief.«*

Rebeckas Erholung machte in Heringsdorf rasche Fortschritte, die Bäder schlugen an, und für Fanny, deren größte Sorge der Gesundheit der Schwester galt, begann eine übermütige Zeit. Viele Freunde und Bekannte verbrachten die Sommermonate an der mecklenburgischen Küste. An den Sonntagnachmittagen lud Fanny ein zum Kaffee, sie spielte auf dem letztlich doch leidlich instandgesetzten Klavier, und hier fand auch Rebecka Muße, endlich einmal wieder zu singen. Fanny spielte viel Eigenes und auch Sachen von Felix, in einem Brief an ihren Mann schreibt sie vergnügt: *»Ich habe mir vorgenommen, eine mäßig ausreichende Zahl von Felixens und meinen Musikstücken als Thalberg, Herz, Liszt und Bellini zu taufen, um mich bei unseren guten Gästen nicht in Mißkredit zu bringen. Was nun meinen innern Menschen betrifft, geliebter Mann, so ist er beschaffen wie ein Jean Paulscher Roman, humoristisch sentimental. Ich habe mir durchaus vorgenommen, die beste Laune durchzuführen, bis jetzt ist es mir gelungen, so oft ich aber an Dich denke (und es geschieht zuweilen!) gehen mir die Augen über.«*

Rebecka wäre am liebsten noch länger in Heringsdorf geblieben, aber Fanny hatte Sehnsucht nach ihrem Mann und wollte nach Hause. Auf der Heimreise in Stettin begingen die beiden dann noch einen Streich. Die beiden Schwestern erinnerte er an die unbeschwerte heitere Kindheit, die nun schon so weit hinter ihnen lag. Während sie in der Poststation auf die Abfahrt warteten, hörten sie aus dem gegenüberliegenden Fenster eine wunderschöne Tenorstimme. Fanny öffnete das Fenster weit, und beide lauschten hinaus in den schönen Augustabend. Als der Sänger verstummte, meinte Rebecka, einem so guten Tenor müßte auch etwas Gutes geboten werden, und da die beiden ja während des Heringsdorfer Aufenthaltes genug Zeit zum Üben gehabt hatten, sangen sie ein zweistimmiges Lied. Immer mehr Fenster wurden geöffnet, die Passanten blieben auf der Straße stehen, und als sie schließlich aufhörten, wurden sie beklatscht und auch mit Bravo-Rufen bedacht. Sie verneigten sich artig. Jetzt begann auch der Tenor wieder zu singen, leider hörten sie das Ende nicht mehr, denn die Pferde wurden gebracht, und die Kutsche setzte ihren Weg fort.

Kapitel 12

Die große Reise nach Italien

Kaum zurückgekehrt, begann Fanny ihre Sachen durchzusehen und für die große Reise, die über ein Jahr dauern sollte, zu packen. Sebastian war sich seiner Würde, auf eine so große Reise mitgenommen zu werden, wohl bewußt, er stand immer und überall allen im Weg herum. Wilhelm Hensel war während der Abwesenheit seiner Frau nicht müßig gewesen und hatte das Bild ›Hirtin im Lande Gosen‹ beendet. Noch vor Antritt der Reise wurde es nach England geschickt. Fanny war darüber nicht sehr glücklich und notierte in ihrem Tagebuch: »*Das Bild fand ich fertig und überaus schön. Leider wird es nirgends mehr gesehen werden, sondern geht direkt nach London ab.*«

»*Gebe uns nun Gott eine gute Reise ohne Unfall und stets gute Nachrichten von zu Hause, und laß er uns alles unverändert finden, dann werden wir herrliche Zeiten erleben. Ich gehe diesem Ereignis mit ruhiger Freude entgegen, möge sie von guter Vorbedeutung sein! Amen!*«

Nachdenklich beugte sich Fanny Mendelssohn aus dem Fenster der Reisekutsche und winkte ihrer Schwester und dem kleinen Walter Dirichlet, die zusammen mit der Mutter Lea fröhlich ihre Taschentücher schwenkten, ein letztes Mal zu. »Jetzt fahren sie unerbärmlich fort!« Der sechsjährige Walter hatte Tränen in den Augen. Rebecka lachte: »Wenn sie wiederkommen, wirst du endlich wissen, daß es unaufhaltsam heißt!« Fanny lehnte sich in die Polster des Wagens zurück. Ein ganzes Jahr lang reisen. Während Felix, der Reiselustigste der Familie, sich jetzt ein behagliches Heim in Leipzig einrichtete und über jeden Tag, den er nicht bei Weib und Kind verbringen konnte, jammerte, hatte seine Schwester die Reiselust so richtig gepackt.

Acht Tage blieben Hensels bei Felix und Cécile in Leipzig in der schönen und geräumigen Wohnung. Cécile war schweigsam und sanft wie immer, liebenswürdig und ruhig in all der Hektik, die Felix um sich herum verbreitete. Die Familie war erst vor wenigen Tagen aus Frankfurt zurückgekehrt, ein ziemlich gewagtes Unternehmen, denn Cécile war schwanger. Die Kutsche war genau vier Stunden, bevor das erste Konzert des Gewandhaus-Orchesters der Saison begann, in Leipzig eingetroffen, und Felix war gerade noch rechtzeitig an seiner Wirkungsstätte eingetroffen. Fanny schluckte: »Ich würde das nicht aushalten, schon das Zugucken macht mich ganz nervös.« Cécile lächelte freundlich: »Aber warum denn, er will es doch so, wie könnte ich dann dagegen sein!« Fanny schnappte nach Luft. Aber sie sagte nichts, sondern nahm den kleinen Carl auf den Arm, so ein lustiger kleiner Kerl und dabei noch hübscher, als sein Vater im gleichen Alter war, wenn das denn überhaupt möglich war. Die Freude über das Kind und die harmonische Familie, in der sich der Bruder wohl fühlte, glich viele der Spannungen, die sich zwischen den Schwägerinnen, immer wenn sie beieinander waren, einstellten, aus. Felix hatte jetzt den festen Plan, seinem Oratorium ›Paulus‹ ein weiteres folgen zu lassen. Er hatte den Stoff des ›Elias‹ gewählt und besprach mit Fanny die ersten Skizzen und Szenen. Als drittes Oratorium wollte er den ›Christus-Stoff‹ gestalten, so wollte er dann Altes und Neues Testament miteinander verbinden. Aber diese Pläne waren vorerst nur ein loses Denkmodell, das er in ruhigeren Zeiten weiter fortsetzen wollte. Wilhelm Hensel mochte seine schöne Schwägerin, ihre gleichbleibende blauäugige Sanftheit zog ihn in ihren Bann. Cécile wiederum war ganz versessen auf die Skizzenbücher Wilhelm Hensels, die sie stundenlang ansehen und durchblättern konnte. Hensel erklärte ihr sein Prinzip, »*die Men-*

schen so zu porträtieren, wie die Natur – ehe Störungen eintraten – die Betreffenden intendiert hatte.« Seine Neigung, die Modelle zu idealisieren, hatte ihm nicht nur Freunde, sondern auch spöttelnde Kritiker eingebracht. Allerdings trug der selbstbewußte, sicher in seiner Anstellung und seinen Lebensanschauungen ruhende Maler nicht schwer an dieser Kritik. Konservativ, freundlich, immer hilfsbereit war er nicht nur als Lehrer beliebt. Noch immer hatte er Kontakt zu einigen seiner Kameraden, mit denen er in den Freiheitskriegen im gleichen Regiment gedient hatte. Einer seiner engsten Freunde war der als sehr schwierig geltende Graf Blankensee. Felix neckte ihn damit, solche Freundschaft könne man nur bei völliger Selbstaufgabe behalten. Hensel schüttelte den Kopf: »*Ich habe da so mein Prinzip, nach dem ich von Jugend auf meinen Umgang mit vornehmen Leuten eingerichtet habe. Gegen ihre höhere gesellschaftliche Stellung habe ich nie protestiert, auch im freundschaftlichsten Verkehr immer eine Grenzscheide gezogen, Kordialitäten nie versucht, ihnen immer ihren Stand und ihre Ehre gegeben; aber wenn das geringste geschah, das meine Ehre verletzte, habe ich das ruhig und fest zurückgewiesen. Das ist immer respektiert worden, und ich bin, wie mit Blankensee so mit allen anderen märkischen Adeligen sehr gut ausgekommen.*« Felix stellte die Weinflasche auf den Tisch, während Cécile die Gläser aus dem Schrank nahm. »Hensel«, er drohte dem Schwager mit dem Finger, »nimm doch bitte ein ganz klein bißchen Rücksicht auf deinen radikalen Schwager!« Hensel lehnte sich zurück: »Jedem das Seine, man kann nun einmal nicht aus seiner Haut!«

Die acht in Leipzig verbrachten Tage verliefen so harmonisch, daß Fanny sie als Urlaub auf der Reise rechnete und für sie immer die Italienfahrt in Leipzig begann. Felix hatte seiner Schwester einen ausführlichen Reiseplan angelegt, einschließlich der Gasthäuser, der Spezialitäten, der Kunststätten, Museen und aller Genüsse, an die er sich erinnerte, alles war darin so genau vermerkt, daß Fanny ganz überrascht war und den Bruder umarmte:»Mit einem solchen Plan muß die Reise noch einmal so gut gelingen.«

Anfang September fuhren Hensels über Bamberg und Nürnberg ihrem ersten großen Reiseziel, der bayerischen Hauptstadt München, entgegen. Aber schon auf dieser ersten Etappe ließen sie sich von Felix' Plan abbringen. Denn sie vertrauten ihren Wirtsleuten, die ihnen von einer neuen, viel schnelleren Straße nach Bamberg vorgeschwärmt hatten, mehr als den Aufzeichnungen des Bruders. Der Postillion der Mietkutsche folgte dem Rat nur allzu gerne. Zuerst war die Straße auch wirklich außerordentlich gut, dann stellte sich heraus, daß sie noch gar nicht fertig war. Die Kutsche mußte auf Feldwege ausweichen, und so wurde der vielgepriesene und bequeme Weg zu einer einzigen Tortur. Einzig Sebastian fand Gefallen an dem Gerüttele und Geschüttele. Selbst die Köchin Jette, die auch während der großen Reise für das leibliche Wohl der Familie zu sorgen hatte – ohne sie und ihre Kochkünste hätte Fanny die Reise niemals angetreten –, war nicht mehr so erpicht wie am Anfang, fremde Länder kennenzulernen.

Der größte Schrecken aber stand den Reisenden noch bevor. Als die Kutsche endlich die Fährstelle über den Main erreichte, war es mitten in der Nacht, der Fährmann schlief, und die Fähre setzte nicht über. Die Reisenden richteten sich seufzend auf eine Nacht in der Kutsche am Flußufer ein. Abwägend trat der Postillion von einem Bein auf das andere, schließlich stieß er zwischen den Zähnen hervor, der Main sei gar nicht so tief, sondern sehr seicht, und er werde versuchen, mit der Kutsche durch den Fluß fahrend das andere Ufer zu erreichen. Fanny glaubte, ihr Herz würde aussetzen, sie drückte Sebastian an sich, dem das ziemlich peinlich war, aber alle waren sehr froh, als sie unbeschadet die andere Seite des Mains erreicht hatten.

»Hier in Regensburg, einst Castra regina genannt, sind ganz außer Zweifel noch Spuren aus der Römerzeit vorhanden!« Mit vergnügt funkelnden Augen erklärte Wilhelm Hensel seinem Sohn Sebastian die Grenzen des ehemaligen Römischen Reiches, bestimmt seien hier noch Spuren der einstigen Besatzungsmacht vorhanden! Sebastian bekam kugelrunde Augen: »Wo?« Aber da war der Vater mit seinem Latein am Ende. Er winkte den Wirt an den Tisch und begann eine hochnotpeinliche Befragung. Gibt es hier vielleicht einen Tempel? Der Wirt schüttelte den Kopf und zerknüllte seine Schürze. Was diese Fremden aber auch immer wissen wollten! Oder vielleicht eine Wasserleitung? Die Miene des Wirts hellte sich auf: »Ja, da gibt's eine, aber …« Wilhelm Hensel ließ kein Aber gelten: »Ich wußte es ja, kommen Sie, wir möchten sie sehen!« Der Wirt sperrte Mund und Nase auf: »Aber sie ist sehr weit draußen, es ist so heiß … bis wir da sind, draußen vor der Stadt …!« »Natürlich!« nickte Hensel, »alle Wasserleitungen liegen außerhalb der Städte, wie in der Campagna in Rom!« Wilhelm Hensel war durch nichts von seinem Plan abzubringen, der Wagen für den Ausflug wurde bestellt, und die Pferde für die Extrapost wurden abbestellt. In der Sonnenhitze fuhr die erwartungsfrohe Familie Hensel eine endlos sich dehnende, staubige Landstraße entlang. Schließlich hielt der Wagen vor einem langgestreckten, modernen Fabrikgebäude: »Was ist das?« Hensel lehnte sich mißtrauisch aus dem Wagen. »Na, das ist die Wasserleitung!« antwortete der Wirt, der es sich nicht hatte nehmen lassen mitzukommen, und klingelte an der Pforte. Endlich öffnete sich das Tor, und ein mürrischer Portier fragte nach den Wünschen der Besucher. »Wir wollen die Wasserleitung sehen.« Schweigend wurden die Ankömmlinge in einen engen Hof geführt, in dem deutlich das Arbeiten einer Dampfmaschine zu hören war. Der Portier schlurfte auf eine eiserne Klappe im Boden zu und wuchtete sie hoch, mit der freien Hand zeigte er hinunter. Darunter war der auf- und abgehende Stempel einer Wasserdampfpumpe zu sehen, das war der Stolz der Regensburger, die Dampfpumpe ihrer noch gar nicht so lange fertiggestellten neuen Wasserleitung. Verdutzt und entgeistert starrte Wilhelm Hensel hinab in den dröhnenden und stampfenden Orkus, der nun seine schönsten antiken Wasserleitungsträume zunichte machte. Nachdem Fanny sich von ihrer Verblüffung erholt hatte, bekam sie einen solchen Lachanfall, daß sie sich mit dem ebenfalls feixenden Sohn in den äußersten Zipfel des Hofes zurückzog. Hensel schickte den sich krampfhaft um Haltung bemühenden Mitgliedern seiner Familie wütende Blicke nach. Als sich die beiden wieder einigermaßen beruhigt hatten, bedankte sich Fanny bei dem Portier und faßte ihren Mann am Arm: »Komm, reg dich nicht auf, es war doch so urkomisch …« Schweigend trat die Familie die Rückkehr an. Bevor sie sich zum Abendessen an den Wirtshaustisch setzten, schärfte Fanny ihrem Sohn streng ein: »Daß du mir mit keinem Wort die Castra regina und ihre Wasserleitung erwähnst, ich hab' so das Gefühl, das würde uns beiden schlecht bekommen.«

Wilhelm Hensel fühlte sich sehr wohl in dem sich unter dem kunstsinnigen König Ludwig I. reich entfaltenden Bayern. Natürlich statteten die Reisenden auch der dicht bei Regensburg entstehenden Walhalla, die Fanny tief beeindruckte, einen Besuch ab: *Eine halbe Stunde unterhalb Regensburgs, am linken Donauufer auf einer schön geformten Höhe, rechts und links von andern schön bewachsenen, zum Teil mit Ortschaften und Ruinen bedeckten Bergen eingefaßt, liegt die Walhalla, weithin im ganzen Land sichtbar. Einmal beendet wird sich das Gebäude mit seinen ungeheuren Marmorsäulengängen, die sich gegen die Luft absetzen, prächtig ausnehmen, wenn uns auch einzelnes darin gar nicht gefallen hat und der Name Walhalla und der Zweck, Büsten berühmter deutscher Männer darin aufzustellen, mit der Form eines griechischen Tempels auch durchaus nicht übereinstimmt. Bis jetzt ist noch das ganze Gebäude in einen unermeßlichen Bretterkasten eingehüllt, welcher, auf einem Berg so nahe dem Wasser stehend, ein deutliches Bild der Arche Noah gewährt. Wenn man hineingeht, kann man ungefähr entziffern, wie es werden wird, und ein kleiner*

Kupferstich, den wir zur Hand hatten, verdeutlicht es noch mehr. Als Beispiel, wie flüchtig selbst so große Werke hier behandelt werden müssen, mag dienen, daß eine Karyatide, von Schwanthaler modelliert, vierzehnmal ganz gleich in Marmor ausgeführt wird, weil er nicht einmal Zeit hat, verschiedene Modelle zu machen. Überhaupt ist ganz Bayern ein großer Baukasten, in München sitzt das geniale Kind, das damit spielt, es ist nur zu fürchten, daß die schönen bunten Häuser alle zusammenstürzen, sobald das Kind einmal davongeht, denn es muß einem jeden einleuchten, daß für die Kräfte des Landes und nach Verhältnis der Bildung des Volkes zu viel geschieht; aber nach dieser Seite hin ist der König überaus großartig und mit Sinn und Kenntnis, das kann man nicht leugnen. Er ist der beste und einsichtigste Oberbaudirektor, und da er zugleich eine leidliche Versorgung als König von Bayern hat und daher imstande ist, alle seine Bau- und Mal- und Bildnerlaunen auszuführen, daneben auch persönlich sich hübsch und rücksichtsvoll und freundlich gegen die Künstler zu benehmen scheint, wenn sie ihm nur rasch genug arbeiten, so geschehen wirklich außerordentliche Dinge, und man muß übertrieben gutmütig sein, um es ohne Neid zu sehn, wie die Kräfte der Leute in Anspruch genommen werden und dadurch gesteigert werden. So hat er sich auch durch seine Liebe für die gotische Art und Weise das große Verdienst erworben, die dazugehörigen Gewerke außerordentlich gehoben zu haben, denn die Glasmalerei, das Steinhauen, das Holzschnitzen und das Mauern verstehn sie hier wie die Alten.«

In München feierte Hensel Wiedersehen mit seinem alten Freund Cornelius und lernte durch ihn Wilhelm Kaulbach, Ludwig Schwanthaler und Julius Schnorr von Carolsfeld kennen. Der Reiseplan des Bruders bewährte sich in allen Einzelheiten, obwohl Fanny eigentlich immer mal wieder davon abwich, denn ihre Interessen waren nicht immer gleich – trotz aller Übereinstimmung. Auf zehn Tage war der Aufenthalt in München begrenzt, Fanny wäre am liebsten noch länger geblieben, aber Hensel hatte Angst, daß mit der fortgeschrittenen Jahreszeit auch die Pässe unpassierbar werden könnten. So glichen die Münchner Tage einem Marathonlauf durch Galerien und Kunstausstellungen, durch Malerateliers; sie besahen die Allerheiligenkapelle mit den Freskogemälden von Heinrich Heß, die ihnen beiden ganz außerordentlich gut gefiel.

Sehr gespannt war Fanny auf die Bekanntschaft mit Delphine Handley, die als Delphine von Schauroth die erste große Liebe Felix' gewesen war. Damals, auf seiner Kavalierstour, war er ernsthaft in sie verliebt gewesen und sie wohl auch in ihn. Fanny erinnerte sich an einen Brief – kurz vor Sebastians Geburt mußte das gewesen sein –, da hatte er sie richtig eifersüchtig machen wollen auf die Pianistin, »deren kleine Hand nicht zureichte« und zu der er manchmal mehrmals am Tage »raspeln« ging. Er hatte der angebeteten Delphine sein g-Moll-Klavierkonzert gewidmet, das Delphine, eine selbstbewußte Künstlerin und »charmante Person«, wie Fanny fand, der Schwester des Komponisten vorspielte. Außer von Felix selbst habe sie es noch von niemandem besser gespielt gehört, lobte Fanny die einstige Nebenbuhlerin um die Gunst des Lieblingsbruders.

Während Sebastian beim Anblick des Stilfser Jochs wie elektrisiert hinüber nach Italien blickte, sich dann aber maßlos enttäuscht abwandte, bekam seine Mutter es nun doch mit der Angst zu tun: »*Als wir eine Weile auf dieser Hochebene fortgerollt waren, tat sich eine gewaltige Masse von Schneebergen vor uns auf, und da wir auf unsere Frage erfuhren, es sei das Stilfser Joch, über das die neue Straße führe, fiel mir, ich muß es gestehen, das Herz ein wenig in die Inexpressibles.*« Wilhelm Hensel sah sich urplötzlich drei schweigenden Mitreisenden gegenüber – denn auch Jette hing ohne ein Wort zu sagen ihren Gedanken nach.

»He – was ist los?« Da löste sich Sebastian aus seiner Erstarrung und maulte: »Ich habe immer gelesen, daß Hannibal auf dem Gipfel der Alpen seinen Puniern die leuchtenden Gefilde Italiens gezeigt hat, und da habe ich mir vorgestellt, man sieht ganz Italien ausgebreitet, den ganzen Stiefel bis hinunter nach Sizilien vor sich liegen, genau wie eine Landkarte – und jetzt sieht man bloß Berge und wieder Berge und Eis und Schnee!« Wilhelm Hensel drehte die Augen zum Himmel: »Ja, spürst du es denn nicht, man riecht, man spürt, man fühlt doch schon den Süden in seiner ganzen Schönheit!« Sein Sohn blickte um sich her, schnüffelte und lehnte sich wieder zurück, dann antwortete er dem Vater: »Nee!«

An Mailand konnte Fanny nun überhaupt nichts Gutes finden, und so fuhren sie weiter über Padua nach Venedig. Bisher hatte Italien sie noch nicht verzaubern können. Sie sah schmutzige, verlotterte Städte, in Mailand hatten sie niemand von den vielen Leuten, für die sie Empfehlungsschreiben hatten, angetroffen, und Venetien gefiel ihr auch nicht, so schlampig, so verkommen, die preußische Bankierstochter sah ihren Traum von Italien schon zerrinnen. Hensel schwieg und wartete ab. Dazu gab es Flöhe und alle anderen Arten von Ungeziefer, und die Apfelsinen waren zwar nicht ganz so teuer wie daheim, dafür aber auch nicht so ausgesucht schön. Erst Venedig bricht den Bann – von der Lagunenstadt ist Fanny restlos begeistert, vor allem, nachdem sie aus dem Gasthof »Luna« – den Hensel treffend als *»nicht keusch, dafür aber säuisch«* bezeichnet, umziehen können in eine Wohnung bei Hensels Malerfreund Aurel Robert. Die erste Nacht in der neuen Wohnung ist auch die erste in Venedig, in der Fanny sich nicht von Mücken zerstochen schlaflos im Bett wälzt. Besonders die Stiche im Gesicht und über den Augen waren zu dicken Pusteln aufgequollen, die abscheulich juckten und weh taten. Robert führt Hensel in die Paläste Venedigs, wie eine venezianische Patriziertochter fühlt sich seine Frau, als sie zum ersten Male das Treppenhaus eines solchen Palastes durchschreitet. Staunend erlebt sie, daß in den Galerien die schönsten Kunstwerke aus Platzmangel eng und dicht übereinanderhängen – wie viele Galerien in Deutschland könnte man mit diesen Kunstwerken füllen! Sie beginnt, sich an die italienische Küche zu gewöhnen, obwohl Jette jetzt das Zepter in der Küche der Wohnung übernommen hat. Auch der Sitte, Wein zum Wasser zu gießen, mag sie nun nicht mehr widerstehen. Zwar schiebt sie es auf das heiße Klima und meint, der Wein sei ihrer Gesundheit förderlich, aber der gutmütige Hensel schubst sie ein bißchen und meint: »Brauchst gar nicht viel drüber zu sagen, ich gönne dir den Wein schon.«

Während Jette mit Sebastian auf dem Markt einkauft, der so sein Italienisch mit allerlei in keinem Wörterbuch vorkommenden Wörtern anreichert, zeichnet und malt Wilhelm Hensel im Atelier Roberts, der ihm auch die Modelle besorgt hat. Fanny schwelgt im Herausfinden neuer Schönheiten der Stadt und schickt der Familie genaue, minutiöse Briefe, damit auch die Daheimgebliebenen an der Reise teilnehmen können. Als Anfang November das schöne Wetter nachläßt, wird es empfindlich kalt in der großen, an einem der venezianischen Kanäle liegenden Wohnung, und Hensel mahnt, es sei an der Zeit, südlichere Gefilde aufzusuchen und das Winterquartier einzunehmen. Nachdem Fanny noch einmal ihre Lieblingsplätze aufgesucht und einige besonders schöne Bilder noch einmal angesehen hat, reißt sie sich buchstäblich von Venedig los. Hensel bemerkt es mit Genugtuung, ein wenig hatten ihn die Schimpfereien über Mailand schon geärgert, aber wenn das Temperament mit seiner Frau durchging – er mußte grinsen –, da hatten auch die Berliner zu Hause nichts mehr zu lachen.

Am anderen Morgen nehmen sie ihre nun schon gewohnten Plätze in der Kutsche ein, Sebastian sitzt natürlich vorne beim Kutscher, das hat er sich ausbedungen. Fanny notiert in ihr Reisetagebuch: »*Am andern Morgen, bei immer gleich schlechtem Wetter, reisten wir über das schön liegende Monfelice, überschritten die schon bedeutend angeschwollene Etsch und machten in Rovigo, einem unbehaglichen Nest, Mittag. Hier waren schon die bedenklichsten Nachrichten über den hohen Wasserstand des Po zu* hören, und es wurde uns der Übergang, der hier durch eine Fähre vermittelt wurde, als unmöglich geschildert. Wir ließen uns dadurch indessen nicht abschrecken und fuhren nachmittags die drei Meilen bis zum Po. Allerdings zeigte sich uns hier das ganze Elend einer großen Überschwemmung, es war, als hätten die Schleusen des Himmels sich zu einer zweiten Sintflut geöffnet. Endlich erreichten wir den Po –: die Fähre lag da, die Leute meinten, es sei allerdings ganz gut möglich überzusetzen und es drohe dabei nicht die mindeste Gefahr; aber der Kardinallegat in Ferrara habe das Übersetzen verboten, und sie durften es unter keiner Bedingung wagen, dieses Verbot zu übertreten. Nachdem Hensel vergeblich seine ganze Beredsamkeit und bedeutende Versprechungen aufgewendet hatte, blieb uns nichts übrig, als den Rückweg nach Rovigo anzutreten. Den ganzen nächsten Tag mußten wir hier bleiben, es kamen wechselnde Nachrichten: der Po fällt, der Po steigt; kein Passagier von jenseits erschien, es wurde also nicht übergesetzt.

Am 7. morgens fuhren wir abermals dem Po zu, allerdings fast ohne Hoffnung: das Wasser war noch gestiegen, das Wetter womöglich noch scheußlicher geworden; der Postmeister in Polisella, der letzten Station, bewog uns fast zum Umkehren, indem er uns die absolute Unmöglichkeit des Weiterkommens bewies, da fuhr eine Extrapost vom Po kommend in den Hof, als handgreiflicher Beweis der Möglichkeit des Übersetzens. Nun ging's mit frischem Mut vorwärts, wir erreichten den Fluß, er war noch mehr geschwollen als zwei Tage vorher, aber – der Kardinallegat hatte jetzt das Übersetzen erlaubt, und es erwies sich auch als ganz ungefährlich, nur daß wir statt drei Paoli deren sechsundzwanzig bezahlen mußten, wovon der Kardinallegat, dem wir die ganze Geschichte verdankten, zwei Drittel bekam.«

In Florenz reicht die Zeit gerade zum Besichtigen des Palazzo Pitti, der Uffizien und der Tribuna. Staunend bemerkt Fanny, daß die Maler, die hier all die herrlichen Kunstwerke kopieren, ihre farbverschmierten Paletten ganz ungeniert auf den herrlichen Mosaiktischen ablegen, ohne daß die Aufsicht einschreitet oder irgend jemand etwas dagegen sagt. Die herrlichen Bilder, wie gerne würde sie sie umhängen, so, wie sie ihrer Meinung nach besser zur Wirkung kämen, ein wahres Kunstfieber hat sie erfaßt, sie kann sich nicht satt sehen. Für Fanny viel zu schnell geht es der Jahreszeit wegen weiter, Rom entgegen. Die Reise ist lang und beschwerlich, dann wieder wunderschön, geradezu aufregend schön. Fanny verliebt sich in Orvieto, das sich den Reisenden bei herrlichem Wetter von seiner schönsten Seite zeigt. Vielleicht lag es aber auch nur an dem ganz vorzüglichen Wein, einem Monte fiascone, den sie unterwegs getrunken hatten, daß Fanny so beschwingt und heiter war. Am liebsten hätten sie hier eine längere Rast eingelegt, die Stadt zu erkunden, aber der Kutscher drängte zur Weiterfahrt. Er war barsch und kurz angebunden, sehr zu Fannys Ärger, aber vielleicht gingen ihm auch nur die kunstbeflissenen Touristen aus aller Herren Länder, die er zu befördern hatte, mit ihren vielen Extrawünschen auf die Nerven. Jedenfalls machte er den Eindruck, als wären ihm Skizzenbücher, in die alles mögliche hineingezeichnet wurde, reichlich verdächtig, besonders dann, wenn er einen Reiseplan einzuhalten und seine Pferde zu versorgen hatte.

Die Nacht verbrachten sie in Ricosi; als sie endlich den Gasthof erreicht hatten, weigerte sich Fanny, die Kutsche zu verlassen, so düster und unheimlich kam ihr das Haus vor. Aber die resolute Jette sprang aus dem Wagen, schließlich brauchte der Junge seinen Schlaf und sie auch, die Herrschaften mochten das halten, wie sie wollten. Nach langwierigen Verhandlungen mit dem Wirt konnte Hensel ihm klarmachen, daß sie wirklich die Reisenden seien, die die Betten vorbestellt hatten. Aber darin schliefen nun zwei Maurergesellen. Wilhelm Hensel weckte sie auf, endlich erhoben sie sich murrend und schimpften vor sich hin. Jette fand in Sebastians Bett einen Pudel, der dort selig schlief und nicht begreifen konnte, warum er sein warmes Plätzchen so urplötzlich verlassen sollte. Hensel behauptete, das Fleisch des

Hammels beim Abendessen stamme von einem Tier, das man wegen seiner Wildheit habe erschießen müssen. Darauf begann Sebastian zu weinen und weigerte sich, noch einen Bissen zu essen. Jette schüttelte den Kopf: »Und alles vor dem Kinde!« Aber das Kind bekam noch größere Augen, als seine Mutter bekundete, in dieser Räuberhöhle verbrächte man die Nacht besser außerhalb des Bettes, denn man wisse nicht, welchen Überraschungen man im Schlaf ausgesetzt sein würde. Jetzt schüttelte Jette ein weiteres Mal den Kopf, und dennoch, wäre Sebastian nicht so müde gewesen, keine Macht der Welt hätte ihn in sein nun pudelfreies, aber ziemlich unheimliches Bett gebracht.

Endlich war Rom erreicht, Fanny schwirrte der Kopf, wenn sie an all die Kunstschätze dachte, die hier auf ihrer Liste standen. Aber zuallererst mußte sie eine Wohnung finden. Von Wilhelm war da nicht viel Hilfe zu erwarten. Seit er die Kutsche verlassen hatte, war er auf der Suche nach alten Freunden und schon nach wenigen Stunden verschwunden in einem Geflecht aus Künstlerfreunden und neuen Bekanntschaften. In Florenz hatten alle sie gewarnt und ihr prophezeit, daß sie endlos lange nach einem Quartier suchen müßte. Aber Hensels hatten Glück, die Wohnung war akzeptabel und nicht einmal teuer. Für vier gutmöblierte Zimmer, die bedauerlicherweise keine besonders schöne Aussicht auf die Ewige Stadt boten und außerdem zwei Treppen hoch lagen, sollten sie dreißig Skudi monatlich zahlen. Da die Wohnung nahe am Zentrum lag, mietete Fanny sie, obwohl der Preis doch ein ziemliches Loch in ihre Reisekasse riß, denn auch sonst gab es Versuchungen genug, Geld auszugeben. Das hatte sie schon in den ersten römischen Tagen herausgefunden und in einem Brief an die Schwester beklagt: *»Ich versichere Dich, ich gäbe viel darum (sogar ein paar tausend Skudi) wenn ich hier ein paar tausend Skudi zu vertun hätte, Gott, was gibt es hier zu kaufen! Wenn ich diese liebenswürdigen alten Möbel ansehe, besonders bei einem gewissen Antiquar, den wir einen*

Tag um den anderen besuchen, da halte ich mir immer wie der Gei-
zige die Taschen zu. Ich sollte mir nur auch die Augen zuhalten,
denn ich träume nachher davon. Da ist besonders ein gewisser Tisch,
viel zu vornehm für uns, aber der hat mir's angetan. Mein Mann
wieder macht gewissen Bildern die Kur, die auch leider zu vornehm
für uns sind. Da ist ein wunderschönes, großes Altarbild, von Fra
Bartolomeo, vergine, wie sie hier sagen, d. h. unretouchiert, mit einer
lieblichen Gruppe zweier singender Engel unten, die will der Kunst-
händler, der Barbar, herausschneiden und einzeln verkaufen, wenn er
das ganze Bild nicht bis zu unserer Abreise los wird. Nun seufzt
mein Mann wie ein Verliebter, so oft er davon spricht, und wenn
der Rüpel immer wiederholt: ›tagliare, tagliare‹ bekommt er fast
Krämpfe.«

Mit der Zeit lebte sich Fanny in Rom ein, sie traf den Geiger Landsberg wieder, der sich hier vornehm Cavaliere
Landsberg nannte und einen Salon für betuchte Touristen
unterhielt – in Berlin hatte er im Orchester des Königstädter
Theaters gesessen. Nebenbei vermietete er Klaviere für zehn
Skudi im Monat, Madame Hensel hätte er aus alter Freundschaft natürlich einen Solidarpreis von nur 9 Skudi anzubie-
ten. Fanny mußte lachen, jetzt spielte sie bei Landsberg, in
dessen Salon sich die Fremden drängten. Damals in der Leipziger Straße hatten die noch blutjungen Kollegen Ferdinand
Rietz und David im Verein mit Felix den armen Landsberg
in Angst und Schrecken versetzt, weil sie ihm weismachen
wollten, der Betreiber des Theaters in der Königstadt, ein
gewisser Cerf, würde ihn einsperren lassen, weil er bei den
Sonntagsmusiken gespielt hatte. Übermütige Zeiten waren
das gewesen, damals schon war Landsberg so naiv gewesen
wie heute. Nach einem Stück, das Fanny gespielt hatte,
wandte er sich an Wilhelm Hensel: »Der Text von des Stück
erinnert mir sehr an eine italienische Arie, auf die ich mir jar
nicht besinnen kann, Hensel, wissen Sie nich?« Aber natürlich wußte Hensel auch nicht …

Es wurde Zeit, daß Sebastian, der schon reichlich verwilderte, einen Lehrer bekam. Aber es war nicht so einfach, in Rom andere Kinder, die zusammen mit ihm unterrichtet werden konnten, aufzutreiben. Kinder schienen Mangelware in Rom zu sein. Endlich trieb Fanny einen Enkel des Bildhauers Thorwaldsen, acht Jahre alt, auf, der zusammen mit Sebastian französischen und italienischen Unterricht bekam. Allerdings waren weder Lehrer noch Schüler miteinander zufrieden. Sebastian konnte es nicht ausstehen, wenn der italienische Pater bei den langen Spaziergängen, die sie zu dritt durch Rom machten, versuchte, aus dem kleinen Protestanten einen Katholiken zu machen. Es langweilte ihn einfach, schließlich hatten Zehnjährige auch noch andere Interessen. Und Sebastian war selbstbewußt genug, das auch zu sagen. Der Geistliche hatte aber schon viele verstockte protestantische Seelen erlebt und war nicht bereit, diese Seele so schnell der Verdammnis zu überlassen, worauf Sebastian sich losriß und davonlief, nicht ohne dem Verblüfften ein trotziges »Auf Wiedersehen im Himmel« nachzurufen.

Kapitel 13

Zauberhafter römischer Sommer

Mit Staunen sah Fanny, wie ihr Mann sich in Rom veränderte, wie er es genoß, Malerfreunde wiederzutreffen, alte
Freundschaften wiederaufleben zu lassen und neue Impulse
in sich aufzunehmen. Er zeigte ihr all das, was er ihr bei seinem Romaufenthalt damals gerne geschrieben hätte, wie oft
hatte er sich in Gedanken überlegt, Fanny seine Eindrücke zu
schreiben – und dann war ein Familienbrief an Lea daraus
geworden. Jetzt konnte er fast darüber lachen, aber damals
war ihm das erzwungene Schweigen doch sehr schwergefal-
len. Während Hensel Sebastian häufig zum Zeichnen und
Malen mitnahm, hatte Fanny viel Zeit, ihr Rom zu entdecken. Anfang Dezember besuchten sie zum ersten Male
Ingres, den Direktor der französischen Akademie in Rom, die
in der Villa Medici mit ihrem großen, wunderschön gepflegten Garten untergebracht war. Begeistert schrieb Fanny nach
Hause: »… *der uns außerordentlich freundlich aufgenommen und
sich Pauls mit viel Liebe erinnert; er nennt ihn zum Unterschied von
Felix immer: Ihr Bruder, der so gut Cello spielt. Ihr wißt, daß er ein
großer Geiger vor dem Herrn ist; nach Tisch wurden Trios gespielt,
und dabei versammelte sich die ganze französische Akademie, lauter
jeune France mit Bärten und gestutztem Haar à la Raffael, fast lauter hübsche Leute, denen ich es nicht verdenken kann, daß sie sich
nach den Fleischtöpfen Ägyptens, nach den Bällen Horace Vernets
zurücksehnen, denn nach Ingres' Pfeife wird gar nicht getanzt, sondern höchstens klassische Musik gespielt, Ihr könnt uns also zuweilen sonntags abends mit den Gedanken bei ihm suchen. Ob ich an
Felix in diesem Haus dachte, mögt Ihr Euch vorstellen. Welch ein
höchst grandioses Institut ist aber diese französische Akademie, und*

wie glücklich sind überhaupt die französischen Künstler! Für Ingres arbeitet unausgesetzt einer der talentvollsten Kupferstecher, Calametta, und sticht selbst seine Porträts; das heißt doch, es gut haben in der Welt. Und wie schön ist diese Villa Medicis und wie beneidenswert der Posten dieses Direktors, an dem ersten Kunstaste auf Erden, ausgestattet mit allen Mitteln, auf die Elite der Jugend seines Landes einzuwirken; es kann wohl nichts schöneres für einen Künstler geben, aber sie sind leider auch darüber blasiert, sie wissen nicht, wie gut sie es haben, und müßten wahrhaftig wieder einmal ein bißchen geschüttelt werden, um den Übermut loszuwerden.«

Für die deutschen Künstler in Rom war die französische Akademie allerdings ein Wunschtraum, die Gewinner des jährlichen »Rompreises« bekamen einen Freiplatz in der Villa Medici und konnten sich ohne Sorgen ihren Studien hingeben, bis vor wenigen Jahren war der exaltierte Historienmaler Horace Vernet, der bevorzugte Maler der Familie Bonaparte und auch des Königs Louis Philippe, Direktor der Akademie gewesen. Er hatte rauschende Kostümfeste und Bälle inszeniert, zu denen alles, was in Rom Rang und Namen hatte, pilgerte. Seit er durch Ingres abgelöst worden war, gab es keine Feste mehr, dafür aber Konzerte, sehr zum Leidwesen der festesfreudigen Jugend.

Fanny mokierte sich, daß sie als Frau in der Peterskirche so weit entfernt von »Papstens« und den Kardinälen sitzen oder besser stehen mußte, so daß sie wegen ihrer Kurzsichtigkeit kaum etwas erkennen konnte. Auch die Musik in den Kirchen fand sie schlampig ausgeführt, der Gesang der Kardinäle kam ihr wacklig und zittrig vor, beim Hören der römischen Kirchenmusik bekam sie eine unbändige Sehnsucht nach einer richtigen Bachkantate oder einem Chor von Händel.

Mit Wehmut und Herzklopfen betrat Fanny zusammen mit ihrem Mann die palastähnliche Casa Zuccari, am Ende der Via Sistina und nahe der Piazza della Trinità dei Monti gelegen; hier hatte der Onkel Jacob Bartholdy gelebt. Vier

Zimmer im zweiten Stock der Villa hatte der Geschäftsträger Preußens in Rom gemietet gehabt. Jetzt wurde der Palast wegen der ihm zu verdankenden Hauptattraktion, der Fresken der deutschen Nazarener zur Josephslegende des Alten Testamentes, Casa Bartholdy genannt. Fanny klopfte das Herz zum Zerspringen, als die sehr nette englische Familie, die die Wohnung nun bewohnte, sie sehr herzlich zum Verweilen einlud.

Hensel berichtete ihr halblaut, wie die Räume zur Zeit ihres Onkels eingerichtet gewesen waren. Er zeigte ihr den Platz, an dem sich Jacob Bartholdy am liebsten aufgehalten und wo er seine Briefe geschrieben hatte. Erst als sie alle diese Eindrücke auf sich hatte wirken lassen, betraten sie zusammen das Zimmer, das er den Künstlern zur Ausschmückung überlassen hatte. Wilhelm Hensel betrachtete die Fresken mit einer gewissen Traurigkeit, wie gerne hätte er sie damals, als er den Nachlaß Bartholdys zu regeln hatte, abnehmen und nach Berlin bringen lassen. Denn solche Kunstwerke einer Mietwohnung und ihren Zufällen zu überlassen schien ihm gefährlich und auch verantwortungslos.

Bartholdy mit seinen verwickelten Vermögensverhältnissen hatte den Malern nur wenig zahlen können, aber trotzdem hatten sie, obzwar enttäuscht, mitgemacht, um so ein einzigartiges Dokument ihres künstlerischen Schaffens zu hinterlassen. Zärtlich strich Hensel mit der Hand über den Teil des Freskos, den der junge Overbeck gestaltet hatte, und wandte sich an Sebastian: »Sieh nur genau hin – das sind Meisterwerke aus der Jugendzeit der neueren deutschen Kunst – geschaffen durch den Willen und den Kunstverstand deines Großonkels. Das Thema allerdings – die Josephslegende – haben sich die Künstler nach langen Beratungen selbst gewählt. Bei der Geschichte von Joseph und seinen Brüdern hatte sie besonders der Satz ›Ihr gedachtet es böse mit mir zu machen, aber Gott gedachte es gut zu machen‹ beeindruckt.«

Hensels traten hinaus auf den breiten Balkon des Zimmers, von hier hatte man einen wunderschönen Blick über Rom. »Ich habe Overbeck herbestellt«, sagte Hensel mit einem Blick auf Fanny, »ich weiß, du kannst ihn nicht leiden, aber da er nun einmal hier ist und außerdem ein Freund von Bartholdy, kann er am besten diese große Zeit der Kunst noch einmal lebendig werden lassen.« Sebastian winkte lebhaft hinunter: »Da kommt er schon.« Es dauerte nicht lange, bis Overbeck zu ihnen trat, er hatte nicht mehr den elastischen Gang der Jugendjahre, das römische Klima machte dem Lübecker Patriziersohn zu schaffen, aber Rom verlassen – daran mochte er nach so vielen Jahren nicht einmal denken. Er blinzelte ins Sonnenlicht: »Madame Hensel, Sie ahnen nicht, wie schwer es damals für uns alle war, sich in die Freskomalerei hineinzufinden. Und dann die Hitze – nach drei Stunden war der Bewurf so trocken, daß wir nicht mehr arbeiten konnten. Wir entschlossen uns dann, zweimal am Tag Bewurf auftragen zu lassen.« Er schüttelte sich in der Erinnerung. »Nicht einmal mein allererster Versuch, in Öl zu malen, hat mich soviel Kopfzerbrechen gekostet.« Er trat zu seinem Teil des Freskos, den ›sieben mageren Jahren‹. Lange schwieg er: »Und welch Interesse hatte Ihr Onkel am Fortgang der Arbeiten – es gab kaum einen an Kunst interessierten Besucher in Rom, den er uns nicht hierherschickte. Er förderte uns wie er konnte – aber wir konnten die Zeit, in der die Kunstwerke fertiggestellt werden sollten, nicht einhalten, Cornelius war viel krank, na, und irgendwann ging dann Ihrem Onkel auch das Geld aus.« Er lächelte: »Zumal ja die Lose der Lotterie, die Sie in Berlin für ihn kauften, niemals gewannen. Von dem Geldmangel war besonders Cornelius betroffen, Johannes und Philip Veit konnten ja auf die Unterstützung ihres Vaters rechnen ... Eigentlich sollte alles, was zu den Kunstwerken geführt hatte, also alle Entwürfe, Studien und Kartons – gesammelt werden. Aber die Not zwang die Künstler, alles unmittelbar nach der Nutzung an die Besucher, die in hellen Scharen anrückten, zu veräußern.« Hensel nickte. »Der frühe Tod hat Bartholdy um die Freude an seinem Werk gebracht und uns eigentlich auch. Wie waren wir glücklich damals …« Overbeck lachte: »Und immer hungrig, wenn uns unser Mäzen, der Herr Bartholdy, nicht durchfütterte. Ich erinnere mich an einen Stoßseufzer von Cornelius, der sagte, ich bin bei dieser Arbeit der glücklichste Mensch, und hätte ich nur einen Bissen Brot, so würde ich nicht mit unsern berühmtesten, mit Orden, Würden und Reichtümern überhäuften Malern des Jahrhunderts tauschen.«

Zusammen besuchten sie das Grab Bartholdys auf dem Cimitero degli stranieri acattolici im Schatten der Cestius-Pyramide. Sebastian bat darum, ein paar der Blumen abpflücken zu dürfen. Er wollte sie pressen und der Großmutter in Berlin als lieben Gruß vom Grab des Bruders mitbringen.

Staunend erlebte Fanny den römischen Karneval. Doch zog sie es vor, sich im Wagen durch das Gewimmel zu bewegen und so dem Treiben zwar nahe zu sein, aber wenigstens durch dünne Wände getrennt. So genoß sie das närrische Treiben, die bunten, geschmückten Wagen. Den Hagel von Konfetti – leider konnte sie nicht wie andere ihr Gesicht mit einer Drahtmaske schützen, denn für ihre kurzsichtigen Augen brauchte sie die Lorgnette, so zog sie den Schleier über das Gesicht. Und wunderte sich selbst, daß sie den Trubel, den Lärm und die vielen Leute aushielt. Das fröhliche Treiben hatte noch nicht seinen Höhepunkt erreicht, da erkrankte Wilhelm Hensel sehr schwer. Nächtelang saß Fanny an seinem Bett, und der Karneval war fast vorüber, als er das erste Mal wieder hinausgehen konnte. Am letzten Tage bestand er aber darauf, mit zitternden Knien und noch ganz wacklig auf den Beinen wenigstens einmal noch am närrischen Treiben teilzunehmen. Fanny machte sich große Sorgen, denn das Wetter war so regnerisch, und der Wind fuhr kalt und böig durch die Straßen und über die Plätze. Aber sie war auch glücklich, daß sie nun doch noch an dem großen Fest teilnehmen konnte: *»Es wurde nämlich zum Besten der Cholera-Waisen durch mehrere Römer von Adel, unter dem Protektorat der Fürstin Borghese, geb. Shrewsbury, einer schönen und liebenswürdigen jungen Dame, ein Ball auf dem Kapitol gegeben, und da der Raum auf dem Kapitolplatz zu eng ist, um so viele Wagen dort umwenden zu lassen, so fuhr man durch das Forum hinaus; dieses, sowie der Platz und die Vorhallen, waren durch zahllose Fackeln erleuchtet. Obgleich nun leider das Wetter zu schlecht war und der Regen einen großen Teil der Fackeln wieder auslöschte, so war es doch ein unvergeßlicher Anblick, die alten Säulen, Triumphbögen und Trümmer so seltsam beleuchtet zu sehn. Bei schönem, mondhellem Abend, wie wir so viele gehabt haben, mußte es wahrhaft zauberisch gewesen sein. Auch die prachtvollen Rokokosäle waren sehr brillant erleuchtet, außerdem sah der Ball aus wie alle andern, und nicht einmal so gut, denn da er ein bezahlter war, so fand sich ein ziemlich gemischtes Publikum ein, namentlich was die geliebten Engländer betraf, und die alten Dicken sprangen wie toll umher in diesen berühmten Räumen.«*

Jetzt, da es ihrem Mann endlich wieder besserging, fuhr Fanny mit der ganzen Familie hinaus in die Umgebung der Stadt. Immer öfter schloß sich ihnen August Kaselowsky, ein Schüler Hensels aus Berlin, der gerade ein Stipendium des preußischen Königs für Rom erhalten hatte, an. Eines Tages entdeckte Sebastian, wie von seinem Vater vorhergesagt, Teile der antiken Wasserleitung mitten im Gelände. Begeistert zeigte er sie seinem Vater, aber der hatte an Wasserleitungen keine rechte Freude mehr. Es waren Tage voller Natur, Poesie und voller Erinnerungen. Vollkommen überrascht wurde Fanny von ihrem Mann mit einem Porträt Sebastians, zu dem er eines seiner bei allen, die ihn kannten, so beliebten Gedichte gereimt hatte:

»Unser Knab' im zehnten Jahr
Wie auf klassischen Ruinen
Er unklassisch Kraut erschienen
Eh er in der Klasse war;
Stell'er einst sich klassisch dar
Uns als Lorbeer dort zu grünen.«

Horace Vernet war in Rom eingetroffen, allem Anschein nach hatte er wieder einmal Sehnsucht nach seinem einstigen Wirkungskreis. Voller neuer Ideen und Anregungen hatte er vor einigen Jahren Algier besucht und sich dort mehr als je zuvor in einen Orientalen verwandelt. Seine Kleidung, seine gebräunte Haut, das alles erinnerte so sehr an einen Araber, daß selbst seine engsten Freunde sich oft täuschen ließen und ihn erst auf den zweiten Blick erkannten. Fanny bat ihn, sich von ihrem Mann malen zu lassen. Hensel träumte immer noch von einem Aufenthalt im Morgenland: von seinem Licht und den neuen, den abendländischen Augen fremden Motiven ginge soviel Neues, Aufregendes aus, daß ein Maler, der auf der Höhe seiner Zeit sein wolle, das unbedingt gesehen haben müsse. »Aber«, so schloß er seinen begeisterten Vortrag, »man kann schließlich nicht einfach seinen Träumen leben, man muß seine Pflicht tun und abwarten.« Horace Vernet hatte sich in einem Sessel behaglich ausgestreckt, jetzt fuhr er auf: »Allez, Hensel, worauf warten Sie noch, in vierzehn Tagen können Sie in Algier sein, wozu jammern?!« Fanny bekräftigte: »Das muß ich aber auch sagen, wenn dir soviel daran liegt, dann bringe uns bis nach Triest, und dann nimmst du für dich das nächste Schiff …« Hensel unterbrach sie: »Wir haben uns für dieses Jahr Rom und dann noch Neapel und Sizilien vorgenommen. Es gibt Gründe, nicht davon abzuweichen, jedes Ding hat seine Zeit.« Fanny schwieg, und auch Horace Vernet hatte keine Lust mehr, das ihm und seiner Natur völlig fernliegende Thema noch weiter zu erörtern.

An diesem Abend nahm sich Fanny ihr Reisetagebuch vor: *»Was ist das aber für ein Gefühl für mich, ihm durch mein Dasein solche Opfer aufzuerlegen. Denn was wir lange unter uns besprochen, geahnt, gefühlt, gewußt, das bringt nun Vernet mit frischer Tat und klarem Wort ins Leben, und in kurzem wird es Gemeingut sein. Dort liegt die Zukunft der Kunst. Diese Tat hätte Wilhelm vollbringen können, hätte er sie gleich der Idee folgen lassen. Daß wir Deutschen immer warten, immer den Moment verpassen, immer zu spät kommen! Daß man doch aus seiner Zeit, seiner Familie, seinem eigenem Selbst so schwer sich erhebt. Die Sache bewegt und ergreift mich aufs tiefste.«*

Noch einmal kam Horace Vernet, zusammen mit dem Maler Reichardt, zu Hensels in die Wohnung, um sich von Hensel in seinem malerischen Kostüm malen zu lassen. Vernet erzählte vom Orient, von Löwenjagden und den Bräuchen der Beduinen. Reichardt tauchte Hensel die Pinsel ins Weiß, damit es mit der Arbeit schneller voranging, denn der vielbeschäftigte Vernet hatte nur eine Stunde Zeit. Als er sich am Schluß der Sitzung erhob, betrachtete er das Bild und war sehr zufrieden mit seinem Konterfei. Fanny war froh, daß niemand an das Thema der Reise in den Orient rührte. Auch sie sprach nie mehr mit Hensel darüber.

Genau verfolgte Fanny die Zeremonien und Gottesdienste der Osterzeit im Vatikan, vor allem die Musik unterzog die an Bach und Händel geschulte Musikerin einer überaus strengen Prüfung: *»Ich dachte dabei beständig an Seb. Bach. Jene starren Formen des Gesanges erinnerten mich aufs lebhafteste an die uralten Mosaiken, nur finde ich jene noch steifer und todähnlicher. Ihre Ähnlichkeit aber ist sehr denkbar, denn sie sind Kinder einer verwandten Zeit ... Nach der Passion erschien der Papst, und es ward eine lateinische Rede mit großem Pathos und unermeßlichem Geschrei gehalten, hierauf kamen die Gebete, es wird nämlich rubrikenweise für − wirklich − Gott und die Welt gebetet, und bei jeder Rubrik beugten der Papst und die Kardinäle das Knie. Auch diese so uralte, einfache und schöne Handlung der Kreuzanbetung hat die*

Katholische Kirche wie so manches andere zur possenhaften Äußerlichkeit heruntergesetzt und knickst wie die Weiber beim Kaffeebesuch. Nur das Gebet für die Juden wird stehend abgemacht.« Genau notiert Fanny aus dem Gedächtnis die Melodien der Musik, mokiert sich über den Chor, der den Ton nicht halten kann und auch längst von ehemals imposanter Größe zu einem eher kleinen Chörchen geschrumpft ist, wie sie von den Umstehenden erfährt.

Dazu lädt auch Landsberg zu einem musikalischen Abend in sein Haus, Fanny begleitet ein Streichquartett auf dem Flügel und langweilt sich während des Spielens so sehr, daß sie fast am Klavier eingeschlafen wäre, *»denn wir hatten schlabbrige Musik genug im Leib«*, seufzt sie in einem Brief.

Nach Ostern war Rom auf einmal wie leergefegt, fast alle Fremden waren nach Neapel weitergezogen, Hensels hatten ihren Aufenthalt in Rom verlängert, sie konnten sich noch nicht trennen von der Stadt und von ihrem Freundeskreis, der sich erst in der letzten Zeit so richtig herausgebildet hatte. Lange hatten Fanny und Wilhelm überlegt, ob sie nicht auch den nächsten Winter noch in Rom verbringen sollten. Die Entscheidung hatte nicht nur Fanny schlaflose Nächte gekostet, aber schließlich hatte wie immer die Vernunft über die ganz persönlichen Interessen gesiegt.

Aber dieser Sieg kostete die Vernunft sechs zauberhafte römische Wochen, Wochen, die wie im Fieber dahingingen, in denen Tage und Nächte nicht mehr voneinander zu unterscheiden waren. Fast jeden Tag in diesem geschenkten römischen Sommer spielte Fanny im Kreis der französischen Akademie. Hier waren es besonders Georges Bousquet, ein angehender Komponist, von dem Fanny einiges erwartete, und Charles Dugasseau, ein nicht gerade begabter, aber dafür um so freundlicherer Malschüler, die zu ihren eifrigsten Zuhörern gehörten. Dazu kam noch Charles Gounod, der Fanny geradezu anbetete: *»Bousquet und Dugasseau machen es mir insofern schwer, als sie nie eine Sache vergessen, die ich ihnen,* *auch vor Monaten, nur einmal gespielt; ein besseres Publikum kann man wirklich nicht haben. Ich schreibe auch jetzt viel; nichts spornt mich so als Anerkennung, wogegen mich der Tadel mutlos macht und niederdrückt. Gounod ist auf eine Weise leidenschaftlich über Musik entzückt, wie ich es nicht leicht gesehn. Mein kleines venezianisches Stück gefällt ihm außerordentlich, ferner das aus h-Moll, was ich hier gemacht habe, Felixens Duett, sein Capriccio aus a-Moll und vor allem das Konzert von Bach, das ich wenigstens schon zehnmal habe spielen müssen.«*

Wenn Fanny ihr Spiel beendete, warf sich Gounod ihr zu Füßen und küßte ihre Hände, für ihn gab es nur noch »Baque«, mit brennenden Augen verfolgte der gerade Zweiundzwanzigjährige jede Handbewegung Fannys, er hing an ihren Lippen, wenn sie über die Entwicklung der deutschen Musik berichtete. Er hatte den Rompreis im zweiten Anlauf mit seiner Kantate ›Fernand‹ errungen. Begabt und sensibel, hatte er großes Heimweh nach seiner Mutter, die ihn – beim Tode des Vaters war er erst fünf Jahre alt – allein großgezogen hatte, ihren Lebensunterhalt hatte sie mit Klavierstunden verdient. Sie war nicht begeistert, als sich immer mehr herausstellte, daß der Sohn Komponist werden wollte. Exaltiert und leicht zu beeinflussen, war er schnell unter den Einfluß eines konservativen Paters geraten und hatte in ein Kloster eintreten wollen. Aber dieser Wunsch hatte sich schnell wieder gelegt, und jetzt konnte er nicht genug über deutsche Musik lernen und vor allem deutsche Musik hören, wenn Fanny sie spielte. Noch niemals hatte er jemanden so Klavier spielen gehört, und zum ersten Mal fühlte er sich nicht mehr allein in Rom. Aber spielen mußte Fanny, spielen, die jungen Franzosen konnten nicht genug bekommen, mit immer neuen Bitten überschütteten die drei jungen Franzosen die Pianistin. Sie brachten ihr die schönsten Blumensträuße von Spazierritten durch die Campagna mit, sie überraschten sie mit Gedichten und kniend dargebrachten Huldigungen, sie vergaßen selbst Hensel nicht und schenkten ihm erlesenen

Wein. Bousquet brachte ihr Kompositionen, die sie behutsam korrigierte, sie fand sie vielversprechend und voller Talent. Sorgen machte Fanny ihr Liebling Gounod; schloß er sich zu eng an sie an und nahm ihn die deutsche Musik zu sehr gefangen, so bestand die Gefahr, daß seine eigene musikalische Entwicklung darunter litt. Aber es dauerte lange, bis er ihr die erste eigene Komposition zeigte.

Fanny war die Muse der französischen Akademie, die Schüler trugen sie auf Händen – wenn es sein mußte, nicht nur im bildlichen, sondern auch im wörtlichen Sinne. Soviel Anbetung machte Spaß: »*Ich will mir gar nicht verhehlen, daß die Atmosphäre von Bewunderung, von der ich mich hier umgeben sehe, wohl etwas dazu beitragen mag, ich bin in meiner frühen Jugend lange nicht so angeraspelt worden wie jetzt, und wer kann leugnen, daß das sehr angenehm und erfreulich ist? Es kommt eben alles hier zusammen, um mich an Rom zu fesseln; und wie gut wäre es für meinen Wilhelm, für seine Arbeiten; aber es geht nicht, es ist fest beschlossen.*«

Wie schön war es in Tivoli am Fuße der Wasserfälle des Anio in den Sabinerbergen! Hensels fuhren mit Kaselowsky in der Kutsche voraus, die »Die drei Capricen« genannten Franzosen folgten zu Pferd. Sie trafen sich im schönen, alten Gasthaus der Sibylle am Ende der Via della Sibilla gelegen. Kaum jemand versäumte hierherzukommen, und viele der illustren Gäste hatten sich auf Marmortäfelchen verewigt, die jetzt in die Wände der Wirtschaft eingelassen waren und dem Raum einen einzigartigen Zauber verliehen. Bousquet hatte ihr eine gerade begonnene Kantate mitgebracht, die sie durchsah, während Gounod scheinbar uninteressiert die Wände betrachtete und die Inschriften zu entziffern versuchte. Fanny überlegte, ob er, der mit Musik förmlich überflutet wurde, nicht von dem Allzuvielen verwirrt wurde und darüber in einen Rausch geriet.

In den Nächten leuchteten Millionen von Glühwürmchen, und Fanny gewöhnte sich das Schlafen ab. Noch vierzehn Tage Rom, und nichts hatte sie gesehen, kaum etwas kennengelernt, Lieblingsplätze, einmal besucht, nie wieder vergessen, sie komponierte und gab den Stücken – nur für sich selber – die Namen der Plätze, ein zweites Tagebuch aus Noten, eine musikgewordene Stadt, nur für das Haus, nicht für die Öffentlichkeit bestimmt, durchwanderte Nächte in Rom, Konzerte bei Landsberg und in der Akademie, der Weg von der Fontana Trevi im Mondenschein ganz anders als im Tageslicht. Gounod stieg auf alle Akazienbäume am Straßenrand und warf die blühenden Zweige auf sie herunter. Niemals hatte sie einen ähnlich schönen Abend erlebt. Auf der Piazza Colonna begann Charles Gounod das Konzert von Bach zu singen, Fanny und die anderen fielen ein, selbst Hensel brummte mit. Ein wenig schämte sich Fanny, so wie betrunkene Studenten durch Rom zu ziehen, aber sie fühlte sich so leicht, so federleicht.

Am nächsten Abend, Hensels hatten noch einen Besuch gemacht, trafen sie auf dem Heimweg Dugasseau, der von Ingres kam und sich sehr wunderte, sie zu treffen, er kehrte mit ihnen um und überredete sie zu einem Abstecher in die Akademie. Er wollte ihnen den Garten zeigen, der im Mondlicht wunderbar anzusehen war. Während Hensels noch unschlüssig am Tor standen und die Pracht von außen betrachteten, war Dugasseau schon unter Gounods Fenster getreten und rief leise nach ihm. Eine Dame und ein Herr würden auf ihn warten! Endlich öffnete Gounod das Fenster und rief herunter: »Deine Dame möchte ich sehen, das wird schon so eine Schönheit sein!« Als er Fanny erkannte, stotterte er etwas Unverständliches und schloß das Fenster mit einem Knall. In unglaublich kurzer Zeit war er angezogen und trat zu ihnen in den Garten. Plötzlich hatte Gounod eine Idee, er rannte in sein Zimmer zurück und holte den Schlüssel für das Pförtchen am Belvedere. Leise und ohne ein Wort zu sagen stiegen sie durch das Wäldchen die Anhöhe hinauf.

Sie spürte Gounod neben sich, fühlte, wie er nach ihrer

Hand griff und sie behutsam festhielt. »Niemals habe ich jemanden wie Sie getroffen, mein Leben ist aus den Fugen geraten, seit ich Sie getroffen habe«, flüsterte er, »alles hat sich verändert, das Leben, Rom, die Musik, ich kenne mich nicht mehr aus, nichts ist geblieben, wie es einmal war!« Oben angekommen standen sie lange nebeneinander und sahen auf die Stadt hinunter. Die Bäume des Gartens der Villa Borghese waren fern und doch unendlich nah, da drüben wölbte sich sanft wie ein Schattenriß die Kuppel von St. Peter, daneben reckte sich der Obelisk empor, und durch die dunklen Bäume hindurch leuchteten die hellen Lichter der Ewigen Stadt. Es war atemberaubend schön.

Dugasseau und Bousquet alberten mit Hensel herum, sie übten sich im Bockspringen und versuchten deutsche Wortspielereien ins Französische zu übersetzen, was neues Gelächter hervorrief. Gounod lächelte, während in seinen Augen Tränen standen: »Es ist eine Nacht, wie man sie niemals vergißt.« Während Fanny noch seinen Worten nachlauschte, stieg die Erinnerung an eine andere Mondnacht in ihrem Gedächtnis auf. Die erste Nacht von Wilhelms schwerer Erkrankung mitten im Karneval. Tödliche Angst hatte sie ausgestanden; wie dicht Angst und Freude beieinanderlagen. War wirklich noch kein Jahr seit ihrer Abreise aus Berlin vergangen? Sie war älter geworden in dieser Zeit, aber sie fühlte sich trotzdem jünger.

Gounod suchte ihre Nähe, wo immer es ihm möglich war, ergriff er ihre Hand, schüchtern, zart. Sie spielte die Präludien von Bach, die er so liebte, »Die drei Capricen« umlagerten dann den Flügel auf dem Fußboden, Ingres behauptete, sie würden den besten Platz auswürfeln, was Hensel für unmöglich hielt, denn er behauptete, den hätte seit Wochen Gounod inne. Während er das sagte, suchte er Fannys Blick einzufangen, sie lachte ihm zu und zuckte die Achseln. Es bestand kein Zweifel, Gounod war in sie verliebt bis über beide Ohren, er ließ sie keinen Moment mehr aus den

Augen. Es berührte ihn so sehr, sie bald nicht mehr täglich sehen zu können, daß er sie einen Tag vorsätzlich nicht aufsuchte, *»um den Schmerz abschätzen zu können und um die Tiefe seines Gefühls zu prüfen«.*

Es war der schönste und poetischste Tag des Besuchs in Rom, darüber waren sich alle Beteiligten einig, nur ein einziger Wermutstropfen war in Fannys Freudenbecher gefallen, Gounod hatte absagen müssen, er lag krank in seinem Zimmer. Sie vermißte ihn, er gehörte so sehr zu ihnen allen. Fanny sang und dichtete, sie komponierte einige Lieder von Lamartine, die ihr Bousquet verehrt hatte. Dafür revanchierte er sich mit der Komposition eines italienischen Gedichtes, das Fanny ihm geschenkt hatte. Am Ende des Tages wurde Fanny feierlich eine Urkunde, die von allen Teilnehmern des Festes unterschrieben war, überreicht. Da stand zu lesen: *»Zum Schluß sage ich, daß der Tag froh beschlossen, wie er angefangen; Fanny, die als Königin des Festes von ihrem geistigen Thron alles überschaut, mag beschreiben und hat die Ergebnisse unseres Fleißes als Tribut in Empfang genommen. So mag sie auch noch andere Lust zu diesen Freuden tragen.«*

Dieses Dokument hatten Charlotte Thygeson, Bousquet, Dugasseau, Magnus, Kaselowsky, die Malerbrüder Elsaßer und Wilhelm und Sebastian Hensel unterzeichnet und ihm alle Gedichte, Lieder, Zeichnungen und Verse beigefügt, die an diesem denkwürdigen Tag entstanden waren. Fanny standen die Tränen der Rührung in den Augen, wieder war ein Tag in Rom unwiederbringlich dahin. Alles war ein Abschiednehmen, aber selbst der Abschied hatte seine Poesie und seine Musik.

Noch einmal Konzert in der Villa Medici. Gounod zeigte ihr ein Buch, gerade eingetroffen, das er sich bestellt hatte. Es war die die Übersetzung des ›Faust‹ von Gérard de Nerval. Fanny lächelte ihm zu, eifrig zeigte er ihr, wie weit er schon gelesen hatte: »Es ist ein Text, der Musik braucht!« Fanny sah ihn groß an: »Dazu gibt es keine Musik«, sagte sie. »Eben!«

Gounod war nicht im mindesten besorgt: »Ich werde sie schreiben eines Tages – für Sie, Madame Hensel!«

Während des gesamten Aufenthaltes hatten Hensels kaum drei Abende allein in ihrer Wohnung verbracht, und so blieb es bis zur letzten Stunde, befreundete Maler brachten Zeichnungen und Bilder zur Erinnerung, Fanny packte, flickte, nähte Knöpfe an. Stellte zusammen, was gleich heim nach Berlin geschickt werden und was mit nach Neapel genommen werden sollte. Sebastian freute sich auf die Fahrt, der Wagen war repariert und stand vor dem Haus. Die letzte Etappe der großen Reise konnte beginnen. Während Wilhelm und Sebastian das Gepäck verstauten und Jette die Vorräte für die Reise in Körbe verpackte, nahm Fanny ein letztes Mal in Rom ihr Tagebuch zur Hand.

»Und eine herrliche, liebe, reiche Zeit ist verflossen! Wie soll man denn Gott genug danken für eine zweimonatliche, ununterbrochene Glückseligkeit! Die reinsten Genüsse, deren ein Menschenherz nur fähig ist, haben sich gefolgt, fast keine störende Viertelstunde in dieser ganzen Zeit, kein Schmerz als der, daß die Zeit verging. Das letzte Lebewohl von St. Pietro in Montorio wurde uns nicht leicht. Aber ich habe ein ewiges, unvergängliches Bild in der Seele, das vor keiner Zeit verblassen wird. Ich danke dir, o Gott! –«

Zwei Tage verbrachten Hensels noch mit Bousquet in den Albanerbergen, auf der Herreise hatten sie sich nicht die Zeit genommen, dort ein wenig herumzustreifen. Besonders die malerischen Trachten der Landmädchen gefielen Fanny, Hensel zeichnete einige der schönsten für ihr Album. Dann fuhren sie Neapel entgegen, so schön die Fahrt auch war, Fanny begann sich jetzt schon nach Rom zurückzusehnen. War es nicht doch ein Fehler gewesen, Rom zu verlassen? Obwohl die Wohnung, die sie in Neapel fanden, die schönste war, die sie auf der ganzen Reise bezogen hatten. Zu der Nachbarwohnung gehörte ein wunderbarer Balkon; weil der Bewohner gerade im Seebad weilte, gestattete der Hauswirt Hensels, Zimmer und Balkon mitzubenutzen. Anders als in

Rom fühlte sich Fanny faul und träge, am liebsten wäre sie tagelang auf dem Balkon sitzen geblieben. Die Aussicht war wirklich herrlich, sie überblickte die ganze Bucht von Neapel, vom Vesuv hinüber zur Küste von Sorrent. Dort hielten sich im mondänen Badeort Castellamare die meisten ihrer römischen Bekannten auf – auch der Cavaliere Landsberg, der es sich jedes Jahr nicht nehmen ließ, seiner vornehmen Konzert-Klientel ins Seebad zu folgen. Wunderschön war auch der Blick auf Capri. Die Aussicht erschien wie ein wunderbar gemaltes, anmutiges Bild, das sich im Laufe des Tages veränderte, dem neue Tupfer und Schönheiten hinzugefügt wurden und das sich im Licht der Sonne und des Mondes ständig veränderte. Außerdem führte ihr der tägliche Blick vom Balkon fast alle Ausflugziele, mit denen Neapel lockte, vor Augen. Den Vesuv erreichte sie auf einem Esel reitend, was ihr etwas beschwerlich war. Auf dem Rückweg vertraute sie sich dem Tier nicht mehr an, aber sie kam nur langsam voran, weil der feine Lava-Staub in ihre Schuhe eindrang und sie so schwer machte, daß sie kaum noch die Füße heben konnte. Mitten in der Nacht hatten sie den Eremiten am Fuße des Vesuv wieder erreicht und ruhten sich erst einmal eine Weile aus. Müde und glücklich erreichten sie schließlich ihre Wohnung wieder.

Der Ausflug nach Capri wurde zu einem gefährlichen Abenteuer, auf See wechselte der Wind, und die Mannschaft konnte weder Capri noch Sorrent erreichen. Die Passagiere saßen verängstigt an Bord, brieten in der prallen Sonne, und das Salzwasser brannte auf der Haut, endlich – nach achtstündiger Irrfahrt – hatten sie wieder festes Land unter den Füßen. Sie unternahmen kleine Ausflüge an der Küste entlang, nach Amalfi, ein Fest wurde der Genuß der ersten Pellkartoffeln seit langer Zeit. Nicht nur Fanny war reisemüde, auch Sebastian wäre gern einmal wieder zwischendurch in Berlin gewesen.

Eigentlich war die Reise bis Sizilien vorgesehen, aber zwei

Schiffe fielen aus, und dann hatte Fanny einfach keine Lust mehr, in der Sommerhitze nach Sizilien zu fahren, sie wollte in Ruhe nachdenken, sie brauchte eine Zeit des Ausruhens für sich selber. So reiste denn Wilhelm Hensel allein ab. Fanny besuchte Museen und Galerien, Kirchen und Feste in der Umgebung, aber die Nachmittage verbrachte sie fast immer in träger Ruhe auf ihrem wunderbaren Balkon. Nur wenige Tage, nachdem Hensel nach Sizilien abgereist war, trafen Bousquet und Gounod in Neapel ein, sie hatten noch einen dritten Pensionär der Akademie in ihrer Begleitung, so daß die »Drei Capricen« – in anderer Zusammensetzung zwar – wieder vollzählig waren. Sie rissen mit ihrer Lebhaftigkeit Fanny aus ihrer Balkon-Beschaulichkeit. Zusammen ruderten sie hinaus zum sagenumwobenen Palazzo Donn'Anna, der auf einer dem Meer vorgelagerten Tuffbank stand. Sebastian nahm seinen ihm vom Vater erteilten Auftrag, die Mutter in seiner Abwesenheit zu behüten und beschützen, sehr ernst. Er war stolz, so spät abends noch mit hinaus zu dürfen aufs Meer. Auch Jette, die Köchin, war mit an Bord gegangen, als Anstandsdame, freiwillig hätte sie sich nie und nimmer dem schwankenden Boot mit all den jungen Leuten anvertraut. Tagsüber machte der 1688 bei einem Erdbeben schwer beschädigte Palast einen heruntergekommenen Eindruck. Seit neuestem war in seinem Untergeschoß eine Glasfabrik untergebracht worden, die Gestank und Lärm verbreitete. Aber jetzt, im Licht des Mondes, wirkte er geheimnisvoll und fast gespenstisch. Gounod wisperte Sebastian zu, gerade habe er das Gespenst der sagenhaften Königin Johanna I. von Anjou in einer der Fensterhöhlen gesehen. Bleich habe es ihnen zugewinkt. Aber Sebastian hatte es auch gesehen, es war nur der Schatten eines Landstreichers, der mit vielen anderen in dem halbverfallenen Palast Unterschlupf gefunden hatte. Der Vizekönig hatte von hier aus einen wunderbaren Blick über die ganze Bucht, er hielt – wie Bousquet einen italienischen Dichter zitierte – »*mit einem trockenen und einem nassen Fuß von hier aus die Flechten der Sirenen in den Händen«.*

Fanny konnte sich ein Lächeln nicht verkneifen, Gounod, der jetzt wie ein Lausbub neben Sebastian kauerte, hatte in Rom zu ihren Füßen gekniet. Exaltiert wie er war, bestand dauernd die Gefahr, daß er in Ekstase geriet. Gounod liebte sie, es war ihm überdeutlich anzumerken. Und wie war das bei ihr, oft hatte sie sich das gefragt. Er hatte ihr ihre Jugend zurückgegeben. Eigensinnig hatte er auch jetzt wieder von seiner Absicht, ›Faust‹ zu vertonen, gesprochen, Einwände ließ er nicht gelten. Und dann schien ihm noch viel mehr daran zu liegen, das 1. Präludium aus Bachs ›Wohltemperiertem Klavier‹, das ihm Fanny als erstes Stück vorgespielt hatte, einzubringen in ein Werk, das den ganzen Zauber dieses römischen Sommers einschließen sollte.

Mit einer großen, die ganze Welt umspannenden Geste hatte er Fanny bedeutet: »Die ganze Welt wird diese Musik kennen, und jeder wird hören, daß Sie gemeint sind!« Wie rührend er war, aber was zuviel war, war zuviel, sie gab ihm einen Klaps auf die Hand: »Das, mein lieber Charles, muß die Welt nun wirklich nicht wissen!« Sie lachte und ärgerte sich zugleich, ihn gekränkt zu haben. »Altweibersommer«, dachte Fanny, während sie nach der Bootsfahrt mit Sebastian im Arm nach Hause ging, »aber es ist wirklich gut, daß ich wenigstens eine Freundin in Neapel habe, sonst werde ich mir mit meiner Herde von jungen Männern bald den Ruf ruinieren!«

Noch vor Wilhelms Rückkehr reisten die Franzosen ab. Fanny wartete auf ihren Mann, starrte auf den Punkt am Horizont, an dem das Schiff aus Sizilien auftauchen mußte und beunruhigte Sebastian und Jette mit hysterischen Ausbrüchen, daß Hensel nie und nimmer zurückkehren würde, das Schiff sei längst überfällig. Sebastian war ein echter Sohn seines Vaters, er beruhigte sie: »Liebe Mutter, wenn das Schiff gekommen wäre und Vater nicht, dann hättest du recht, dich zu ängstigen; so aber hast du gar keinen Grund dazu.« Und tatsächlich hatte sich das Schiff nur verspätet, es war einen Tag später als vorgesehen ausgelaufen und kam so auch erst später an. Fanny hätte gute Lust gehabt, einmal mehr auf die italienische Schlamperei zu schimpfen. Aber die Freude über die Rückkehr ihres Mannes, der vergnügt und munter vor ihr stand, ließ sie alles andere vergessen. Während er erzählte, bereute Fanny doch, daß sie ihn nicht begleitet hatte.

Aber die Reisezeit war vorbei – sie wollte heim, nichts ging ihr jetzt schnell genug, die Schiffsreise nach Genua, noch einmal Mailand – jetzt mit an Italien gewöhnten Augen sehr viel milder beurteilt. In Como besuchten sie Ferdinand Hiller. Zu einer unvergeßlichen Begegnung wurde die mehr zufällige Bekanntschaft mit einem italienischen Freiheitshelden, dem Grafen Confalonieri, der sich gut an Fannys Onkel Jacob Bartholdy erinnerte und Hensels bat, Wilhelm von Humboldt von ihm zu grüßen. Sein Schicksal beeindruckte Fanny tief, er war eingekerkert worden, dann in die Verbannung gejagt, hatte in Amerika, Frankreich und Belgien gelebt, erst vor drei Monaten hatte er die Erlaubnis bekommen, seinen alten Vater in Mailand zu besuchen, und dabei hatten die österreichischen Behörden und damit der Kaiser festgestellt, daß der Graf bei der Amnestie vergessen worden war. Er lächelte bitter – was sollte man von einem Kaiser halten, der Menschen zu amnestieren vergaß.

Endlich hatten sie Schweizer Boden erreicht, die erste Nacht wollte Fanny unbedingt in Ursern verbringen. Dort hatte die ganze Familie damals bei der Schweizer Reise übernachtet, das Tal im hellen Morgenlicht hatte immer zu ihren schönsten Erinnerungen gehört. Wie hatte Fanny in Italien oft geschimpft über die kleinen und großen Gaunereien der Italiener, Wilhelm hatte sich oft genug über ihre pauschalen Urteile geärgert. Und jetzt wurden Hensels ausgerechnet in dem von ihr so sehr geliebten Ursern in der kreuzbraven und biederen Schweiz von einem Wirt so über den Tisch gezogen, daß Fanny ihrem Mann versprechen mußte, diese

Schandtat wenigstens brieflich überallhin zu verbreiten. So sehr Hensel sich auch über das Gaunerstück ärgerte, so sehr triumphierte er wegen der moralischen Niederlage seiner Frau.

Dabei war die Nacht vorher schon anstrengend genug gewesen, sie waren in finsterster Dunkelheit, die nicht einmal durch eine Laterne erhellt war, zu Fuß den Gotthard heruntergelaufen, weil der Kutscher Angst hatte, Wagen und Pferde auf dem nassen, glitschigen Untergrund nicht mehr halten zu können. Noch einmal wachte Fanny eine Nacht lang von Ängsten gepeinigt: Nach einem fürchterlichen Gewitter hatte Wilhelm Hensel in der Nacht um ein Uhr der Versuchung nicht widerstehen können, in Begleitung eines Laternenträgers auf den Rigi zu steigen, er hoffte, die schneebedeckten Berge leuchten zu sehen. Aber das furchtbare Gewitter hatte Wege und Stege unpassierbar gemacht, und so war den Wanderern nichts anderes übriggeblieben, als durch tosende Gebirgsbäche zu waten und von Fels zu Felsen springend wieder ins Tal herunter zu kommen. Als er morgens um 8 Uhr wieder im Gasthof ankam, war er schweißgebadet und tropfnaß.

Sie machten noch eine kurze Rast in Straßburg, fuhren dann weiter nach Leipzig und trafen dort Felix noch an, der eigentlich schon längst hätte in England sein sollen. Aber er war krank geworden, und Cécile hatte ihn nicht reisen lassen. Fanny war hingerissen von ihrer allerersten kleinen Nichte, Marie, die nun schon fast ein Jahr alt war. Aber Carl, der Erstgeborene, gefiel ihr fast noch besser. Felix träumte davon, alle Verpflichtungen abzusagen und ein Jahr mit seiner Familie in Italien zu verbringen. Fanny redete ihm begeistert zu, obwohl sie gerade sehr reisemüde war – und selbst Mäusen, die genug Mehl haben, schmeckt es bald bitter –, aber das gab sich sicher schnell, und zusammen war so eine Reise sicher noch viel schöner.

Mitte September 1840 trafen Hensels in Berlin ein. Sehnsüchtig erwartet von Dirichlets und Lea Mendelssohn Bartholdy. Langsam ging Fanny durch ihre Wohnung, alles war in schönster Ordnung. Die Mutter hatte die Möbel neu polieren und aufrichten lassen. Für den schrecklich gewachsenen Sebastian hatte sie ein neues Bett gekauft, sein Kinderbett war ihm auch bestimmt viel zu klein geworden. Wie liebevoll war das alles hergerichtet, sogar Heizmaterial für den nahen Winter lag schon bereit. Zuletzt ging Fanny hinüber zum Gartensaal, der still und wie wartend dalag, weit öffnete sie Fenster und Türen. Hier würde sie erklingen, die Musik, in der das Jahr in Italien wieder erwachen würde, der Karneval, das Osterfest, Weihnachten mit seinen so anderen Eindrücken. Sie hatte, obwohl es vergangen war, ein ganzes Jahr gewonnen. Gerade öffnete Wilhelm Hensel die Atelierfenster – sie winkte hinüber. Und während ihr Mann seine Skizzenbücher ordnete, nahm Fanny ihr Reisetagebuch für eine letzte Eintragung zur Hand:

»Heute ist Mittwoch, sechs Tage sind wir nun hier. Die politischen Ereignisse drohen schwer; der König hat den Ständen auf ihren Antrag, eine Verfassung zu geben, eine entschieden abschlägige Antwort erteilt; die Franzosen rüsten offen, alles sieht trübe, düster und unerfreulich aus, dazu stürmt, regnet und weht es draußen und ist eine Kälte, daß mir die Finger erstarren. In künstlerischer Hinsicht scheint durchaus nichts vom König zu erwarten zu sein. Über den Eindruck, den dies alles und überhaupt unsere ganze Rückkehr auf mich gemacht hat, später ausführlich, wenn die Gegenwart Vergangenheit geworden ist. Die Erfahrung hat mich belehrt, daß man dergleichen nicht unter dem Einflusse einer augenblicklichen Stimmung schreiben muß.«

Kapitel 14

Zurück in die häusliche Stille …

Aber das alte Leben holte sie bald wieder ein, der tägliche Rhythmus kehrte zurück. Eingebunden in das Familienleben und den Freundeskreis, fühlte sie sich bald in Berlin wieder wohl. Sebastian, der nun ein Jahr lang ungebunden herumgereist war, nur zeitweise von Privatlehrern unterrichtet, der mit seinem Vater gemalt und gezeichnet hatte, der italienisch fluchte wie ein Fuhrknecht, besuchte nun wieder eine Schule. Sie lag nahe beim Haus, deswegen hatte Fanny sie gewählt, obwohl ihre Ansichten über Erziehung von denen der Lehrer differierten und ihr die »Ohrfeigen-Disziplin« der Schule sehr mißfiel, der Schüler Sebastian aber fühlte sich sehr wohl dort.

> *»Hier sind wir denn vorerst ganz still zu Haus,*
> *Von Tür zu Türe sieht es lieblich aus.«*

Für ihre erste Komposition wieder daheim in Berlin wählte sie den Text dieses Goethegedichts, es wurde dann auch beim allerersten Sonntagskonzert im Gartensaal gesungen, besonders der Schlußvers: »Wir wenden uns, wie auch die Welt entzücke, der Enge zu, die uns allein beglücke«, hatte es ihr angetan. Zurück aus der Weite in die Enge. Nun galt es, sich darin wieder einzurichten.

Was hatte man nicht alles von dem neuen König Friedrich Wilhelm IV. erwartet! Romantisch und künstlerisch veranlagt, hatte er viele der im Abseits stehenden Künstler auf den Regierungswechsel vertröstet. So auch Schinkel, den er oft mit einem jovialen: »Kopf hoch, Schinkel – wir wollen noch viel miteinander bauen« tröstete. Jetzt war Schinkel alt, und der neue König sollte auf einmal all die Hoffnungen des Volkes auf Reformen und Neuerungen erfüllen. Dazu taugte er nicht, bei allen Hoffnungen, die seine ersten Taten als König erweckten. So setzte er Ernst-Moritz Arndt unverzüglich wieder in sein Bonner Lehramt ein. Er berief den Philosophen Schelling, den Dichter und Orientalisten Friedrich Rückert und Ludwig Tieck, den großen Romantiker, nach Berlin. Aber so wie der König mit seinen fünfundvierzig Jahren nicht mehr der forsche Kronprinz war, so waren auch die großen Männer, für die er in seiner Jugend geschwärmt hatte, mit steigendem Ruhm eher müde geworden. Zwar erhielten nun endlich Jakob und Wilhelm Grimm die ihnen vom Kronprinz zugesagten Stellen in Berlin, und auch der Turnvater Friedrich Ludwig Jahn konnte sich wieder ohne Polizeiaufsicht öffentlich zeigen, aber allen wirklichen Neuerungen auf politischem Gebiet versagte der neue König seine Zustimmung. Das gebildete und politisch aufgeweckte Berlin entdeckte bald, wie recht Gneisenau hatte, als er einst vom Kronprinzen sagte: »Er möchte lieber die Gewässer gegen ihre Quellen leiten als ihren Lauf in die Ebene regeln.«

Die Berliner, die seine Thronbesteigung so begeistert gefeiert hatten, witzelten bald, schon bei der Hingabe, mit der er die endgültige Fertigstellung des Kölner Domes betrieben habe, sei seine Liebe zum »Restaurieren« zu erkennen gewesen. Die Liebe seiner Untertanen kühlte rasch ab, und als er einmal von einer Reise nach Berlin zurückkehrte, wurde er so kühl empfangen, daß er murmelte: »Anfangs wollten sie mich vor Liebe auffressen, jetzt tut es ihnen leid, daß sie es nicht getan haben.« Schon bald nach Fannys Rückkehr aus Italien hatte der König vorsichtig anfragen lassen, ob Felix nicht nach Berlin zurückkehren wolle. Friedrich Wilhelm IV. fand es nicht tragbar, daß die beiden berühmtesten Musiker Berlins ihr Brot nicht in Berlin verdienten. Den in Paris gefeierten Giacomo Meyerbeer hätte er gerne als Nachfolger

Gasparo Spontinis als Generalmusikdirektor gesehen. Für Felix aber hatte er die Position des Direktors der musikalischen Klasse der Königlichen Akademie der Künste vorgesehen. Der König betrieb damit ehrgeizige Pläne, Mendelssohn sollte ihm ein Konservatorium aufbauen und Berlin zum musikalischen Mittelpunkt Europas machen. Die Familie war begeistert, endlich war ein Zusammenleben wie früher, von dem die Geschwister und die Mutter immer wieder in Briefen sehnsuchtsvoll schrieben, wieder in greifbare Nähe gerückt. Besonders Lea drängte ihren Liebling Felix, die Stelle anzunehmen, sie war alt und krank und wollte Kinder und Enkelkinder in ihrer Nähe wissen. Der einzige, der auch diesmal bei einem Angebot aus Berlin skeptisch blieb, war der Umworbene selber. Zwar war die Stelle finanziell besser ausgestattet als die Leipziger, aber sein Mißtrauen gegen Berlin im allgemeinen und den König im besonderen blieb bestehen. In zähen Verhandlungen konnte keine Einigung über seine Kompetenzen erzielt werden. Die Verhandlungen liefen sich fest, Felix war bereit, sie abzubrechen, aber die Familie drängte. Schließlich gab er widerwillig nach, nicht begeistert, aber auch ihm war klar, daß man einem König nicht so leicht einen Korb gibt. An Carl Klingemann schrieb er: »*Berlin ist einer der sauersten Äpfel, in die man beißen kann, und doch muß es gebissen sein ...*«

Wieder einmal suchte Fanny eine Wohnung, diesmal für Felix und seine Familie, die sich inzwischen um ein weiteres Kind, den kleinen Paul, vermehrt hatte. Cécile hatte auf einer eigenen Wohnung bestanden, und so war Fanny froh, als sie eine schöne, geräumige Etage ganz in der Nähe fand. Noch immer herrschten leise Verstimmungen zwischen Fanny und Cécile, die zunahmen, je näher sie einander waren. Seit der Geburt der Kinder hatte sich der Stand der neuen Schwägerin in der Familie allerdings sichtlich stabilisiert. Aber die Animositäten blieben bestehen. Argwöhnisch beobachtete Fanny, daß Cécile immer dann »unwohl« wurde, wenn Felix eine Fahrt nach Berlin geplant hatte, und daß die Kinder bei gemeinsamen Reisen der Eltern immer im Haus Jeanrenaud-Souchay in Frankfurt bei Céciles Mutter blieben – das war wirklich nur für Cécile der Normalzustand. Allerdings waren alle Beteiligten zu klug und zu intelligent, um nicht das komplizierte Gleichgewicht in diesem Beziehungssystem aufrechtzuerhalten. Hensel hatte sich bald nach der Rückkehr aus Italien mit den Vorarbeiten zu dem von Lord Egerton bestellten Bild befaßt, sein Schüler Pietrowsky, der auch Sebastian Zeichenunterricht gab, war ihm dabei eine große Hilfe. Fanny hatte ihre Sonntagsmusiken mit großem Erfolg wiederaufgenommen. An eigenen Kompositionen entstanden jetzt die zwölf Charakterstücke für Klavier, ›Das Jahr‹, ihr zweites Reisetagebuch. Sebastian, in diesem künstlerischen und kreativen Klima aufgewachsen und zu Hause, ein Einzelkind, von Künstlern und Besuchern ernstgenommen, im Umgang mit Gelehrten bewandert und zudem noch in der Schule wegen seiner Herkunft bevorzugt, war bei alledem kein verzärteltes Kind, sondern ein ziemlicher Galgenstrick. Zum Erziehungsprinzip Fannys gehörte, dem Zeitgeist entsprechend, das Kind mit Essen knappzuhalten, denn hier schade ein Zuviel der Gesundheit. Sebastian wußte sich zu helfen, er setzte sich mit an den Tisch der vielköpfigen Gärtnersfamilie und bekam hier all die deftigen Volksgerichte, die Jette niemals auf den elterlichen Tisch brachte. Das weitläufige Gelände des Gartens bot ihm reichlich Gelegenheit, sich auszutoben. Trotz seines andauernden Protestes ließ sich seine Mutter nicht erweichen: Er mußte die Haare in der Mitte gescheitelt und lang herabfließend tragen. Diese Haartracht, der ziemlich ungewöhnliche Name Sebastian und auch die merkwürdige Kleidung, in die ihn seine Mutter steckte, bescherten dem Sohn viel Ärger in der Schule, jedes Jahr mußte er sich aufs neue bei den Kameraden durchsetzen. Sebastian hatte eine entschiedene Vorliebe für alles, was schoß und knallte. Woringens, die Freunde aus Düsseldorf, hatten ihm ein richtiges Miniaturgewehr geschenkt, das er geradezu abgöttisch hegte und pflegte. Jedes Geldstück, das er erübrigen konnte, steckte er in den Einkauf von Pulver und Schrot. Knallend und schießend verbrachte er seine Freizeit im Garten. Der war so groß, daß die Leidenschaft des Sohnes den Eltern lange verborgen blieb. Eines Tages, als er auf einen Spatzen zielte, traf er beinahe ein Kind, das aus einem Fenster des Nachbarhauses guckte. Wilhelm Hensel war sprachlos, als ihm die Fensterscheibe mit den Schrotlöchern präsentiert wurde, und Sebastians heißgeliebtes Gewehr blieb für die nächsten Jahre unter Verschluß.

Aber damit hatte die Knallerei noch kein Ende. Als erstes jagte er eine kleine Spielzeugkanone aus Messing mit viel Pulver in die Luft. Zu seinem eigenen Entsetzen drangen die einzelnen Splitter tief in die Gartenmauer ein. Selbst dem experimentierfreudigen Sprengstoffexperten zitterten die Knie, wie durch ein Wunder trug er keinerlei Verletzungen davon.

Einen treuen Weggefährten fand Sebastian bei seinen Pulververgnügungen in seinem Zeichenlehrer Pietrowsky, wobei natürlich das Zeichnen entschieden zu kurz kam. Einmal fuhr Pietrowsky eine Rakete, die nicht so wollte, wie sie sollte, und die er deswegen ein ganz klein wenig anpustete, fauchend und zischend in die Nase. Sebastian schüttelte sich vor Lachen, als er seinen Komplizen wie einen feurigen Frosch auf dem Rasen herumhüpfen sah. Der riesige Garten mit seinem uralten Baumbestand, seinen Schlupflöchern, Hecken und Gewächshäusern, das große Haus mit den schier unermeßlichen Fluren, den vielen verwinkelten Zimmern und Gelassen, die Ställe und Remisen waren so recht geschaffen, einem Jungen die Grundlagen für ein abenteuerliches Leben zu bieten. Das änderte sich etwas, wenn auch nicht viel, als Fannys Sohn aufs Gymnasium kam.

Franz Liszt kam nach Berlin und gab dort über zwanzig Konzerte, zu denen alles ging, was Beine hatte. Der gefeierte

Künstler saß auch im Publikum der Sonntagsmusiken. Jetzt, da Felix wieder in Berlin war, versuchte Fanny, wieder an die enge Zusammenarbeit vergangener Tage anzuknüpfen, aber die Überlastung des Bruders ließ viele Projekte, die sie zusammen planten, einfach schon im Anfangsstadium steckenbleiben. Fanny gewöhnte sich daran, den Bruder als Gast bei sich zu haben, der bei den Sonntagsmusiken die Mühsal seiner eigenen Berliner Arbeit zu vergessen suchte. Allerdings traute er dem Berliner Frieden immer noch nicht. Er hatte weder seine schöne Wohnung noch seine Anstellung in Leipzig aufgegeben. Bei einer erneuten Reise nach England – sein Leben war durch Berlin noch um eine Stufe schneller und hektischer geworden – luden ihn Königin Victoria und Prinzgemahl Albert in den Buckingham-Palast ein.

Die Königin sang sehr gerne deutsche Lieder, und Albert spielte Orgel. Die hohen Herrschaften waren im Begriff, in ihr Sommerschloß nach Claremont abzureisen. Aber vorher wollten sie noch den deutschen Komponisten, dessen Stücke so gern von ihnen gesungen und gespielt wurden, bei sich sehen. Die etwas steife und gezwungene Atmosphäre lockerte sich sofort, als bei einem Zugwind die losen Blätter eines ungebundenen Notenheftes im ganzen Zimmer herumflogen. Die Königin stöhnte höchst hausfraulich: »Wie sieht es denn hier aus!« Und sogleich begannen Königin, Prinzgemahl und Komponist durchs Zimmer zu kriechen, um die einzelnen Blätter wieder einzusammeln. Felix hat der Mutter diesen ehrenvollen Besuch in allen Einzelheiten beschrieben:

»Darauf bat ich aber, der Prinz möchte mir lieber erst etwas vorspielen, ich wollte damit in Deutschland recht renommieren; und da spielte er mir einen Choral auswendig mit Pedal so hübsch und rein und ohne Fehler, daß mancher Organist sich was daraus nehmen konnte, und die Königin, die mit ihrer Arbeit fertig geworden war, setzte sich daneben und hörte sehr vergnügt zu; darauf sollte *ich spielen und fing meinen Chor aus dem Paulus ›Wie lieblich sind die Boten‹ an. Noch ehe ich den ersten Vers ausgespielt hatte, fingen sie beide an, den Chor ordentlich mitzusingen, und der Prinz Albert zog mir nun so geschickt die Register zu dem ganzen Stück ...«* Jetzt wurde die Unterhaltung lebhafter, und die Königin beteuerte, sie sänge die gedruckten Lieder von Felix sehr gerne, er solle doch noch mehr neue schreiben, die alten könne sie alle schon. Albert schlug vor, dem Komponisten einmal eins vorzusingen, und Felix bat ebenfalls darum. Aber die Noten waren schon eingepackt für die Reise, und erst nach langem Hin und Her von manchem Höfling und mancher Hofdame, die ausgeschickt wurden, die Noten zu bringen, entdeckte Mendelssohn selber auf einem Stapel Noten und Liederbücher sein allererstes Liederheft.

Gerade hatte die Königin beschlossen, ein Lied von Gluck, das sie auswendig wußte, zu singen, aber Mendelssohn bat sie, doch lieber etwas aus seinem Heft zu wählen, *»und sie tat es sehr freundlich, und was wählte sie? ›Schöner und Schöner‹ sang es ganz allerliebst rein, streng im Takt und recht nett im Vortrag; nur wenn es nach der Prosa Last und Müh' nach ›d‹ heruntergeht und harmonisch heraufkommt, geriet sie beide Male nach ›dis‹, und weil ich ihr beide Male angab, nahm sie das letztemal richtig ›d‹, wo es freilich hätte ›dis‹ sein müssen. Aber bis auf dies Versehen war es wirklich allerliebst, und das letzte lange ›g‹ habe ich von keiner Dilettantin besser und reiner und natürlicher gehört. Nun mußte ich bekennen, daß Fanny das Lied gemacht hatte (eigentlich kam es mir schwer an, aber Hoffart will Zwang leiden), und sie bitten, mir auch eins von den wirklich meinigen zu singen.«* Was die Königin dann auch huldvollst tat, nicht ohne dem beglückten Komponisten einen Ring zu verehren und zu bitten, doch beim nächsten Englandbesuch wieder einmal hereinzuschauen. Als der verwirrte Felix, dem diese betont bürgerliche Behandlung noch an keinem Königshof widerfahren war, um sich wieder zu fassen zu Fuß vom Buckingham-Palast in sein Quartier zurückging, fuhren die Kutschen und Kaleschen des königlichen Hofes schon an ihm vorbei, um die Königin nach Claremont zu bringen.

So glücklich und erfolgreich diese Aufenthalte für ihn waren, so unerfreulich gestaltete sich für ihn die Zukunft in Berlin. Die Unentschlossenheit des Königs machte jedes Konzept zunichte. Am liebsten wäre es ihm gewesen, vor jeder anstehenden Entscheidung gefragt zu werden. Zudem waren die Berliner Musiker längst nicht so gut wie das Gewandhausorchester, sie waren aufsässig und frech und erschienen oft nicht zu den Proben. So eine schlechte Zuarbeit war Felix aus Leipzig nicht gewohnt, er reagierte gereizt, was die Verhandlungsführung nicht erleichterte. Eigentlich hatte er nur noch einen Wunsch, Berlin so schnell wie möglich zu verlassen, weil der erste Schritt aus Berlin heraus immer noch der beste sei. Selbst Fanny, der es bei dem Gedanken an eine erneute Trennung grauste, begann die Richtigkeit seiner Entscheidung einzusehen. Noch aber hatte Felix die Mutter nicht informiert, er schob diesen bitteren Moment so weit wie möglich hinaus. Erst am Nachmittag vor der entscheidenden Audienz beim König machte er sie mit dem Gedanken vertraut, daß er die Berliner Stelle aufgeben würde und in acht Tagen schon wieder in Leipzig sein müsse.

Behutsam hatte er die Mutter in den Garten hinausgeführt, um ihr seine Gründe auseinanderzusetzen. Aber sie sah nur, daß sie ihn schon wieder hergeben sollte, und regte sich mehr auf, als er und selbst Fanny sich das vorgestellt hatten. Wachsbleich und zitternd stand sie da, bis sie plötzlich, einen Halt suchend, nach dem Arm der Tochter griff. Wilhelm Hensel sprach noch einmal mit Felix, seine ruhige, abwägende Art tat dem Schwager gut. Hensel hatte genug Erfahrung mit dem preußischen Hof, daß er sagen konnte, bei einer geschickten Gesprächsführung in der Audienz beim König könne sich noch alles zum Guten wenden. Fanny atmete auf, und Hensel ging spät abends noch zur Mutter hinüber, um sie zu beruhigen.

Und wirklich verlief die Audienz so, wie Hensel es vorhergesagt hatte. Der König war nicht im mindesten böse auf Felix, der doch den Wunsch geäußert hatte zu gehen. Er meinte nur, der Komponist solle sich seinen Entschluß noch einmal überlegen. Staunend hörte Felix, daß der Monarch wieder einmal alle seine früheren Wünsche und Forderungen beiseite geschoben hatte und ihm neue Kompromisse anbot. Felix war froh, seiner Mutter eine gute Nachricht mit nach Hause bringen zu können, und auch beruhigt, daß er nicht schroff alle Brücken zu seiner Vaterstadt abbrechen muße. Aber seine Befürchtungen blieben. Die Mutter freute sich unendlich, Felix und seine Familie wenigstens während eines Teils des Jahres um sich haben zu können. Schon zu Weihnachten wollte Felix nach Berlin zurückkommen, um weitere Einzelheiten wegen seiner Berliner Tätigkeit abzusprechen. Die schönsten Pläne für das Weihnachtsfest wurden geschmiedet. Woringens kamen wieder einmal für längere Zeit auf Besuch, und die Mutter, sonst meistens alleine in der Wohnung, lud die Woringens gleich für die nächsten zehn Weihnachtsfeste zu sich ein. Es waren angeregte Abende, erfüllt von der Vorfreude auf Felix und seine Familie. Fanny spielte, mitten im Gespräch ging es Lea plötzlich schlecht, die Tochter sprang auf, brachte sie zu Bett. Bis sie eingeschlafen war, blieben ihre Kinder an ihrem Bett sitzen. Sie konnten nicht fassen, daß die Mutter, die noch vor kurzem lebensfroh und munter in ihrem Wohnzimmer gesessen hatte, schwer krank sein sollte. Am andern Morgen starb Lea Mendelssohn Bartholdy, sanft und ohne Todeskampf. Fanny schreibt in ihr Tagebuch: *»Man hätte sich für sie kein glücklicheres Ende ausdenken können. Es war wörtlich, wie sie im vorigen Sommer einmal zu Albertine sagte, daß sie es wünsche: ohne Bewußtsein und ohne Arznei aus der Mitte des Lebens hinweg, das sie liebte, in voller geistiger Lebendigkeit, die immer ihr Erbteil war.«*

Mit der Mutter hatten die vier Kinder den Mittelpunkt verloren, sie hatte die Briefe der in der Ferne weilenden den anderen weitergegeben, so daß jeder über den anderen unterrichtet war. Mit ihr hatte das Haus in der Leipziger Straße einen Teil seines magischen Zaubers verloren. Zwar hatte Fanny schon in den letzten Jahren den größten Teil der Pflichten für den großen Haushalt von ihr übernommen, aber alle Sonntagabende und alle Weihnachtsfeste waren bei der Mutter verbracht worden. In der nächsten Zeit fuhren Hensels öfter einmal nach Leipzig, die Potsdam-Leipziger-Eisenbahn hatte die Verbindung schnell und bequem gemacht. Fanny lernte dort Hector Berlioz kennen und sah Robert Schumann wieder, der schon einige Male an den Sonntagsmusiken teilgenommen hatte. Damals, als der unerfreuliche Prozeß mit dem Vater seiner jetzigen Frau Clara Schumann ausgetragen wurde und Schumann manchmal der Verzweiflung nahe war, hatte Felix den Freund zu Mutter und Schwester geschickt. Fanny war dabei, als Felix und Berlioz beschlossen, ihre Taktstöcke zu tauschen, und sie amüsierte sich königlich, als Berlioz, der den zierlichen, mit weißem Leder bezogenen Fischbeinstab Mendelssohns erhalten hatte, seinerseits einen riesigen, noch mit der Rinde versehenen Lindenknüppel durch einen Freund überreichen ließ, der Deutsch sprechen konnte. Er überraschte Felix mit den besten Wünschen des französischen Kollegen und dem Satz: »Ich bin groß, und du bist simpel.« Felix verzog keine Miene und lachte erst schallend los, als er den Brief selber gelesen hatte: *»Le mien est grossier, le tien est simple«*, was er sich frei übersetzte mit *»Meiner ist ziemlich ungeschlacht, deiner ist viel zarter«*. Fanny lachte: »Berlioz hat zwar begriffen, wie wenig du für Gefühlsduselei übrig hast, aber verrückt ist das schon, die Taktstöcke zu tauschen!« Felix zuckte die Achseln: »Mir ist es lieber, als manches andere, was unter Kollegen auch vorkommen soll!« Bei diesem Besuch kam Fanny auch viel mit Clara Schumann zusammen, deren Spiel sie sehr liebte. Aber

Cécile Jeanrenaud, Ehefrau von Felix Mendelssohn Bartholdy

die beiden Frauen waren zu verschieden von Erziehung und Bildung, um sich gut zu verstehen.

Nach Berlin zurückgekehrt, hatte Fanny die große Freude, Charles Gounod wiederzusehen. Er blieb fast drei Wochen bei Hensels. Fanny staunte, wie sehr Gounod sich verändert hatte, er war reifer geworden, seine Ideen und Gedanken waren nicht mehr so sprunghaft. Noch immer war er sensibel und bereit, auf allerfeinste Nuancierungen zu reagieren, und noch immer beschäftigte ihn die Idee, den römischen Sommer Musik werden zu lassen, Bach müsse in der Musik zu spüren sein, und alles andere aber auch, was diesen einen Sommer so vor allen anderen ausgezeichnet habe.

»Ihr Deutsch ist ausgezeichnet.« Fanny war wirklich erstaunt; denn damals in Rom hatte Gounod kein einziges Wort gesprochen. Er verneigte sich leicht: »Was tut man nicht alles einer Frau zuliebe … Aber im Ernst, ich lese viel deutsche Literatur und habe auch die Absicht, einmal eine Oper ›Faust‹ zu komponieren, nicht aufgegeben, und Faust sollte man auf deutsch lesen.« Schon stellte sich die alte Vertrautheit wieder ein. Fanny fand es rührend, daß Gounod extra ihretwegen nach Berlin gekommen war, und er machte auch keine Anstalten, sich viel außerhalb des Henselschen Lebenskreises zu bewegen. Er saß bei Wilhelm im Atelier, lachte und sprach mit den Schülern, im Gartensaal setzte er sich Fanny zu Füßen wie in Rom und hörte ihr beim Spielen zu. Sie nahmen ihre Gespräche über Musik wieder auf, und es war, als hätten sie sie niemals unterbrochen. Als er wieder abreiste, war es Fanny, als wäre das Haus viel leerer geworden: *»Seine Anwesenheit war mir eine sehr lebhafte musikalische Anregung, da ich erstlich sehr viel gespielt und sehr viel über Musik mit ihm gesprochen habe während der manchen Nachmittagsstunden, die ich mit ihm allein zubrachte, da er gewöhnlich von Mittag ab bei uns blieb. Wir haben auch über seine Zukunft manches gesprochen, und ich glaube nicht geirrt zu haben, indem ich ihm das Oratorium als die nächste musikalische Zukunft Frankreichs dargestellt habe; er ist*

auch so wohl darauf eingegangen, daß er sich hier schon sehr ernst-
lich mit dem Texte beschäftigt hat; er will Judith wählen. Kurz, er
hat uns in jeder Hinsicht vollkommenes Vertrauen bewiesen, und so
war die überaus freundliche Aufnahme, die er bei uns und, wie ich
mit Dank anerkenne, auch bei den Geschwistern gefunden, eine
durchaus verdiente. Er hat auch allgemein gefallen.« Von Berlin reiste Charles Gounod weiter zu Felix nach Leipzig, dem er das
›Dies irae‹ aus seinem Requiem vorspielte.

Wilhelm Hensel hatte das auf seiner Englandreise von
Lord Egerton bestellte Gemälde fertiggestellt. Am liebsten
hätte er es gleich nach London gebracht. Aber Fanny war
sich nicht sicher, ob es nicht besser sei, das Bild erst in
Deutschland zu zeigen, denn Wilhelm hatte nun fast sechs
Jahre lang keine Ausstellung mehr beschickt. Und Fanny fand
es wichtig, auch in der Heimat nicht ganz aus dem Gedächtnis der Kunstinteressierten zu verschwinden. Auch schreck-
ten sie ein bißchen die zu erwartenden hohen Kosten der
Reise. Es wäre schon von Vorteil gewesen, wenn wenigstens
ein Teil der Reisekosten durch Bilderverkäufe gedeckt wäre.
Auch die beiden bei Wilhelms überstürzter Abreise in London gebliebenen Bilder gingen Fanny nicht aus dem Kopf,
sie versuchte alles so zu ordnen, daß ihre finanzielle Lage
nicht allzu sehr beeinträchtigt wurde: »... *für den Fall, daß W.*
sein Christusbild nicht verkauft, als dann haben wir uns möglichste
Oeconomie vorgesetzt und auch z. Teil diesen Winter schon durch-
geführt, um unsere Finanzen, die durch die Reise und den Nicht-
verkauf jenes Bildes sehr gelitten, wieder in Ordnung zu bringen.«
Aber alles ließ sich viel besser an, als Fanny sich das vorgestellt hatte. Der König selber wünschte das Christusbild in
der Ausstellung zu sehen und kaufte es auch. Es wurde
zusammen mit dem für Lord Egerton bestellten Gemälde auf
der Ausstellung der Akademie der Künste in Berlin gezeigt.
Aber vorher hatte Hensel noch die große Freude, daß er nach
Braunschweig zu Herzog Wilhelm August bestellt wurde. Er
nahm die beiden für die Berliner Ausstellung vorgesehenen

Bilder mit, und der Herzog bestellte sich ein Bild mit einer Szene aus dem Leben seines Vaters für den Thronsaal des Braunschweiger Schlosses. Fanny war zufrieden, mit einemmal hatte sich alles zum Besten gewendet, Bilder ihres Mannes waren in Deutschland zu sehen gewesen und gekauft worden. Jetzt war es an der Zeit, die englischen Beziehungen neu aufleben zu lassen.

Ein bißchen bange war es Fanny schon, denn auch Dirichlets brachen jetzt zu ihrer lange geplanten, immer wieder aufgeschobenen Italienreise auf. Für Fanny war es nicht leicht, gerade in dieser Zeit alleine in dem großen Haus zu bleiben. Denn die Wohnung der Eltern war nun vermietet und mußte geräumt werden. So viele Erinnerungen hingen an jedem einzelnen Stück. Aber der Oberzeremonienmeister des preußischen Hofes, der Graf Pourtales, der die Wohnung gemietet hatte, wollte noch vor Weihnachten mit seiner Familie einziehen. Felix kam jetzt oft nach Berlin, der König hatte ihn zum Generalmusikdirektor ernannt, merkwürdigerweise hatte sein Titel sehr viel Einfluß auf die Disziplin und die Arbeitsmoral seiner Musiker. In Leipzig war er zum Ehrenbürger ernannt worden, und die Leipziger Musikenthusiasten vergötterten ihn. Für den König von Preußen schrieb er auf dessen Wunsch eine Schauspielmusik zum ›Sommernachtstraum‹ Shakespeares, Ludwig Tieck inszenierte das Spiel im Neuen Schloß, noch im Herbst sollte das Stück aufgeführt werden, es war wieder einmal ein lang erwartetes Ereignis im Berliner Theater- und Musikleben. Fanny war mit jeder Note, mit jedem Entwurf und jeder Idee des Bruders vertraut. Wenn nur ihr Mann jetzt nicht gerade reisen müßte!

Vor Antritt seiner Reise war Wilhelm Hensel vom König mit einem Empfehlungsschreiben an den Prinzgemahl Albert ausgestattet worden, Hensel war sehr stolz auf dieses Schreiben, als er es Fanny zeigte: »*Theuerster Prinz! Ich empfehle Ew. Königlichen Hoheit den Überbringer dieser Zeilen, den Hofmaler Hensel ... Meine Empfehlung ist eigentlich egoistisch. Ich würde* nämlich sehr glücklich sein, wenn Hensel die Erlaubnis hätte, den Prinzen von Wales zu zeichnen oder gar zu malen. Das leg' ich in Ihrer und der verehrtesten Königin Hände ...«

Fanny erschrak ziemlich über den Wunsch des Königs, denn ein Bild erforderte manche Sitzung und noch dazu bei einem so kleinen Kind. Sie wehrte sich gegen alles, was die Reise noch verlängerte – und hatten sie und ihr Mann sich nicht überhaupt versprochen, sich ohne Not nicht wieder zu trennen? Aber es war ausgeschlossen, daß sie mitreiste, schon des Hauses wegen, und Wilhelm mußte nach England, das Bild zu überbringen, und auch der Auftrag des Königs war so ehrenvoll, daß man ihn nicht einfach ausschlagen konnte. Die Reise verlief glatt und ohne Zwischenfälle, und auch das Modell, der kleine Prinz von Wales, war ein ganz liebes Kind, so daß Wilhelm Hensel in beeindruckend kurzer Zeit seinen Auftrag erfüllt hatte. Es ist typisch für Hensels Humor, daß er bei der Übergabe der Bilder an die englische Königsfamilie den kleinen Edward sein Porträt mit einem Kinderkrakel signieren ließ, genauso, wie der es bei seinem Vater gesehen hatte, der schrieb allerdings ganz manierlich Albert. Auch die Königin bekam ihr Porträt überreicht, außerdem schenkte er ihr das Bild ›Die Prophetin Mirjam‹. Als Dank dafür erhielt er von ihr einen kostbaren Brillantring. Die Reise verlief so reibungslos, und alles fügte sich so sinnvoll aneinander, daß Fanny in ihr Tagebuch schrieb: »Seit Wilhelms letztem Brief vom 1., dem Vorabend seiner Abreise, habe ich keine Nachricht und fange an, mich etwas unbehaglich deshalb zu fühlen. Seit vorgestern habe ich keine Klingel ohne Bewegung ... Wilhelm hat noch vor seiner Abreise einen äußerst brillanten Kontrakt mit dem Kunsthändler MacLean wegen des Stichs des Prinzen von Wales abgeschlossen, und habe ich ihn nur erst glücklich wieder, so werde ich gewiß sagen, die Reise war in jeder Hinsicht gelungen schön. Aber erst wiederhaben.«

Aber noch fast drei lange Wochen mußte sie sich gedulden, bis sie ihren Mann wieder in die Arme schließen konnte.

Endlich traf er zusammen mit Felix, der aus Leipzig kam, ein. Sie hatte nichts von der Ankunft geahnt, war darum auch nicht zum Bahnhof gegangen, und jetzt kamen gleich alle beide auf einmal an. Der Ring der Königin war ein faszinierendes Geschenk, aber sie fand ihn zum Tragen viel zu kostbar. Hensel lachte über ihre ständige Angst, sobald sie einmal einen Tag ohne Nachricht blieb, gleich das Allerschlimmste zu befürchten. Fanny zuckte die Achseln: »Man kann eben nicht aus seiner Haut heraus, aber nun wollen wir uns wirklich nicht wieder trennen, von jetzt an machen wir wirklich alles gemeinsam!«

Es war kurz vor der Premiere des ›Sommernachtstraumes‹. Jeden Tag kam Felix abgespannt und müde und voller Ingrimm nach Hause, so vieles paßte noch nicht zusammen. Fanny hatte, wenn sie bei den Proben dabeigewesen war, alles nach Wunsch gefunden. Die Musik war so schön, und auch die Kostüme und das Bühnenbild, alles fügte sich zu einer Einheit. Endlich war der große Tag da. »Zwei imposante Reihen Mendelssohn mit Zubehör« hatten sich auf der Galerie eingefunden, Freunde und Bekannte saßen im Publikum verstreut, denn soviel zusammenhängende Karten hatten sich beim besten Willen nicht finden lassen. Einmal hätte Felix fast abgeklopft, Fanny hatte es genau gesehen, als er plötzlich bei der einen Zwischenaktmusik das Klappern der Teetassen und unterdrücktes Gemurmel aus der Hofloge hörte. Unwillig drehte er sich um, aber dann straffte sich sein Körper, und er dirigierte weiter.

Am Schluß hielt es die Zuschauer nicht mehr auf ihren Plätzen. Stürmisch wurde der Komponist auf die Bühne gerufen. Paul war, nachdem die ersten »Mendelssohn-Rufe« erklangen, aufgestanden und an die Logenbrüstung getreten, lächelnd hatte er sich verneigt und übermütig gemeint, keiner hätte sich nach ihm umgedreht. Der schöne Tag endete mit einem Fest im Schloß, an dem auch der König teilnahm. Fannys Sonntagsmusiken erfreuten sich jetzt, nach Ablauf des

Trauerjahres, wieder eines regen Zuspruchs, »*Liszt und acht Prinzessinnen*« so meldete sie stolz in einem Brief, seien unter den Zuschauern gesessen, und Sebastian maulte über die Leute, die Leute mitbrächten, die wieder Leute mitbrächten, die zum Schluß keiner mehr kannte. Fanny mietete sich einen Platz, um bei den Domkonzerten, die der Bruder jetzt mit dem extra für ihn gegründeten Domchor gab, überhaupt noch einen Platz zu bekommen. Der Höhepunkt der Saison aber war eine Aufführung von Händels Oratorium ›Israel in der Wüste‹ mit einem Chor von 450 Mitgliedern in der Garnisonskirche. Felix reiste weiter nach London, um dort die musikalische Saison mit einem Festkonzert zu eröffnen. Fanny fand jetzt endlich Zeit, Rebecka, die immer noch in Italien war, die letzten Berliner Neuigkeiten und Klatschgeschichten mitzuteilen. So hatte einer der Gäste des Königs an der Festtafel nach dem ›Sommernachtstraum‹ zu Felix gesagt: »Wie können Sie nur so schöne Musik an ein so dummes Stück verschwenden.« Fanny konnte sich nicht genug darüber wundern, daß trotz der hohen Absatzzahlen, die der Verlag jährlich für Shakespeares Werke meldete, immer noch so viele Menschen nichts von dem Dichter gehört hatten und sich wunderten, woher der »Mendelssohn das habe«. Am meisten aber freute sie sich, als der Maler Eduard Magnus ihr erzählte, in einem Lokal am Nebentisch habe eine Meute junger Leute darüber gerätselt, ob nun eigentlich dieser Tieck oder dieser Shakespeare der Verfasser des Stücks sei, einer hielt Shakespeare für den Übersetzer. Für Fanny und Rebecka, die schon im Kindesalter nach der Schlegel-Tieckschen Übersetzung die Stücke des großen Engländers im Gartensaal aufgeführt hatten – sie konnten ja sogar beim Übersetzer Friedrich Schlegel in der Familie bleiben –, waren das unvorstellbare Wissenslücken, die sich ihnen da offenbarten.

Es war ein regelrechtes Ereignis, als Graf Pourtales mit seiner insgesamt 19köpfigen Familie in die Wohnung der Eltern

einzog. Fanny starrte immer wieder den ellenlangen Melde-
zettel an, wie hätte ihre Mutter sich darüber amüsiert! Sie
ärgerte sich ein bißchen, als Pourtales gleich als erstes bei der
Polizeibehörde eine neue Einfahrt beantragte, damit er
trockenen Fußes in seine Wohnung gelangen könne. »Was
meinen Eltern genügt hat, dürfte eigentlich auch für einen
Oberzeremonienmeister genügen«, meinte sie zu Wilhelm
Hensel, der begütigte: »Also von oben war es immer ein bißchen feucht – aber eben nur bei Regen!« Gemeinsam erinnerten sie sich daran, wie einmal nach einem Fest im Gartensaal – Rebecka war damals gerade verlobt gewesen –
Dirichlet eine Freundin Rebeckas, deren Anstandsdame
nicht erschienen war, nach Hause begleitete, damals waren
die Straßen in Berlin noch ein gut Stück schmutziger und
nasser gewesen. Und fast genau vor der Haustür der jungen
Dame war der kurzsichtige Dirichlet in einen zusammenge-
fegten Dreckhaufen getreten, der dort wohl auf den Abtrans-
port wartete. Das schöne Tanzkleid des jungen Mädchens war
über und über mit Straßenschmutz bedeckt. Beide versicher-
ten sich ernsthaft, daß es nicht mit Absicht geschehen sei und
daß es auch nichts mache. Alles war gut vorübergegangen,
und Dirichlet hatte seine Dame bis an die Wohnungstür
begleitet. Als er wieder an die Haustür kam, war sie verschlossen, und er mußte noch einmal hinaufgehen und um
den Schlüssel bitten. Da stand das Mädchen im Zimmer, Tränen in den Augen, und dachte, es sei ihr Bruder, der herein-
käme. Und so sagte sie wutschnaubend: »Jetzt schau einmal,
wie der lange Saumagen mich beplanscht hat.« Aber auch mit
den neuen Hausgenossen gab es manche lustigen Begeben-
heiten. Die Frau Gräfin hatte einen Hauspater, der über dem
Atelier Wilhelm Hensels untergebracht war. Eines Tages
erschien ein junger Franzose elegant gekleidet bei Hensel
und bat den Überraschten, ihm die Beichte abzunehmen,
nach einigem Hin und Her führte er den jungen Mann an
die richtige Adresse. Fanny war das gar nicht recht, gar zu

gerne hätte sie gehabt, daß ihr Mann sich die Beichte angehört hätte, und dann, weil er ja niemandem verpflichtet war, hätte er ihr die Geheimnisse weitertragen können: »Damit du es deiner Schwester nach Italien schreibst, nein, meine Liebe, das geht dann doch ein bißchen weit.«

Fanny machte sich ernsthafte Sorgen. Schon im Sommer hatten Dirichlets auf der Rückreise von Italien mit Felix und seiner Familie in Bad Soden zusammentreffen wollen. Aber es hatte nicht geklappt, Rebecka hatte noch einige Wochen Kur in Sorrent anhängen wollen, niemand hatte sich deswegen Gedanken gemacht. Erst als im Herbst immer noch kein Datum der Rückkehr bekannt war, begannen sich auch die Brüder Sorgen zu machen. Rebecka, jetzt in Florenz, schrieb nur vage von einer Gelbsucht, an der sie schon in Sorrent erkrankt sei, die sie aber nicht an der Weiterreise nach Rom gehindert habe. Aber Dirichlets waren jetzt in Florenz, Rebecka immer noch krank und Dirichlet angeblich – genaues wußte keines der Geschwister, jeder hörte von Bekannten und Verwandten andere böse Gerüchte – am römischen Fieber erkrankt. Rebeckas Köchin Mine schrieb es an eine Berliner Freundin, und von der erfuhr es Fanny, seit Sorrent war Rebecka schwanger, aber keiner der behandelnden Ärzte hatte das erkannt, sie war seit Rom auf Gelbsucht behandelt worden. Als endlich feststand, daß sie schwanger war, stellte sich heraus, daß keiner den genauen Geburtstermin errechnen konnte. Rebecka selber nahm Anfang April an. Sie hatte die Reise von Rom nach Florenz nur unter fürchterlichen Qualen durchgestanden und wartete jetzt in Florenz auf »die Katastrophe«. Der getraue August Kaselowsky, Hensels einstiger Schüler, hatte die Familie nach Florenz begleitet und betreute sie auch jetzt, ohne ihn wäre alles noch viel schlimmer.

Fanny beratschlagte mit den Brüdern. Noch ein halbes Jahr Auslandsaufenthalt – das bedeutete einen weiteren Verdienstausfall für Dirichlet und außerdem erhöhte Kosten.

Fanny hatte für Rebecka bereits eine Wohnung in der Leipziger Straße, ganz in der Nähe des Elternhauses, gemietet und eingerichtet, weil Rebecka partout nicht wieder in ihre alte Wohnung zurück gewollt hatte. Die Miete war jetzt zu zahlen. Paul veranlaßte, daß ein Freund Dirichlets für ihn bei seinen Vorlesungen in der Kriegsschule und der Universität einsprang. Aber konnte man Rebecka ein halbes Jahr allein mit ihrer Familie in Florenz lassen? Lange beriet sie mit ihrem Mann, mit den Brüdern, schließlich entschloß sie sich, nach Italien zu fahren und Rebecka beizustehen. Sie wußte, daß sie sonst die nächsten Monate bei jedem Brief, jeder Nachricht von Angst gepeinigt sein würde. Dann lieber zusammen mit ihrem Mann im Winter die Alpen überqueren und die Geburt abwarten und mit Dirichlets heimkehren. Hensel war sofort einverstanden, er freute sich auf Italien. Sebastian, der schon geglaubt hatte, er müsse zu Hause bleiben, sah sich unversehens vor die Wahl gestellt, entweder mitzureisen oder in Berlin zu bleiben, allerdings dürfe er im Falle der Reise auf gar keinen Fall ein Schuljahr versäumen. Begeistert entschloß er sich für die Reise und ließ sich von seinen Lehrern das gesamte Pensum des restlichen Schuljahres geben, um unterwegs in Mußestunden zu lernen. Ein Entschluß, den er mehr als einmal schwer bereuen sollte. Fanny machte die Reise von Rebeckas Zustimmung abhängig, endlich Mitte Dezember traf Rebeckas Brief ein, sie freute sich auf Hensels und war erleichtert über die angebotene Hilfe.

Schon waren die Koffer gepackt, mit dem Zug sollte es nach Leipzig und von dort mit der Kutsche weitergehen, da bekam Fanny Nasenbluten. Zuerst maß sie dem keine Bedeutung bei. Sie hatte schon öfter darunter gelitten, auch ihre Mutter hatte damit sehr zu tun gehabt. Als nach einigen Stunden immer noch keine Besserung eingetreten war, wurde ein Arzt hinzugezogen, aber alle Mittel versagten. Endlich, nach fast 36 Stunden, hörte das Bluten auf. Hilflos hatte Hensel neben dem Bett seiner Frau gestanden. Er erinnerte sich an den Anfall, den seine Schwiegermutter nach den Aufregungen vor seiner Abfahrt nach Italien bekommen hatte. Sollte dies ein erbliches Leiden sein, hatte Fanny die Veranlagung ihrer Mutter zu Schlaganfällen und Hirnschlägen geerbt? Blitzartig tauchte der Gedanke an Abrahams Tod und den Tod seines Vaters vor ihm auf. Aber als es Fanny am anderen Tag so viel besserging und sie nach einem ausgiebigen Ruhetag auf der Abfahrt bestand, verdrängte er die lästigen Gedanken. Fanny war fröhlich und vergnügt, sie wirkte nicht im mindesten krank. Er schalt sich selber der Schwarzseherei und schob die schwarzen Gedanken ein für allemal beiseite. Fannys Befürchtungen, daß die späte Jahreszeit zu ungünstig zum Reisen wäre, traf nicht zu. Die Pässe waren offen, angenehm überraschte sie auch die Eisenbahn: Wie bequem und mühelos war jetzt das Reisen, schon beim unmittelbaren Vergleich zwischen Kutsche und Bahn fiel das Ergebnis zugunsten der Eisenbahn aus. Nach einem Monat trafen Hensels bei Dirichlets in Florenz ein. Rebecka ging es unverändert, keiner konnte genau sagen, wann »die Katastrophe« eintreten würde, und eigentlich rechnete niemand nach all den Strapazen und Krankheiten der Mutter mit einem gesunden Kind. Dirichlet ging es besser, aber auch er war kaum als reisefähig zu bezeichnen. Er erbot sich sofort, Sebastian Mathematikunterricht zu geben, was sich für den armen Sebastian als Katastrophe herausstellte. Dirichlet, krank und angestrengt und von seiner Veranlagung sowieso nicht geeignet für so junge, unwissende Schüler, verdarb mehr als er gutmachte. Der Neffe war froh, als der Onkel die Mathematikstunden wegen Mattigkeit wieder einstellte. Da machte es noch mehr Spaß, allein über den Büchern zu brüten. Ungeduldig wartete Fanny auf die Kiste mit den bestellten Babysachen aus Berlin; es war aber auch wirklich wie verhext, nichts schien zu klappen. Wilhelm Hensel reiste weiter nach Rom, als er gesehen hatte, daß sein Schwager und seine Schwägerin nicht in unmittelbarer Gefahr schwebten. In

Rom wollte er arbeiten, und Fanny war froh, daß ihr Mann nicht auch noch in der zu engen Wohnung untergebracht werden mußte.

Während sich alle Beteiligten auf ein langes Warten einrichteten, ereignete sich »die Katastrophe« schon am 13. Februar 1845 und entpuppte sich als ein kerngesundes, kräftiges Mädchen, das den Namen Florentina erhielt. Rebecka, die sonst nach den Geburten ihrer Kinder kränkelte, überstand diesmal alles so gut, daß Fanny es kaum glauben konnte, erleichtert schrieb sie an die Brüder: »*Liebe Geschwister! Ich habe Euch unerwartet früh glückliche und frohe Botschaft zu bringen. Rebecka ist gestern Abend nach 11 leicht und glücklich von einem gesunden, sehr lebendigen Mädchen entbunden worden, welches ganz vollständig und niedlich, weder gelb, noch schwach von dem Blutverlust, sondern so derb und kräftig, daß sie den alten Doktor, als er sie badete, fest beim Ärmel faßte, sie hat große Augen, den ganzen Kopf voll schwarzer Haare ... Von der Wirtschaft hier, bei der gänzlich überraschenden Entbindung könnt Ihr Euch kaum einen Begriff machen, und hätte ich Zeit, müßte ich nicht eiligst eine Hemdenfabrik anlegen, so würde ich Euch Wunderdinge von der ersten Toilette dieses Bettelwürmchens erzählen.*«

Sobald Rebecka vollends außer Gefahr und Florentina Mitte März getauft war, folgten Fanny und Sebastian Wilhelm Hensel nach Rom. Wenn Fanny jetzt aber gehofft hatte, das alte Leben in Rom für einige Zeit wiederaufnehmen zu können, so hatte sie sich getäuscht. Sie war buchstäblich von einem Krankenlager an das andere gereist. Gleich nach seiner Ankunft in Rom war Wilhelm Hensel so schwer erkrankt, daß er nichts von seiner Arbeit hatte erledigen können. Auch jetzt ging es ihm immer noch schlecht. Um Fanny nicht zusätzlich zu belasten, hatte er ihr nichts von seiner Erkrankung geschrieben. Sebastian lernte wie besessen für die Schuljahresprüfung, manchmal verwünschte er sich, die Reise mitgemacht zu haben. Er hatte es sich viel einfacher vorgestellt, so alleine für sich zu lernen. Endlich hatte Wilhelm Hensel sich so weit erholt, daß er die Modelle für das angefangene Bild kommen lassen konnte. Das Gemälde ›Szene aus dem römischen Volksleben‹ war für die Akademieausstellung des nächsten Jahres bestimmt. Fanny schüttelte oft den Kopf, wenn sie die Heiterkeit der Komposition mit den Umständen, unter denen das Bild entstand, verglich. Aber davon würden die Bewunderer des Bildes ja nichts wissen, dem Himmel sei Dank.

Sobald es möglich war, fuhren Hensels zurück nach Florenz, um dort Rebecka und ihre drei Kinder abzuholen und nach Deutschland zurückzubringen. Gustav Dirichlet war bereits nach Berlin zurückgekehrt, er hatte seine Vorlesungen wiederaufnehmen müssen. Hensels reisten nach Freiburg, wo sie die alten Freunde aus Düsseldorf, Woringens, wiedertrafen. Hierher kamen Paul und Felix, um sie abzuholen und zum schon so lange vereinbarten »Geschwisterkongreß« nach Bad Soden zu bringen. Wie sehr sich Felix auf das Treffen gefreut hatte, geht aus einem Brief an Paul hervor: »*Wäre es denn nicht ganz charmant, wenn wir nach unserem rheinischen Kongreß zusammen nach Berlin führen und dort abermals einige Wochen plaisirlich lebten? Nun sattle nur im Juni auf, wie Du sagst, und je eher, je lieber. Nach Deidesheim und Dürckheim und so den Rhein herauf bis Freiburg ziehn wir doch wohl zusammen, es ist ja in vier Tagen abgemacht, wenn man will, und sollten wir dann gar zu 4 Geschwistern nach Berlin reisen, das gäbe doch wieder einmal etwas Zeit zusammen und sollte ein rechter Hauptjubel werden! Der Himmel gebe es.*« Es wurden wunderschöne vierzehn Tage in Bad Soden, alle vier Geschwister zusammen mit der ganzen jungen Brut – wobei die männliche Jugend überwog, was Fanny sehr amüsierte, aber sie war es von den Ziegen, die der Gärtner Clément im Garten des Hauses Leipziger Straße hielt, gar nicht anders gewohnt, dort gab es auch fast immer nur kleine Böckchen. In Bad Soden waren es ihr eigener langer Lümmel Sebastian, Rebeckas beide Söhne Walter und Ernst, Felix' drei Buben Carl, Paul und das zarte Sorgenkind

Felix, daneben nahmen sich die drei Mädchen, Felix' Tochter Marie, Pauls kleine Albertine und die Florentiner »Katastrophe« Rebeckas, Florentina, rein zahlenmäßig ein bißchen mager aus. Anfang August kehrte der »Geschwisterkongreß« in voller Besetzung nach Berlin zurück. Felix blieb nur kurz, um mit seiner Familie dann endgültig nach Leipzig weiterzureisen. Es wurde auch höchste Zeit, bereits am 19. September wurde seine Tochter Elisabeth, die aber meistens nur Lili genannt wurde, geboren. Felix hatte seine Berliner Stellung nun endgültig zugunsten Leipzigs aufgegeben, für Fanny war das sehr schmerzlich, wieder fehlte ihr der musikalische Ansprechpartner.

Das Leben verlief ruhig mit Besuchen und Sonntagsmusiken, mit Schülerfesten und Familienfeiern. Sebastian wurde eingesegnet, und er hatte den Stimmbruch schon hinter sich. Besonders Rebecka konnte sich darüber nicht genug wundern. Waren sie nicht gestern selbst noch Kinder gewesen, und jetzt hatte Fanny schon einen Sohn, der im Baß singen konnte. Sebastian fand einen echten Freund in dem jungen Gerichtsreferendar Robert von Keudell, der bald zu einem der engsten Freunde der Familie Hensel wurde. Keudell, für den Musik so wichtig war wie die Luft zum Atmen, wurde für Fanny in musikalischen Fragen unentbehrlich. »*Keudell*«, notiert Fanny in ihrem Tagebuch, »*erhält mich, was das Musikmachen anbetrifft, sehr in Atem und in beständiger Tätigkeit, wie früher Gounod. Er sieht mit äußerstem Interesse, was ich irgend Neues schreibe, und macht mich aufmerksam, wenn irgendwo etwas fehlt, und in der Regel hat er recht!*«

Erst jetzt, nachdem ihr Mann und auch Robert von Keudell ihr ständig zuredeten, begann Fanny sich ernsthaft mit den Anfragen gleich zweier Berliner Musikverleger näher zu befassen. Ihre Stücke wollten sie verlegen und machten ihr gar nicht so schlechte Angebote. Aber noch war Fanny unschlüssig. Schließlich erschienen im Berliner Verlag Bote & Bock ›Sechs Lieder für Singstimme und Pianoforte, op. 1,

Heft 1‹. Das Heft muß sehr erfolgreich gewesen sein, denn der Verlag läßt noch im gleichen Jahr ›Vier Lieder ohne Worte, 1. Heft, op. 2‹ folgen. Unmittelbar danach legte auch der Verlag Schlesinger sein Heft ›Six melodies für Pianoforte, Heft 1 und 2, op. 4‹ vor. Im folgenden Jahr gab Bote & Bock die ›Gartenlieder op. 3‹ heraus und schloß damit fast unmittelbar an den Erfolg der beiden ersten Hefte an. Fanny war glücklich über den Erfolg, das Auswählen und Redigieren machte ihr Spaß und nicht zuletzt auch der Erfolg, der sich nun langsam, aber bald für alle sichtbar einstellte. Felix, von ihren Publikations-Absichten in Kenntnis gesetzt, hatte lange nichts von sich hören lassen und zeigte damit mehr als deutlich, daß es ihm auch jetzt noch »gegen den Strich ging« …
Sie sagte nichts dazu, aber ihre tiefe Verstimmung ging weiter als damals, als er die Schwägerin nicht nach Berlin gebracht hatte.

Endlich traf ein Schreiben von Felix ein: »*Mein liebster Fenchel, erst heut, kurz vor meiner Abreise, komme ich Rabenbruder dazu, Dir für Deinen Brief zu danken und Dir meinen Handwerkssegen zu geben zu Deinem Entschluß, Dich auch unter unsere Zunft zu begeben. Hiermit erteile ich ihn Dir, Fenchel, und mögest Du Vergnügen und Freude daran haben, daß Du den andern so viel Freude und Genuß bereitest, und mögest Du nur Autor-Pläsiers und gar keine Autor-Misere kennenlernen, und möge das Publikum Dich nur mit Rosen und niemals mit Sand bewerfen, und möge die Druckerschwärze Dir niemals drückend und schwarz erscheinen – eigentlich glaube ich, an alledem ist gar kein Zweifel denkbar. Warum wünsche ich Dir's also erst? Es ist nur so von Zunft wegen, und damit ich auch meinen Segen dazu gegeben haben möge, wie hierdurch geschieht. Der Tafelschneidergeselle Felix Mendelssohn Bartholdy.*«

Fanny dachte lange über den Brief nach – es war eine Antwort, aber sie kannte Felix zu genau, um nicht die Gezwungenheit hinter der Heiterkeit des Schreibens zu sehen. Wenn sie daran dachte, wie sehr er anderen Musikerinnen schon zugeredet hatte zu arbeiten, seien es Komponistinnen wie Johanna Kinkel und Josephine Lang oder Sängerinnen wie die Malibran oder Jenny Lind oder auch Pianistinnen wie Clara Schumann, dann fühlte sie sich von ihm verraten. Sie ahnte, wenn sie nicht seine Schwester, sondern eine völlig fremde Komponistin wäre, würde er ihr begeistert zum Veröffentlichen raten. Hier mußte die Lösung liegen, er hatte ja auch nicht die Pianistin Delphine Handley oder die Komponistin Josephine Lang geheiratet, obwohl er in beide unsterblich verliebt gewesen sein mußte, sondern die schöne Malerin Cécile. Fanny legte den Brief beiseite und griff nach ihrem Tagebuch: »*Endlich hat mir Felix geschrieben und mir auf sehr liebenswürdige Weise seinen Handwerkssegen erteilt; weiß ich auch, daß es ihm eigentlich im Herzen nicht recht ist, so freut mich doch, daß er endlich ein freundliches Wort mir darüber gegönnt.*«

Felix reiste nach England, sein Oratorium ›Elias‹ wurde in Birmingham auf dem 22. Musikfest in seiner ersten Form unter seiner Leitung zum ersten Mal aufgeführt. Er war müde und matt und träumte davon, jeweils ein halbes Jahr in der Schweiz und in Frankfurt zu leben. Nur noch Komponieren – das wäre ein Leben. Er hatte in den letzten Jahren so viel gearbeitet, so viele Musikfeste geleitet, er hatte seine Kräfte trotz aller Warnungen der Ärzte nicht geschont. Wie so oft stand er an der Themse und blickte über den Fluß, ein jäher Schwindelanfall ließ ihn erschrecken, es dauerte nicht lange, aber lange genug, um einen Arzt aufzusuchen. Der verbot ihm das Klavierspielen, weil es ihn zu sehr errege, aber es gab so viel zu tun. Als sich der Anfall nicht wiederholte, schlug er alle Warnungen in den Wind.

Kapitel 15

Das Glück des letzten Sommers

Fannys Sommer war wunderbar, noch nie war ihr der Garten so schön erschienen: »*Die unendliche Behaglichkeit, die mich in diesem Sommer durchweht, dauert fort so wie der wunderschöne Sommer selbst, dessengleichen keiner von uns erlebt hat. Die Stimmung droht mich egoistisch zu machen, weil ich durchaus nicht Lust habe, mich durch fremdes Leid in meinem innern Behagen stören zu lassen, und darüber mit Wilhelm streite, der leider von seinem Übelbefinden im Frühjahr eine nervöse Reizbarkeit übrigbehalten hat, die ihn krank macht bei jedem Verdruß, bei jedem Mitleiden, wozu sich denn verschiedener Anlaß gefunden. Doch tut ihm auch der warme Sommer sehr gut, indessen es hat, was er selbst auch mit Bedauern fühlt, seine Elastizität im Arbeiten sehr nachgelassen. Ich bin übrigens fast fortwährend sehr fleißig und fühle, daß mir manches gelingt, und das, verbunden mit dem wunderbar herrlichsten Sommer, macht mich so innerlich und äußerlich zufrieden und beglückt, wie ich vielleicht nie, außer kurze Zeit während unseres ersten Aufenthalts in Rom gewesen.*«

Im Winter komponierte sie ihr Trio für Klavier, Violine und Cello. Ein größeres Werk, zu dem sie der Erfolg ihrer Veröffentlichungen inspiriert hatte. Das Trio wurde bei der Sonntagsmusik zu Rebeckas Geburtstag am 11. April zum ersten Male aufgeführt. Die ersten Rezensionen ihrer Liederhefte gingen bei ihr ein, und sie waren durchweg positiv. Jetzt kam der Frühling und dann ein neuer Sommer, das Leben war schön, auch wenn es so ruhig dahinfloß wie das ihrige jetzt. In ihr Tagebuch trägt sie ein: »*Wie kann man nur verdienen, zu den so wenigen Glücklichen in der Welt zu gehören!*« Felix ist wieder in England, diesmal führt er den ›Elias‹ in seiner endgültigen Form in London auf. Eine Einladung aus Amerika ist an ihn ergangen. Bis jetzt ist nicht sicher, ob er sie annimmt.

Am Freitag, 14. Mai 1847, ist wie immer nach 17 Uhr in der Berliner Leipziger Straße Chorprobe für die Sonntagsmusik. Die Flügeltüren des Gartensaales sind weit geöffnet, Frühlingsluft strömt herein, Fanny sitzt am Flügel und begleitet die ›Walpurgisnacht‹ des Bruders. Sie hat wieder einmal einen Anfall von Nasenbluten gehabt, aber das neuartige Mittel hilft, anders als sonst, sofort. Beruhigt kann sie weiterspielen. Ihre Hände beginnen zu kribbeln, sie spielt eben jetzt zu viel. Die Hände werden gefühllos, sie bricht ab, geht ins Nebenzimmer und wäscht Hände und Arme in warmem Essigwasser. Schon kommt das Gefühl wieder, da bricht sie zusammen. Alle rennen durcheinander, bringen Fanny ins Bett, Hensel wird aus dem Atelier herbeigerufen. Sebastian aus dem Zeichenunterricht geholt und zum Arzt geschickt. Er rennt so schnell er kann durch die Straßen, sein Herz hämmert gegen die Rippen, und er denkt immer wieder: »Es kann nichts Ernstes sein; uns kann nichts Schlimmes passieren.«

Um elf Uhr stirbt Fanny Hensel, erst 42 Jahre alt, ohne das Bewußtsein noch einmal wiedererlangt zu haben.

Als Felix zwei Tage nach seiner Rückkehr aus England die Nachricht in Frankfurt erhält, bricht er mit einem Aufschrei zusammen. Die Ärzte fürchten das Schlimmste. Nur mit Mühe ist er in der Lage, an seinen Schwager Wilhelm Hensel zu schreiben:

» Wenn Dich meine Handschrift im Weinen stört, so tue den Brief weg, denn Besseres gibt es jetzt wohl nicht für uns, als wenn wir uns recht ausweinen können. Wir sind glücklich miteinander gewesen, nun wird's ein ernstes, trauriges Leben. Du hast meine Schwester sehr glücklich gemacht, ihr ganzes Leben hindurch, so wie sie es verdiente. Das danke ich Dir heut, und solange ich atme, und wohl noch darüber hinaus – nicht mit bloßen Worten, sondern mit bitterer Reue

darüber, daß ich nicht mehr für ihr Glück getan habe, daß ich sie nicht mehr gesehen, nicht mehr bei ihr gewesen bin. Das wäre freilich mein Glück gewesen, aber damit war sie ja zufrieden. Mir ist heut noch zu betäubt, als daß ich ordentlich schreiben könnte, und doch vermag ich nicht von Frau und Kindern wegzugehen, auf die Reise zu Euch mit dem Bewußtsein, daß ich weder Hilfe noch Trost bringen kann. Hilfe und Trost – das alles klingt ganz anders, als was ich seit gestern früh fühlen und denken kann. – Das ganze Irdische sieht uns anders aus, und wir wollen versuchen zu lernen, uns einzuschränken, aber bis wir's gelernt haben, ist wohl auch unser Leben vergangen.

Verzeih, ich sollte anders zu Dir schreiben, aber ich kann nicht! Brauchst Du einen treuen Bruder, der Dich von ganzem Herzen liebt, so nimm mich – ich werde gewiß besser werden, als ich war, wenn auch nicht so froh –, aber was soll ich Dir sagen, Du lieber Wilhelm? Es gibt ja nichts zu sagen und nichts zu tun, als das eine – Gott zu bitten, daß er uns ein reines Herz schaffe, uns einen neuen gewissen Geist gebe, vielleicht können wir hier auf Erden, und dann immer mehr, derer würdig werden, die das beste Herz und den besten Geist hatte, den wir je gekannt und geliebt haben. Gott segne sie und zeige uns den Weg weiter. Keiner von uns kann den Weg sehen, und doch muß es wohl einen geben, denn Gott selbst hat uns ja diese Wunde für das übrige Leben geschlagen, und er möge sie wieder lindern. Ach, mein lieber Bruder und Freund, Gott sei mit Dir und mit Sebastian und uns drei Geschwistern.«

Wilhelm Hensel war völlig gebrochen, er malte nach Fannys Tod kein Bild mehr, selbst das bereits fast fertige Bild für den Thronsaal des Schlosses von Braunschweig beendet er nicht mehr. Immer noch träumt er von seiner großen Reise in den Orient. Aber der Traum seines Lebens ist zu Ende. Wilhelm Hensel stirbt, nachdem er bei einem Busunglück ein Menschenleben gerettet hat, am 26. November 1861 an den Folgen des Unfalls. Sein Sohn Sebastian ist schon bald nach Fannys Tod zu seiner Tante Rebecka Dirichlet gezogen, sie pflegte ihn während einer schweren Krankheit und wurde ihm eine zweite Mutter.

Felix Mendelssohn Bartholdy hat den Tod der Schwester nie verwunden, dem ersten Hirnschlag bei der Nachricht von ihrem Tod folgten im Herbst in Leipzig weitere. Bei einer Erholungsreise mit Paul Mendelssohn Bartholdy und dessen Familie in die Schweiz hatte es zuerst so ausgesehen, als würde er sich langsam wieder erholen. Er malte viel, und die Schweiz tat ihm wie immer gut. In Absprache mit seinem Bruder Paul und Wilhelm Hensel besprach er mit dem Verleger Dr. Härtel die Herausgabe von weiteren Werken Fannys. Als Erinnerung an Fanny und als Nachruf entsteht das f-Moll-Streichquartett. Doch die Welt ohne Fanny ist für ihn trostlos geworden. Er fährt heim nach Leipzig, nimmt die Prüfungen im Konservatorium ab. Da zieht es ihn nach Berlin, noch einmal das Haus in der Leipziger Straße zu sehen, er geht durch die Wohnung, den Gartensaal, alles ist noch so, wie Fanny es für die Probe der Sonntagsmusik vorbereitet hat, die ›Walpurgisnacht‹ liegt aufgeschlagen auf dem Klavier. Felix bricht zusammen. Am 4. November 1847 stirbt Felix Mendelssohn Bartholdy in Leipzig. Wie oft hatte er Fanny in den letzten Jahren versprochen, an ihrem Geburtstag, dem 14. November, bei ihr zu sein. Diesmal macht er sein Versprechen wahr: Am 14. November wird er neben ihr in das Familiengrab auf dem Berliner Dreifaltigkeitsfriedhof gebettet.

Nachwort

»Früher war ich der Sohn meines Vaters – heute bin ich der Vater meines Sohnes.« Dies scheinbar so gelassen hingeworfene, biedermeierlich-behaglich klingende Bonmot aus dem Munde Abraham Mendelssohns offenbart jäh den ungeheuren Druck, der auf dem Vater von Fanny und Felix Mendelssohn Bartholdy lastete. Und der ihn schließlich vom lebenszugewandten frankophilen Liberalen zum autoritären Konservativen werden ließ, der sich und den Seinen das Leben schwermachte.

Dies empfand seine älteste Tochter stärker als ihr Bruder Felix, der seit seinem 20. Lebensjahr nur noch gelegentlich zu kürzeren oder längeren Aufenthalten in das Elternhaus in der Leipziger Straße in Berlin zurückkehrte. Fanny war diesen Spannungen, die sich aus dem Wunsche Abrahams, dem Andenken seines berühmten Vaters, des jüdischen Denkers Moses Mendelssohn, ebenso gerecht zu werden wie die Zukunft seiner vier außerordentlich begabten Kinder im Preußen der Restauration zu sichern, direkter ausgesetzt. Der Gedanke an seine emanzipierte Schwester Dorothea, die sich vom ungeliebten Bankier Simon Veit scheiden ließ, um mit Friedrich Schlegel zusammenzuleben, ließ den Vater die Zügel bei seiner Tochter Fanny doppelt fest in der Hand halten. Eine Ausbrecherin in der Familie genügte.

Der enge Zusammenhalt der Geschwister, besonders der beiden älteren, hat sicher in dieser Haltung ebenso seine Wurzeln wie in der durch ihre Herkunft bedingten Isolation, die auch von der geistigen Offenheit des Elternhauses nur langsam überwunden werden konnte. Else Croner weist in ihrem 1913 erschienenen Buch ›Die moderne Jüdin‹ die engen Bindungen zwischen den Angehörigen jüdischer Familien nach, Brüder und Schwestern ziehen auch nach ihrer Verheiratung am liebsten in die gleichen Stadtviertel, um einander nahe zu sein. Was für die jüdischen Familien im allgemeinen gilt, fand seine besondere Ausprägung in der Familie Mendelssohn. Hier war es wohl der Stolz auf Moses Mendelssohn, der dieses besonders enge Verhältnis bewirkt. Fanny bleibt auch verheiratet – bis zu ihrem Tode 1847 – im Elternhaus wohnen, das Rebecka Dirichlet erst nach ihrer Rückkehr von der großen Italienreise, gegen den ausdrücklichen Wunsch der Schwester, mit ihrer Familie verläßt. Felix zieht mit Cécile und den Kindern in die enge Nachbarschaft des Elternhauses, und für Rebecka sind es nach dem Auszug nur ein paar Schritte hinüber in die vertraute Umgebung der Jugendzeit. Einzig Paul, der jüngste Bruder, entfernt sich ein paar Straßen weiter, er findet sein Familien-Domizil nahe der Mendelssohnschen Bank in der Berliner Jägerstraße.

Immer ist es Fanny, die bei den zutage tretenden Auseinandersetzungen und vorauszusehenden Familienschwierigkeiten mit Geschick und Diplomatie die Wogen glättet und die Familie zusammenhält. Das mag auch ihr Nachgeben gegenüber Vater und Bruder in der Frage der Veröffentlichung ihrer Kompositionen erklären. Fanny war bei allem Freiheitsdrang und Emanzipationswillen zu klug und zu intelligent, es auf einen offenen Bruch ankommen zu lassen. Vermutlich wird ihr auch das Schicksal ihrer Tante Dorothea Schlegel, die nun fast mittellos im Haus ihres Sohnes in Frankfurt lebte, ein warnendes Beispiel gewesen sein. Vielleicht glaubte sie auch, daß die Zeit für sie arbeiten würde. So ist ihr früher Tod doppelt tragisch, nicht nur für ihre Familie, sondern auch für die Herausgabe ihrer Werke, mit der sie gerade so hoffnungsvoll begonnen hatte und der nach der allerdings nur widerwillig erteilten Zustimmung des Bruders auch emotional nichts mehr im Wege stand.

Ihr unvorhergesehener Tod traf die Familie mit der Wucht eines Blitzes aus heiterem Himmel, denn niemandem war zu ihren Lebzeiten bewußt gewesen, mit welcher unermüdlichen Energie sie die Idee »Leipziger Straße 3«, die der Vater einst mit dem Kauf des Familienpalais manifestierte, zu ihrem Lebensinhalt gemacht hatte.

Fanny war der geliebte menschliche und künstlerische Mittelpunkt der Familie, ein Geheimtip, eifersüchtig behütet von jedem Familienmitglied. Nur so ist es zu erklären, daß auch heute noch, fast 150 Jahre nach ihrem Tod, ein großer Teil ihres Werkes noch unveröffentlicht in Archiven und Privatbibliotheken schlummert. »Kräht ja doch kein Hahn danach«, hatte Fanny einst resigniert in einem Brief festgestellt und war zur Tagesordnung übergegangen.

Die Biographen ihres Bruders Felix haben bis heute Fannys Einsatz für das Werk ihres Bruders kaum gewürdigt und ihren Einfluß auf sein Schaffen kaum zur Kenntnis genommen. Allenfalls als schmückendes Beiwerk der wohlbehüteten Kindheit im Biedermeier-Milieu kommt die ältere Schwester vor, deren »dilettantische« jugendliche Komponierversuche angeblich weit hinter den genialen Jugendwerken des strahlenden Felix zurückbleiben. Und Felix selber? Seine Bemühungen um die kreativen Leistungen anderer Komponistinnen wie Josephine Lang und Johanna Kinkel sowie Künstlerinnen wie Clara Schumann und Jenny Lind stimmen in keiner Weise überein mit seiner Aversion gegen die Veröffentlichung von Werken seiner Lieblingsschwester, die wohl nur psychologisch zu erklären ist.

Angesichts der engen Beziehung der beiden Geschwister fällt auf, daß sich beide Lebenspartner suchten, die mit Musik nur entfernt zu tun hatten. Beider Ehen wurden sehr glücklich: So wie Cécile versuchte, ihren Felix mit Zähigkeit und List aus den Fängen des Familienclans zu befreien, so errichtete auch Wilhelm Hensel trotz der unentrinnbaren räumlichen Nähe zur Familie einen Schutzwall um seine Frau, hinter dem ihr das Komponieren und das Entfalten ihrer Kreativität möglich war.

»Freude zu machen ist ein ernstes Anliegen.« Dieses Lieblingswort Felix Mendelssohn Bartholdys, das auch heute noch in seiner Wirkungsstätte, dem Leipziger Gewandhaus, zu lesen steht, könnte als Motto auch für das Leben und Werk seiner Schwester Fanny stehen, seines »Kantors mit den dicken Augenbrauen«.

Es ist an der Zeit, sich dieser Frau, die Experten längst für die bedeutendste Komponistin des 19. Jahrhunderts halten, mit dem ihr gebührenden Interesse zuzuwenden.

Zeittafel Fanny Mendelssohn

1729   6. September. In Dessau kommt Moses Mendelssohn zur Welt, Fannys Großvater väterlicherseits.

1762   Moses Mendelssohn heiratet in Berlin die am 6. Oktober 1737 in Altona geborene Kaufmannstochter Fromet Gugenheim.

1738   8. Juni. In Berlin wird Levin Jacob Salomon geboren, Fannys Großvater mütterlicherseits.

1775   Levin Jacob Salomon heiratet in Berlin die am 8. November 1749 geborene Bella Itzig. Ihr Vater, der preußische Hofbankier Daniel Itzig, hatte für sich, seine Kinder und Enkelkinder, einschließlich deren Ehepartnern von König Friedrich Wilhelm II. von Preußen ein Patent erhalten, das der Familie alle Rechte »christlicher Bürger in unseren gesammten Staaten und Landen« zuerkannte. Keine andere in Preußen ansässige jüdische Familie hatte so ein Patent erlangt. Für die Generation Fannys und ihrer Geschwister als der Urenkelgeneration galt das Patent allerdings nicht mehr. Falls sie jüdischen Glaubens blieben, hatten sie kein Anrecht mehr auf die Ausnahmerechte ihrer Eltern.

1776   10. Dezember. Abraham Mendelssohn wird in Berlin als fünftes Kind von Moses Mendelssohn und seiner Frau Fromet geboren. Seine Geschwister sind der ältere Bruder Joseph und der jüngere Nathan, dazu die drei Schwestern Dorothea, Henriette und Recha.

1777   26. März. Lea Salomon wird in Berlin als Tochter des Levin Jacob Salomon geboren. Einer ihrer Brüder ist der später in Rom lebende Diplomat und Kunstmäzen Jacob Bartholdy. Diesen Namen hatte er nach seiner evangelischen Taufe im Jahre 1805 angenommen. Er geht zurück auf einen parkähnlichen riesigen Garten, den seine Mutter aus der Hinterlassenschaft ihres Vaters Daniel Itzig geerbt hatte. Dieser Garten, im Volksmund »Luisenhof« oder auch der »große Judengarten« genannt, hatte um 1680 dem Bürgermeister Bartholdy von Neu-Cölln gehört.

1783   8. Juni. Levin Jacob Salomon stirbt in Berlin.

1786   4. Januar. Moses Mendelssohn, der große jüdische Philosoph und Vorbild für Lessings »Nathan der Weise«, stirbt in Berlin an einem Gehirnschlag. Eine Veranlagung, die er auf viele seiner Nachkommen vererbt hat. Bei seinem Tod ist sein Sohn Abraham zehn Jahre alt.

1794   6. Juli. In Trebbin wird Wilhelm Hensel als Sohn des Pfarrers Johann Jakob Ludwig Hensel und seiner Frau Louise Johanne, geb. Trost, geboren.

1795   25. August. Joseph Mendelssohn gründet in Berlin zusammen mit seinem Kompagnon Friedländer das Bankhaus »Mendelssohn und Friedländer« (erloschen 31. 12. 1803).

1804   1. Januar. Die Brüder Joseph und Abraham Mendelssohn gründen das Bankhaus J. & A. Mendelssohn in Berlin (bestand bis 31. 12. 1821).

26. Dezember. Abraham Mendelssohn heiratet in Berlin Lea Salomon.

1805   1. Januar. Gründung des Bankhauses Mendelssohn & Comp. in Hamburg. Diese Niederlassung erweist sich bald als bedeutender als das Berliner Stammhaus. Abraham und Lea übersiedeln nach Hamburg und nehmen in der Großen Michaelisstraße 14 Wohnung.

14. November. Fanny Caecilia Mendelssohn wird in Hamburg geboren. Ihre Namen erhielt sie nach ihrer Großtante, der Baronin Fanny Arnstein, der Schwe-

ster ihrer Großmutter Bella Salomon. Das lateinische »Caecilia« wird eingesetzt für den ursprünglich hebräischen Namen Zipporah – Caecilia Zipporah hieß eine andere Schwester Bella Salomons, die Baronin Eskeles.

1806   14. Oktober. Napoleon siegt bei Jena und Auerstedt über Preußen und marschiert in Berlin ein. Gegen Großbritannien verhängt er die »Kontinentalsperre«.

1807   Der älteste Sohn von Fannys Tante Dorothea Schlegel, geschiedene Veit, soll das Bankfach erlernen und lebt im Haushalt von Abraham Mendelssohn in Hamburg. Dorothea Schlegel legt die Übersetzung der ›Corinna‹ von Madame Germaine de Stael vor.

1808   Dorothea Schlegel tritt zum katholischen Glauben über.

1809   Napoleon I. zieht als Sieger in Wien ein. Wilhelm von Humboldt wird preußischer Unterrichtsminister (bis 1810) und gründet die Universität Berlin. Wilhelm Hensels Vater stirbt an der Schwindsucht und läßt seine Familie – Frau und die Kinder Luise, Wilhelmine (Minna) und Wilhelm fast völlig mittellos zurück.
        3. Februar. Jakob Ludwig Felix Mendelssohn wird in Hamburg geboren. Die Namen Jakob Ludwig entsprechen den Vornamen von Leas Bruder Jacob Levin Salomon Bartholdy.

1811   11. April. In Hamburg wird Rebecka Mendelssohn geboren, ihren Namen erhält sie nach ihrer Großtante Rebekka Veitel (geb. Itzig).
        Wilhelm Hensel schreibt sich als Student in die Königliche Akademie der Bildenden Künste in Berlin ein.
        Die Familie Mendelssohn muß aus Hamburg fliehen, wegen Verletzung der Bestimmungen der Kontinentalsperre und wegen anderer Konflikte mit den

immer schärfer reagierenden napoleonischen Behörden in der Hansestadt.

1812 Das Berliner Bankhaus J. & A. Mendelssohn muß
zur Finanzierung von Napoleons Rußlandfeldzug
15 000 Taler beitragen.

Im März tritt das Preußische Edikt über die bürger-
lichen Gesetze der Juden in Kraft: »Die in unserem
Staat jetzt wohnhaften, mit General-Privilegien,
Naturalisations-Patenten, Schutzbriefen und Konzes-
sionen versehenen Juden und deren Familien sind für
Einländer und Preußische Staatsbürger zu achten.«

19. Oktober. Napoleon wird in Rußland vom russischen Heer vernichtend geschlagen. Der Brand von
Moskau beraubt die »Grande Armée« ihres Winter-
quartiers. Der verlustreiche Rückmarsch beginnt,
Napoleon flieht nach Paris.

30. Oktober. Paul Hermann, jüngstes Kind von Abra-
ham und Lea Mendelssohn, wird in Berlin, Neue
Promenade 7 geboren. Seinen Namen erhält er nach
Paul Mendelssohn, einem Bruder seines Großvaters
Moses.

1813 Deutscher Befreiungskrieg gegen Napoleon I. In
Preußen kämpfen Freiwillige in vielen Freiwilligen-
verbänden. Abraham Mendelssohn rüstet aus eigener
Tasche einen Zug Freiwilliger für den Kampf gegen
Napoleon aus. Zum ersten Mal in der Geschichte
Preußens beteiligen sich Juden am Krieg und an der
Befreiung des Landes. Wilhelm Hensel kämpft als
Freiwilliger in der »Garde-Kosaken-Escadron«. Seine
Schwester Luise, die dem Katholizismus zuneigende
Dichterin, widmet seinem Einsatz einige Gedichte.

Vom 16. bis 19. Oktober findet die Völkerschlacht bei
Leipzig statt, in der Preußen, Österreich, Rußland
und die mit ihnen verbündeten Nationen den entscheidenden Sieg über Napoleon erringen.

1814   Auf dem Wiener Kongreß wollen die Verbündeten eine politische Neuordnung Europas festlegen. Preußen erhält Posen, Nordsachsen und Rheinland-Westfalen. Einführung der allgemeinen Wehrpflicht in Preußen. Einige Bestimmungen des Ediktes vom 11.3.1812 werden außer Kraft gesetzt.
Fanny und Felix erhalten gemeinsam von der Mutter Unterricht in Musik.

1815   Das Bankhaus »J. & A. Mendelssohn« wird vom preußischen Staat mit dem Einzug der französischen Reparationskosten beauftragt. Zu diesem Zweck gründen die Brüder Mendelssohn in Paris Abwicklungs-Büros. Um die nationalen Freiheitsbestrebungen in ihren Ländern im Zaume zu halten, gründen Rußland, Österreich und Preußen die »Heilige Allianz«.

1816   Die Restauration setzt ein. In Berlin fordert der Historiker Friedrich Rühs die Einführung einer »Judensteuer« und die äußerliche Kennzeichnung der Juden.
Das preußische Finanzministerium folgert: »Es wäre zu wünschen, wir hätten gar keine Juden im Lande. Die wir einmal haben, müssen wir dulden, aber unablässig bemüht sein, sie möglichst unschädlich zu machen. Der Übertritt der Juden zur christlichen Religion muß erleichtert werden, und mit dem sind alle staatsbürgerlichen Rechte verbunden. Solange der Jude aber Jude bleibt, kann er keine Stellung im Staat einnehmen.«
21. März. Die vier Mendelssohn-Kinder werden in der Berliner Neuen Kirche vom Pfarrer Staegemann getauft. Mehrmonatiger Aufenthalt der Familie Mendelssohn in Paris. Die beiden älteren Kinder erhalten Unterricht bei der Pianistin Marie Bigot. Im November Rückkehr nach Berlin.

1819 Die »Karlsbader Beschlüsse« gegen geistige und politische Freiheitsbestrebungen treten in Kraft und bleiben es bis 1848.

Der musikalische Unterricht der Kinder Fanny und Felix wird in die Hände von Carl Friedrich Zelter und Ludwig Berger gelegt.

In Berlin wird der Turnplatz Jahns geschlossen, er selber verhaftet. In Mannheim, Berlin und anderen deutschen Universitätsstädten leben die Judenverfolgungen wieder auf. Mit dem Ruf »Hep-Hep – Jud' verreck« erschrecken sie die verängstigten Juden. Auch Fanny und Felix werden in Berlin auf offener Straße angepöbelt.

11. Dezember. Fanny schreibt ihre erste, uns erhalten gebliebene Komposition, ein Lied zum Geburtstag ihres Vaters: ›Ihr Töne, schwingt euch freundlich …‹

1820 Fanny Mendelssohn wird konfirmiert.

Sie und Felix treten in die Berliner Singakademie ein.

1821 Januar. Zu Ehren des russischen Thronfolgerpaares – Großfürst Nikolaus ist mit der preußischen Prinzessin Charlotte, der Lieblingstochter Friedrich Wilhelms III., verheiratet – inszeniert der Hof das Märchen ›Lalla Rookh‹ nach Thomas Moore. Wilhelm Hensel arrangiert die lebenden Bilder und hält das glanzvolle Fest für die Nachwelt in zahlreichen Bildern fest. Bei der öffentlichen Vorstellung dieser Bilder in Hensels Atelier begegnen sich Fanny und Wilhelm zum ersten Mal.

Schinkel erbaut das Schauspielhaus in Berlin. C. M. von Webers ›Freischütz‹ wird uraufgeführt.

Oktober/November. Felix reist mit Zelter und dessen Tochter Doris zu Goethe nach Weimar und wird dort sehr gut aufgenommen. Goethe ist sehr zufrieden mit Fannys Vertonung seines Gedichtes ›Erster Verlust‹ und schickt ihr neue Verse zum Vertonen.

1822	Lea und Abraham Mendelssohn lassen sich in Frankfurt/Main taufen. Abraham nimmt für sich und seine Nachkommen den Beinamen »Bartholdy« an. Abraham tritt aus der gemeinsam mit Joseph betriebenen Bank aus.

1822   Lea und Abraham Mendelssohn lassen sich in Frankfurt/Main taufen. Abraham nimmt für sich und seine Nachkommen den Beinamen »Bartholdy« an. Abraham tritt aus der gemeinsam mit Joseph betriebenen Bank aus.

Juli bis Oktober. Reise der Familie Mendelssohn in die Schweiz. Auf der Rückfahrt kommt es in Weimar zu einer Begegnung mit Goethe.

Im Elternhaus in der Markgrafenstraße finden die ersten Sonntagsmusiken statt.

Wilhelm Hensel verbringt das Weihnachtsfest bei Mendelssohns und überreicht Fanny einen vom ihm ausgemalten Gedichtband seines Freundes Wilhelm Müller.

1823   Frühjahr. Fanny und Wilhelm Hensel gelten als heimlich verlobt, im Herbst beginnt Wilhelm Hensel seinen insgesamt fünfjährigen Studienaufenthalt in Italien.

1824   Als Konkurrenz für das allmächtige Hoftheater wird in Berlin unter Beteiligung von Joseph Mendelssohn das Königstädtische Theater gegründet.

Bei einem Badeaufenthalt in Bad Doberan werden Fanny und Felix als »Judenjungen« beschimpft.

1825   März bis Mai. Abraham und Felix Mendelssohn reisen nach Paris. Auf dem Rückweg Aufenthalt bei Goethe in Weimar.

Fannys Onkel Jacob Bartholdy stirbt in Rom, Wilhelm Hensel wird beauftragt, den Nachlaß zu regeln. Er versucht, die berühmten Fresken in der Casa Bartholdy für die Familie zu retten.

Abraham Mendelssohn erwirbt das von der Reckesche Palais in der Leipziger Straße Nr. 3 in Berlin.

1826   Felix komponiert die Ouvertüre zum ›Sommernachtstraum‹.

1827   Die Sonntagsmusiken werden in der Leipziger Straße
        Nr. 3 im größeren Stil fortgesetzt.
        20. Februar. Erste öffentliche Aufführung der Ouver-
        türe zum ›Sommernachtstraum‹ in Stettin.
        26. März. Tod Beethovens in Wien.
        Bei Breitkopf und Härtel in Leipzig erscheinen Felix
        Mendelssohns Lieder op. 8, drei der darin enthaltenen
        Lieder stammen aus Fannys Feder.

1828   1. Januar. In Berlin gründet Joseph Mendelssohn das
        bis zum 31.12. 38 bestehende Bankhaus Mendelssohn
        & Comp.
        Oktober. Wilhelm Hensel kehrt von seinem Italien-
        aufenthalt zurück.

1829   Januar. Fanny setzt ihre offizielle Verlobung mit Wil-
        helm Hensel durch.
        Februar. Wilhelm Hensel wird in die Akademie der
        Künste gewählt.
        11. März. Wiederaufführung von Bachs ›Matthäus-
        passion‹ in der Berliner Singakademie unter Mendels-
        sohns Leitung, Fanny singt im Chor mit.
        April bis Dezember. Felix macht eine Kavalierstour
        durch England.
        Fanny komponiert einen dem Bruder zugedachten
        ›Liederkreis‹.
        3. Oktober. Fanny und Wilhelm Hensel heiraten in
        Berlin. Da der Bruder wegen einer bei einem Kut-
        schenunfall erlittenen Knieverletzung nicht an der
        Hochzeit teilnehmen kann und auch das verspro-
        chene Musikstück nicht geschickt hat, komponiert
        Fanny sich selbst ein Orgelstück.
        7. Dezember. Silberne Hochzeit der Eltern.
        Fanny komponiert ein ›Festspiel‹ für Chor, Orchester,
        einen Tenor und zwei Bässe.

1830   Mai. Felix begibt sich auf seine zweite große Bil-
        dungsreise, die ihn diesmal nach Italien führt. Auf

der Hinreise erneuter Aufenthalt bei Goethe in Weimar.

16. Juni. Sebastian Hensel, Fannys einziges Kind, wird in Berlin geboren.

Julirevolution in Paris wegen Verletzung der politischen Rechte durch König Karl X. Er dankt zugunsten des »Bürgerkönigs« Louis Philippe ab.

1831 Giacomo Meyerbeers Oper ›Robert der Teufel‹ wird in Paris uraufgeführt und ein großer Erfolg.

Felix besucht als südlichsten Punkt seiner Reise Neapel und reist über Rom, Florenz, Mailand, die Schweiz, München, Paris nach London.

Paul Mendelssohn tritt eine Banklehre in London bei der Firma B. A. Goldschmidt und Co. an.

Fanny vollendet die Kantaten ›Lobgesang‹ und ›Hiob‹.

November. Das ›Oratorium nach Worten der Bibel‹ entsteht.

Rebecka Mendelssohn verlobt sich mit dem katholischen Mathematiker Gustav Peter Lejeune Dirichlet.

1832 Fanny Mendelssohn beendet die dramatische Szene ›Hero und Leander‹.

22. März. Goethe stirbt in Weimar.

April. Felix in London.

Mai. Rebecka heiratet in Berlin Peter Lejeune Dirichlet.

15. Mai. Carl Friedrich Zelter stirbt in Berlin.

Juni. Sebastian Hensel spricht die ersten vollständigen Sätze.

Ende Mai. »Hambacher Fest« der Süddeutschen Demokraten, Aufhebung der Presse- und Versammlungsfreiheit.

Juni. Felix kehrt von seiner großen Reise zurück.

Herbst. Fanny erleidet eine Fehlgeburt.

1833 22. Januar. Bei der Wahl des Nachfolgers für Carl Friedrich Zelter als Leiter der Berliner Singakademie unterliegt Felix Mendelssohn seinem Rivalen Rungenhagen wegen antisemitischer Ressentiments, die Familie Mendelssohn tritt aus der Singakademie aus.

Mai. Felix leitet das Niederrheinische Musikfest in Düsseldorf und wird dort zum Städtischen Musikdirektor berufen.

Paul Mendelssohn tritt als Angestellter in das Bankhaus Mendelssohn und Comp. ein.

1834 März. Fanny komponiert Lieder und eine Orchesterouvertüre in C-Dur.

Sommer. Fanny beginnt die Arbeit an ihrem ersten Streichquartett.

1835 Felix Mendelssohn wird an das Leipziger Gewandhaus berufen.

Paul Mendelssohn heiratet die Bankierstochter Albertine Heine.

Fanny singt als Choristin bei den Konzerten beim Niederrheinischen Musikfest in Köln, das Felix leitet, mit.

Hensels reisen nach Paris und sind beim Anschlag des Korsen Fieschi auf König Louis Philippe als Augenzeugen dabei.

27. September. Hensels kehren nach Berlin zurück.

4. Oktober. Wilhelm Hensels Mutter stirbt in Berlin.

19. November. Abraham Mendelssohn Bartholdy stirbt in Berlin.

1836 Das Todesurteil gegen Fritz Reuter als Burschenschaftler wird in Festungshaft umgewandelt.

März. Felix erhält die Ehrendoktorwürde der Universität Leipzig.

Mai. Felix Mendelssohn Bartholdys Oratorium ›Paulus‹ wird beim Niederrheinischen Musikfest in Düsseldorf uraufgeführt. Fanny Hensel singt im Alt mit.

Juli. Fanny schickt einige ihrer Musikstücke an den Freund Klingemann nach London, sie hofft dort auf Resonanz.

Felix lernt seine zukünftige Frau Cécile Jeanrenaud in Frankfurt kennen.

1837 Königin Victoria besteigt den englischen Thron.

Januar. Bei Schlesinger erscheint Fannys Lied ›Die Schiffende‹ gegen den Willen des Bruders in einem ›Album‹.

28. März. Felix Mendelssohn Bartholdy heiratet Cécile Jeanrenaud in Frankfurt. Von der Familie ist als einziges Mitglied Tante Dorothea Schlegel anwesend.

April. Fanny erleidet eine weitere Fehlgeburt.

November. Fanny lernt bei einem Besuch in Leipzig ihre Schwägerin Cécile kennen.

1838 7. Februar. Felix' erstes Kind, Carl Wolfgang Paul, wird in Leipzig geboren.

27. Februar. Fannys erster und einziger öffentlicher Auftritt als Pianistin in einem Wohltätigkeitskonzert.

9. April. Paul tritt als Teilhaber in das Berliner Bankhaus Mendelssohn und Comp. ein.

27. Mai. Wilhelm Hensel reist nach England. Er erlebt die Krönung der Königin Victoria mit und erhält von ihr einige Aufträge. Wegen einer Masernepidemie reist er vorzeitig ab.

1839 Juli/August. Ferienaufenthalt Fannys mit ihrer Schwester Rebecka und der Schwägerin Minna Hensel in Heringsdorf.

Felix leitet das Niederrheinische Musikfest in Düsseldorf.

4. September. Hensels brechen zu ihrer großen Italienreise auf.

2. Oktober. Felix' zweites Kind Marie wird in Leipzig geboren.

Sept./Nov. Hensels reisen über den Comer See nach Mailand und Venedig und setzen die Reise über Florenz nach Rom fort.

1840 Friedrich Wilhelm III. stirbt, sein Nachfolger wird der als Kronprinz sehr beliebte Friedrich Wilhelm IV.

Königin Victoria heiratet ihren Vetter Albert von Sachsen-Coburg-Gotha.

Fanny besucht im Rom die Casa Bartholdy, die Wohnung ihres verstorbenen Onkels Jacob Bartholdy.

Hensels erleben den römischen Karneval und schließen enge Kontakte mit Künstlern und Musikern.

Fanny lernt den jungen französischen Komponisten Charles Gounod kennen.

1. Juni. Abreise von Rom in Richtung Neapel. Während Hensel zu Studienzwecken nach Sizilien reist, erhält Fanny den Besuch von Charles Gounod.

21. Juli. Hensel kehrt von Sizilien zurück.

Am 10. August treten Hensels die Rückreise an und treffen im September in Berlin ein.

1841 Der Zoologische Garten in Berlin wird eröffnet.

18. Januar. Felix' drittes Kind, der Sohn Paul, wird in Leipzig geboren.

1. Juli. Felix wird zum Königlich Sächsischen Kapellmeister ernannt.

Felix folgt einer Berufung Friedrich Wilhelms IV. nach Berlin.

August. Fanny beginnt eine Sammlung von Stücken, betitelt ›Das Jahr‹.

1842 Friedrich Wilhelm IV. von Preußen stiftet die Friedensklasse des Ordens »Pour le mérite«.

Felix reist nach England und wird von Königin Victoria empfangen.

12. Dezember. Tod der Mutter Lea Mendelssohn Bartholdy.

1843   1000 Jahre deutsches Reich werden unter dem Vorsitz des preußischen Königs festlich begangen.

April. Charles Gounod besucht Hensels in Berlin.

Sommer. Erneute Reise von Wilhelm Hensel nach England.

Felix übernimmt die Leitung des Berliner Domchores und zieht vorübergehend nach Berlin.

Fannys Sonntagsmusiken werden wiederaufgenommen.

1844   Aufstand der Weber in Schlesien.

September. Rebecka Dirichlet erkrankt in Italien an Gelbsucht.

1845   2. Januar. Hensels reisen mit Sebastian nach Florenz, um Rebecka zu pflegen. Wilhelm Hensel reist nach Rom weiter, während Fanny bei der Schwester, die ein Kind erwartet, bleibt.

14. Februar. Florentina Dirichlet wird in Florenz geboren.

2. August. Heimkehr nach Berlin.

Felix Mendelssohn Bartholdy löst sich aus seinen Berliner Verpflichtungen und übernimmt endgültig die Leitung der Leipziger Gewandhauskonzerte.

August. Felix zieht mit seiner Familie nach Leipzig.

1846   Die Verleger Bote & Bock und Schlesinger wollen Kompositionen von Fanny veröffentlichen. Sie sagt zu. Diesmal ist Felix einverstanden.

Fanny beginnt mit der Komposition ihres großen Klavier-Trios in d-Moll.

26. August. Erste Aufführung des Oratoriums ›Elias‹ von Felix Mendelssohn Bartholdy in Birmingham.

1847   Januar. Die ersten Rezensionen von Fannys gedruckten Werken erscheinen.

18. März. Felix dirigiert zum letzten Mal im Leipziger Gewandhaus.

Mai. Eine heftige Attacke von Nasenbluten sucht Fanny heim.

14. Mai. Während der Probe zu einer Sonntagsmusik versagen Fannys Hände den Dienst, sie verliert das Bewußtsein und stirbt.

4. November. Felix Mendelssohn Bartholdy stirbt in Leipzig und wird am 14. November – Fannys Geburtstag – neben ihr bestattet.

Literaturverzeichnis (Auszug)

J. Alf: Geschichte und Bedeutung der Niederrheinischen Musikfeste in der ersten Hälfte des 19. Jahrhunderts, Freiburg 1940

Aus Biedermeiertagen. Briefe Robert Reinicks und seiner Freunde, Bielefeld 1910

Franz Binder: Luise Hensel. Ein Lebensbild nach gedruckten und ungedruckten Quellen, Freiburg im Breisgau 1885

M. Blummer: Geschichte der Singakademie zu Berlin, Berlin 1891

Henri Brunschwig: Gesellschaft und Romantik in Preußen im 18. Jahrhundert, Frankfurt/Berlin/Wien 1974

E. Bücken: Die Musik des 19. Jahrhunderts, Potsdam 1931/32

H. Cernokous: Das Gesicht Italiens in den deutschen Briefen, Reisebeschreibungen und Novellen des 19. Jahrhunderts, Wien 1937

Michael S. Cullen: Leipziger Straße 3. Eine Baubiographie. In: Mendelssohn Studien, Berlin 1982

Eduard Devrient: Meine Erinnerungen an Felix Mendelssohn Bartholdy und seine Briefe an mich, Leipzig 1872

Therese Devrient: Jugenderinnerungen, herausgegeben von Hans Devrient

Rudolf Elvers: Fanny Cäcilia Hensel. Dokumente ihres Lebens, Berlin 1972

Rudolf Elvers: Verzeichnis der Musikautographen von Fanny Hensel im Mendelssohn Archiv zu Berlin. In: Mendelssohn Studien 1, Berlin 1972

Rudolf Elvers: Weitere Quellen zu den Werken von Fanny Hensel. In: Mendelssohn Studien 2, Berlin 1975

Theodor Fontane: Von Zwanzig bis Dreißig. Autobiographisches, Berlin o. J.

Paul Friedrich (Herausgeber): Bilder aus Romantik und Biedermeier. Erlebnisse von F. W. Gubitz, Berlin 1922

M. Geck: Die Wiederentdeckung der Matthäuspassion im 19. Jahrhundert, Regensburg 1967

Felix Gilbert (Herausgeber): Bankiers, Künstler und Gelehrte. Unveröffentlichte Briefe der Familie Mendelssohn aus dem 19. Jahrhundert. Schriftenreihe Wissenschaftliche Abhandlungen des Leo Baeck Instituts Band 31, Tübingen 1975

J. Harding: Gounod, London 1973

Sebastian Hensel: Die Familie Mendelssohn 1729 bis 1847, 2 Bände, Berlin/Leipzig 1906

Sebastian Hensel: Ein Lebensbild aus Deutschlands Lehrjahren, Berlin 1911

Wilhelm Hensel: Preußische Bildnisse. Katalog der Nationalgalerie Berlin. Herausgegeben von Cécile Lowenthal-Hensel/Lucius Grisebach und Horst Ludwig, Berlin 1981

Rolf Kabell (Herausgeber): Eduard Devrient. Aus seinen Tagebüchern 1836-1870

Paul Kaufmann: Johanna Kinkel, Neue Beiträge zu ihrem Lebensbild. In: Preußische Jahrbücher 222, 1930

Franz Krautwurst: Fanny Hensel. In: Die Musik in Geschichte und Gegenwart, Kassel 1974

Carl Ledebur: Tonkünstler Lexikon Berlins, Berlin 1861

Cécile Lowenthal-Hensel (Herausgeber): Theodor Fontane über Wilhelm Hensel. In: Mendelssohn Studien Band 3, Berlin 1979

Cécile Lowenthal-Hensel: F in Dur und Moll. Fanny und Felix Mendelssohn in Berlin. In: Berlin in Dur und Moll, Berlin 1970

A. B. Marx: Erinnerungen, Berlin 1865

Die Mendelssohns in Berlin. Eine Familie und ihre Stadt, Berlin 1983

Josefine Nettesheim (Herausgeber): Luise Hensel und Christoph Bernhard Schlüter. Briefe aus dem deutschen Biedermeier 1832–1876, Münster 1962

F. Noack: Das deutsche Rom, Rom 1912

F. Noack: Deutsches Leben in Rom, Stuttgart 1907

Lili Parthey: Tagebücher aus der Berliner Biedermeierzeit, herausgegeben von Bernhard Lepsius, Berlin/Leipzig 1926

J. Petitpierre: Le mariage de Mendelssohn, Paris, Berlin 1937

Elise Polko: Erinnerungen an Mendelssohn, Leipzig 1868

Hugo Rachel/Paul Wallich: Berliner Großkaufleute und Kapitalisten, Band 3, Veröffentlichungen des Vereins für die Geschichte der Mark Brandenburg, Band 34, Berlin 1967

Rahel Bibliothek. Rahel Varnhagens gesammelte Werke. Herausgegeben von Konrad Feilchenfeldt, Uwe Schweikert und Rahel E. Steiner, Band 1 bis 10, München o. J.

J. M. Raich (Herausgeber): Dorothea Schlegel und ihre Söhne Johannes und Philipp Veit. Briefwechsel. 2 Bände, Mainz 1881

Paul O. Rave: Die Bildnissammlung Wilhelm Hensel in Berliner Museen, N. F. 6, 1957

F. W. Riemer: Mitteilungen über Goethe, Leipzig 1841

Adolf Rosenberg: Die Berliner Malerschule 1818–1879, Studien und Kritiken, Berlin 1879

M. F. Schneider: Mendelssohn oder Bartholdy, Basel 1962

L. Spohr, Selbstbiographie, Leipzig 1860

Wilhelm Treue: Das Bankhaus Mendelssohn als Beispiel einer Privatbank im 19. und 20. Jahrhundert. In: Mendelssohn Studien Band 1, Berlin 1972

Karl August Varnhagen von Ense, Werke in 5 Bänden, Frankfurt am Main 1987

Ingeborg Weber-Kellermann: Frauenleben im 19. Jahrhundert, München 1983

Paul Weiglin: Berliner Biedermeier, Bielefeld 1942

A. Weissmann: Berlin als Musikstadt, Berlin 1911

Eva Weissweiler: Komponistinnen aus 500 Jahren. Eine Kultur- und Wirkungsgeschichte in Biographien und Werkbeispielen, Frankfurt/M. 1981

Eva Weissweiler (Herausgeber): Fanny Mendelssohn. Italienisches Tagebuch, Neuwied/Darmstadt 1985

Eva Weissweiler (Herausgeber): Fanny Mendelssohn. Ein Portrait in Briefen, Frankfurt/M., Berlin, Wien 1985

Eric Werner: Mendelssohn. Leben und Werk in neuer Sicht, Zürich 1980

Hans Christoph Worbs: Mendelssohn Bartholdy, Reinbek b. Hamburg 1974

Verzeichnis der Abbildungen

Staatsbibliothek Preußischer Kulturbesitz, Berlin, Mendelssohn-Archiv

241 Cécile Jeanrenaud
Ehefrau von Felix Mendelssohn Bartholdy
Gemälde von E. Magnus um 1840
Mendelssohn-Archiv, Staatsbibliothek Preußischer Kulturbesitz, Berlin

Eveline Hasler im dtv

»Eveline Haslers Figuren sind so prall voll Leben, so anschaulich und differenziert gezeichnet, als handle es sich samt und sonders um gute Bekannte.«

Klara Obermüller

Anna Göldin
Letzte Hexe
Roman · dtv 10457
Die erschütternde
Geschichte des letzten
Hexenprozesses in Europa
im Jahre 1782.

Ibicaba
Das Paradies in den
Köpfen
Roman · dtv 10891
Im 19. Jahrhundert sind
Hunger und Elend in einigen Kantonen der Schweiz
so groß, daß es zu einer
riesigen Auswanderungswelle ins »gelobte Land«
Brasilien kommt. Doch
das vermeintliche Paradies
entpuppt sich für die meisten als finstere Hölle.

Der Riese im Baum
Roman · dtv 11555
Die Geschichte Melchior
Thuts (1736–1784), des
größten Schweizers aller
Zeiten. Ein historischer
Roman, der das 18. Jahrhundert in seiner ganzen
Gegensätzlichkeit zeigt:
als Epoche, in der die

Wurzeln unseres modernen Denkens, aber auch
der modernen Fehlentwicklungen liegen.

Die Wachsflügelfrau
Roman · dtv 12087
1899 bewirbt sich Emily
Kempin-Spyri, die erste
Juristin im deutschsprachigen Raum, um eine
Stelle als Magd bei einem
Pfarrer. Vorausgegangen
ist ihr einzigartiger Aufstieg als Kämpferin für die
Frauenrechte in der
Schweiz und in New
York, ihre Ehe mit dem
Pfarrer Walter Kempin,
Geldnöte, Auseinandersetzungen, schließlich der
Ruin.

Novemberinsel
Erzählung
dtv großdruck 25138
Eine junge Frau zieht sich
mit ihrem jüngsten Kind
im November auf eine
Mittelmeerinsel zurück in
der Hoffnung, aus einer
psychischen Krise herauszufinden.

Angelika Schrobsdorff im dtv

»Die Schrobsdorff hat ihr Leben lang nur
wahre Sätze geschrieben.«
Johannes Mario Simmel

Die Reise nach Sofia
dtv 10539
Sofia und Paris – ein Bild
zweier Welten: Beobach-
tungen über Konsum und
Liebe, Freiheit und Glück
in Ost und West.

Die Herren
Roman
dtv 10894
Ein psychologisch-
erotischer Roman, dessen
Erstveröffentlichung 1961
als skandalös empfunden
wurde.

**Jerusalem war immer
eine schwere Adresse**
dtv 11442
Ein Bericht über den Auf-
stand der Palästinenser,
ein sehr persönliches,
menschliches Zeugnis für
Versöhnung und Toleranz.

Der Geliebte
Roman
dtv 11546

**Der schöne Mann und
andere Erzählungen**
dtv 11637

**Die kurze Stunde
zwischen Tag und Nacht**
Roman
dtv 11697
Jerusalem – Paris – Mün-
chen: Städte, mit denen
die Erzählerin schicksal-
haft verbunden ist.

**»Du bist nicht so wie
andre Mütter«**
Die Geschichte einer
leidenschaftlichen Frau
dtv 11916

Spuren
Roman
dtv 11951
Ein Tag aus dem Leben
einer jungen Frau, die mit
ihrem achtjährigen Sohn
in München lebt.

Jericho
Eine Liebesgeschichte
dtv 12317

Grandhotel Bulgaria
Heimkehr in die
Vergangenheit
dtv 24115
Eine Reise nach Sofia
heute.

Isabella Nadolny im dtv

»Isabella Nadolny ist eine Moralistin der Lebensweisheit,
eine Herzdame der Literatur.«
Albert von Schirnding

Ein Baum wächst übers Dach
Roman · dtv 1531 und
dtv großdruck 25058
Ein Sommerhaus an einem
der oberbayrischen Seen
zu besitzen – wer würde
nicht davon träumen? Für
die Familie der jungen Isabella wurde dieser Traum
in den dreißiger Jahren
wahr. Doch wer hätte
zum Zeitpunkt der Pla-
nung und des Baus daran
gedacht, daß dieses kleine
Holzhäuschen eines Tages
eine schicksalhafte Rolle
im Leben seiner Besitzer
spielen würde?

Seehamer Tagebuch
dtv 1665 und
dtv großdruck 2580

Vergangen wie ein Rauch
Geschichte einer Familie
dtv 10133
Als einfacher Handwerker
aus dem Rheinland ist er
einst zu Fuß nach Ruß-
land gewandert und hat es
dort zum Tuchfabrikanten
gebracht, in dessen Haus
Großfürsten und Han-
delsherren, der deutsche
Kaiser und der russische
Zar zu Gast waren: Napo-
leon Peltzer, der Ur-
großvater des Kindes, das
ahnungslos die Porträts
und Fotografien betrach-
tet, die in der Wohnung in
München hängen.

Providence und zurück
Roman
dtv 11392
»Zuhause ist kein Ort, zuhause ist ein Mensch, sagt
der Spruch, und es ist
wahr. Hier in diesem
Sommerhaus war kein Zu-
hause mehr seit Michaels
Tod ...« In ihrer Verzweiflung über den plötzlichen
Tod ihres Mannes folgt
Isabella Nadolny einer
Einladung in die Staaten.
Von New York über Bo-
ston bis Florida führt sie
diese Reise zurück zu sich
selbst.

Durch fremde Fenster
Bilder und Begegnungen
dtv großdruck 25118